第一部分

亚洲新兴市场消费信贷

C H A P T E R 1

第1章　亚洲消费信贷研究报告

1.1　海投全球新兴市场布局

作为全球资产配置平台，海投全球（Haitou Global）通过市场研究、实地考察和渠道搭建，布局全球新兴市场，着重关注人口基数近1亿、GDP年均增长率超过5%的发展中国家（见图1.1.1），海投将人口基数较大、经济增长较快的亚洲新兴市场作为首选目标市场。

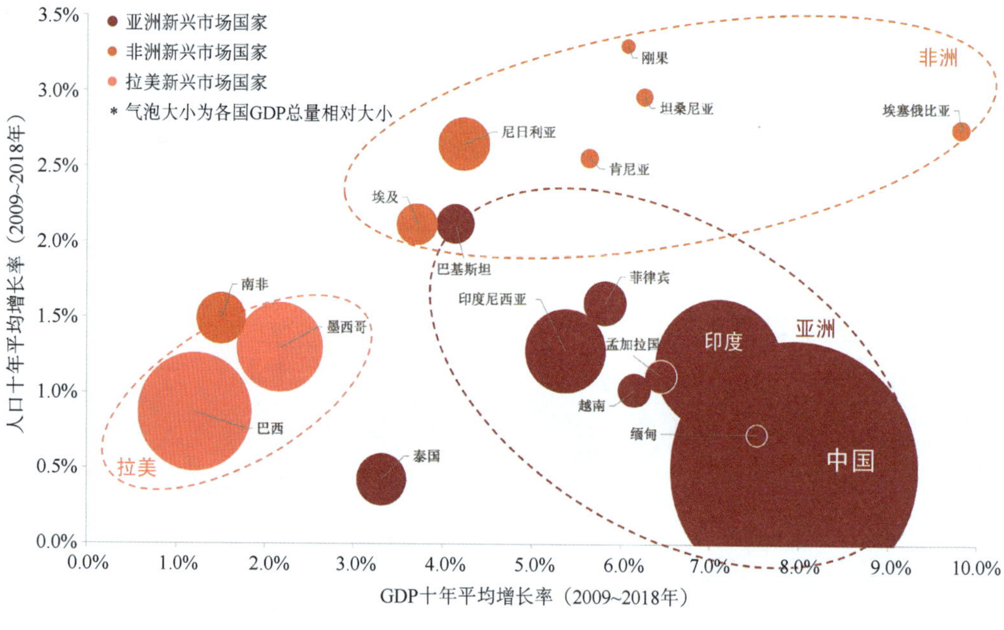

图1.1.1　全球新兴国家（5 000万人口以上）人口和GDP10年平均增长

从人均GDP来看，海投认为亚洲中等收入国家，如印度尼西亚、菲律宾、越南、印度等（见图1.1.2），这些国家金融系统不发达，日益增长的消费需求和金融工具的缺乏，其国民经济实力难以完全满足个人消费需求，为消费信贷创造了巨大的发展市场。

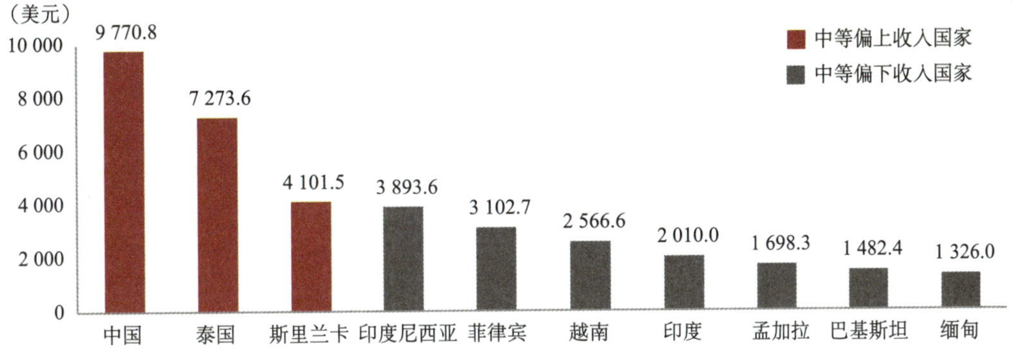

图 1.1.2　2018 年亚洲新兴市场国家人均 GDP

注：按世界银行公布的数据，2018 年的最新收入分组标准为人均收入低于 995 美元为低收入国家，人均收入在 996 美元至 3 895 美元之间为中等偏下收入国家，人均收入在 3 896 美元至 12 055 美元之间为中等偏上收入国家，人均收入高于 12 055 美元为高收入国家。

海投全球瞄准这一市场，以东南亚及南亚新兴国家为切入点，结合自身实地考察经验，通过深入研究分析和对比各国信贷市场发展现状及特点，总结汇编亚洲新兴市场消费信贷研究报告。

1.2　东南亚宏观经济环境概述

近些年，随着中国人口红利的消失、劳动力成本的上升，劳动密集型产业不断向东南亚地区转移，这一新兴市场的发展正在受到全世界的关注。大量海外资本不断向东南亚地区涌入，知名跨国企业也纷纷将东南亚地区作为其拓展战略版图的最优选择。在“一带一路”顶层方针的指引下，中国和东南亚地区的合作也在逐步紧密、深化。

东南亚共包含 11 个国家：越南、老挝、柬埔寨、泰国、缅甸、马来西亚、新加坡、印度尼西亚、文莱、菲律宾和东帝汶。本着在政治、经济和军事领域相互合作和共同发展的目标，除东帝汶以外的其他十国组成了东南亚国家联盟，简称“东盟”。东盟国家国土面积约 4.5 亿公顷，排名全球第七。2018 年东盟十国 GDP 总量为 2.94 万亿美元，为全球第六大经济体。现有约 6.5 亿人口，占世界总人口的 8.6%，其中将近 50% 为城市人口，年龄中位数约为 29 岁。其中，印度尼西亚、泰国、越南、菲律宾和马来西亚五国占东南亚地区 GDP 和人口总数的 90% 以上。

一方面，在经济取得长足发展的背景下，东南亚年轻化的人口结构和个人财富累积效应成为消费原动力，而且当地电商、互联网移动产业的飞速发展也极大地刺激了当地居民的消费欲望。另一方面，较低的工资水平激发了当地借贷需求的不断扩大。但是当地金融服务还处于起步阶段，信贷体系不完善，如同十年前的中国金融市场。相比中国市场而言，东南亚信贷收益更高，坏账和欺诈较少，吸引力和回报率都更为可观，更适宜信贷公司发展。

作为全球资产配置平台，海投全球遵循“金三角模式”，不断尝试将美国的合规监管、低成本资金，中国的金融科技、风控技术，以及当地的市场和运营完美结合。早在 2016 年海投全球便将投资目光投向了东南亚市场，“金三角”模式成功落地，为投资者成功挖掘出高回报、低风险的优质资产。

1.2.1 经济增长稳定

东盟国家 GDP 自 2014 年起持续以每年 5% 左右的速度稳定增长，在全球主要新兴市场中处于中上游水平。从 2018 年的数据来看，印度尼西亚的 GDP 最高，首次超过 1 万亿美元，达 1.04 万亿美元；越南的 GDP 涨幅最大，每年平均增长约为 7.08%；新加坡人均 GDP 最高，达 6.4 万美元（见图 1.2.1）。从整体上来看，东盟国家经济保持蓬勃发展，影响力与日俱增，发展愈发成熟，投资前景可观。

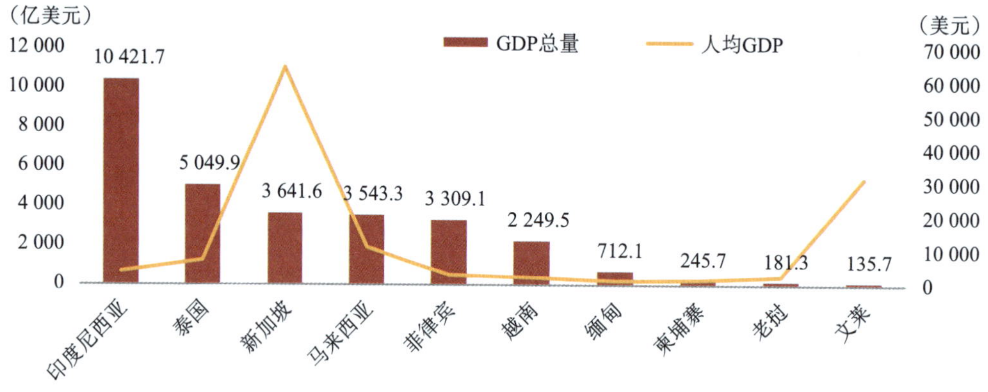

图 1.2.1　2018 年东盟十国 GDP 总量及人均 GDP

资料来源：世界银行。

2018 年，根据世界经济信息网发布的数据来看，东盟的 GDP 总量达到 2.94 万亿美元（见图 1.2.2），已经超过英国成为全球第六大经济体。随着人口红利的凸显、劳动密集型产业的转移，整个东盟地区正在快速崛起。

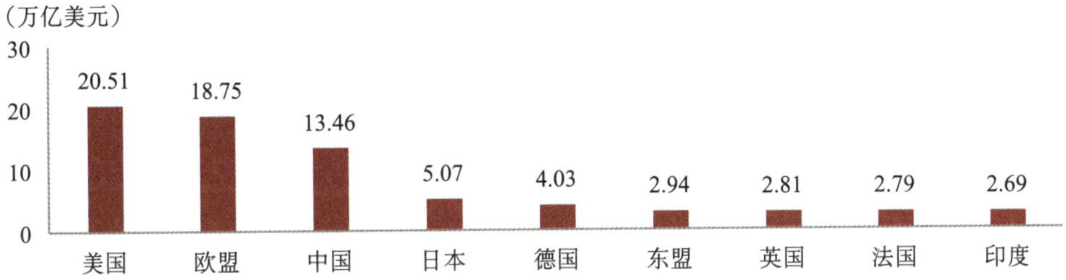

图 1.2.2　2018 年世界主要经济体 GDP 总量

资料来源：世界银行。

1.2.2　网络经济发展

根据谷歌、淡马锡和贝恩联合发布的《2019 年东南亚网络经济报告》，整个东南亚网络经济在 2019 年突破 1 000 亿美元大关，预期 2025 年达到 3 000 亿美元的水平。其中，印度尼西亚和越南的网络经济规模以每年约 40% 的增长率领先于其他国家。2019 年，印度尼西亚的网络经济规模达 400 亿美元，自 2015 年来平均年增长率达 49%，预计 2025 年可达 1 330 亿美元，占整个东南亚网络经济市场的 43.8%。越南 2019 年网络经济规模达 120 亿美元，自 2015 年来平均年增长率达 38%，预计 2025 年达 430 亿美元。同时，马来西亚、菲律宾和新加坡也预计会达到约 250 亿美元的市场规模（见图 1.2.3）。

2019 年，东南亚地区网络经济各行业继续保持稳定增长，其中电子商务和网约车业务表现突出，超出预期。在各大购物节的推动下，2019 年电子商务规模达 380 亿美元，相比于 2015 年的 55 亿美元，增长了近 7 倍，到 2025 年东南亚电子商务行业有望超过 1 500 亿美元。自 2015 年以来，网约车业务和线上媒体行业也有近 40% 的复合年增长率，2019 年市场规模超过 130 亿美元（见图 1.2.4）。

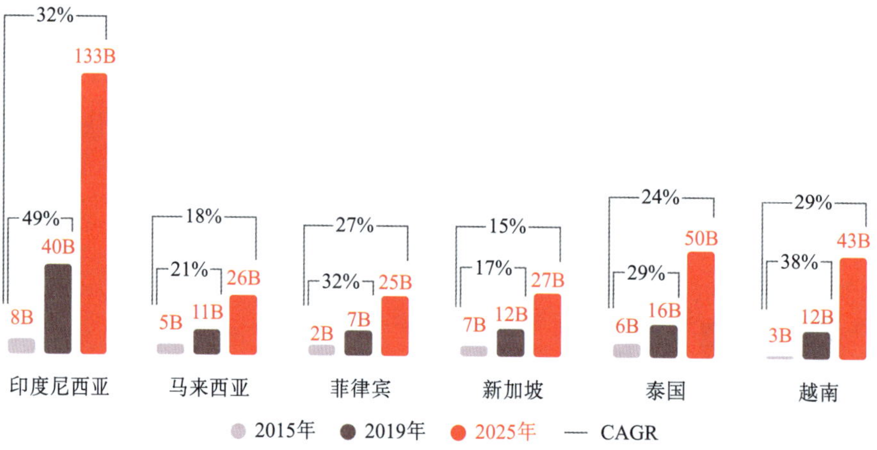

图 1.2.3　东南亚六国网络经济增长及预测

资料来源：谷歌、淡马锡和贝恩联合发布的《2019 年东南亚网络经济报告》。

注："B" 指 10 亿美元。

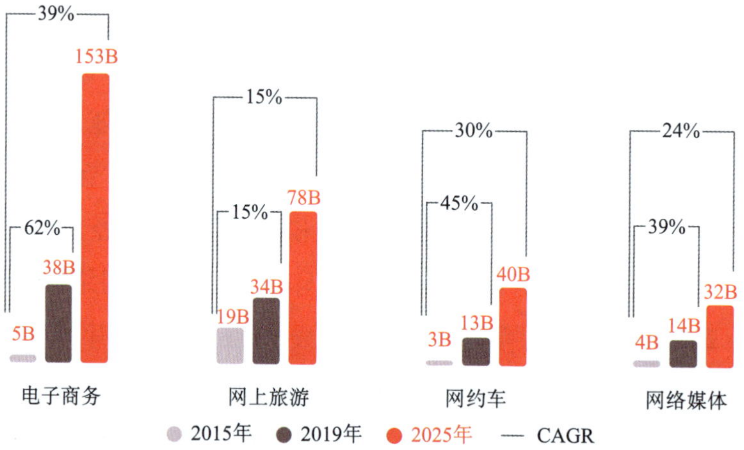

图 1.2.4　东南亚网络经济细分行业增长及预测

资料来源：谷歌、淡马锡和贝恩联合发布的《2019 年东南亚网络经济报告》。

注："B" 指 10 亿美元。

东南亚特有的三大因素支撑着本区域网络消费快速发展：

第一，人口结构年轻，年龄低于 40 岁的人口数量占总人口数 70% 左右；

第二，大型零售厂商不足甚至缺失，区域内人均零售机构的覆盖率只有美国的 1/3，在群岛国家印度尼西亚和菲律宾尤为明显；

第三，经济快速发展带来的中产阶级占比迅速提升，中产阶级比例年增长维持在5%左右。

1.2.3 消费潜力巨大

随着东南亚经济发展以及基础设施的完善，全球各大品牌都开始进驻这个新市场，东南亚更是被市场调研公司尼尔森称为“未来十年沉睡的巨人”。根据“We are Social”的数据显示，截至2019年1月，东南亚6.5亿人口中有4.2亿人使用互联网，占比63%，互联网普及程度领先于东亚、中亚和南亚地区。移动端连接量达8.23亿，是东南亚人口的1.29倍。新加坡作为东南亚地区中唯一的发达国家，移动端市场以高端手机为主，其中苹果用户占近1/4的市场份额。除新加坡外，其他东南亚市场主要以三星、OPPO、VIVO、华为及小米为主。其中，三星和小米占整个东南亚手机市场约一半的份额。未来，东南亚地区移动用户数量将继续增长，促进支付业务、在线购物的继续发展，预计有更多企业扩张到东南亚或大力维持该地区的零售业务，同时反向刺激消费欲望。

1.2.4 “一带一路”政策红利

“一带一路”倡议是依靠中国与相关国家既有的双边、多边机制以及既有的、行之有效的区域合作平台而提出的，旨在打造与沿线国家政治互信、经济融合、文化包容的利益共同体、命运共同体和责任共同体。随着对外开放和世界一体化程度的不断提高，我国对外投资的规模不断扩大，2018年中国对外投资1 430.4亿美元，略低于日本，成为第二大对外投资国。2018年底，中国对外直接投资存量达1.98万亿美元，仅次于美国和荷兰。

在“一带一路”的政策背景下，东南亚的投资价值逐步彰显。根据中国海关总署公布的贸易数据，2018年中国与东盟贸易额达5 878.7亿美元，同比增长14.1%，创历史新高，中国已保持连续10年为东盟第一大贸易伙伴，东盟也已成为中国第二大贸易伙伴。从商务部公布的投资数据看，双边投资势头持续向好。截至2018年底，中国对东盟累计投资额890.1亿美元，东盟对中国累计投资额1 167亿美元，中国和东盟双向累计投资额达2 057.1亿美元，双向投资存量15年间增长22倍，尤其是中国对东盟投资呈加快增长势头。

总体上看，“一带一路”倡议将中国与东南亚市场紧密联系在一起。特别是在全球经济增速放缓、贸易保护主义盛行的大背景下，中国与东盟双边贸易额继续保持了强劲势头。东南亚地区成为“一带一路”的贸易关键区域，为中国投资者出海提供了重要机遇。

1.3 南亚宏观经济环境概述

南亚地区通常指的是喜马拉雅山以南、东南亚以西的位置，主要包括印度、巴基斯坦、孟加拉等国家。南亚整体面积约450万平方公里，是全世界人口最密集的区域，区域内涵盖了约18亿人口，是美国的6倍，是加拿大的60倍。

南亚地区整体偏贫穷，是继非洲之后全球最贫穷的地区。南亚区域国家中，印度GDP总量最大，达到了2.7万亿美元，同时也是世界前十大经济体。孟加拉国、巴基斯坦GDP总量在3 000亿美元左右，其余国家GDP均不超过1 000亿美元。人均GDP方面，南亚国家整体人均GDP水平不高，其中马尔代夫、斯里兰卡两个国家的人均GDP相对突出，但与发达国家相比仍有明显差距。同时，由于较大的人口基数及区域经济发展不均衡，南亚地区内贫富差距较大。

受到全球经济下行的影响，南亚地区经济增长也出现了一定下行，部分国家显现出了内需不足，部分小国GDP增长下行至3%～4%，甚至不足3%。相比之下，印度凭借其庞大的年轻人口、相对充足的需求以及积极的外商投资，增速保持在5%～6%，是南亚地区经济韧性最强的国家。

受益于互联网信息技术的发展，南亚地区个人客户的潜在消费需求有望通过在线信贷产品释放。目前，南亚地区引入外商投资最多的是印度，印度也是该地区最受资本青睐的热土。中国资本前几年就已经进入印度市场从事消费金融行业投资，资本看好印度移动互联网基础设施的迅速发展，同时由于银行体系坏账高，消费需求通过互联网信贷释放。相比印度，其余几个国家受到资本的关注较少，未来随着时机成熟，或将显现出投资机遇。

1.3.1 印度经济体量在南亚占主导地位

南亚地区地貌分布非常广泛，有高海拔地区，也有海岸地区。南亚地区自然资源丰富，大量人口处于 15～24 岁区间，凭借着该地区的密集的年轻人口、自然资源，南亚地区经济增长水平也高于全球平均水平。

南亚区域内的国家有印度、巴基斯坦、孟加拉、斯里兰卡、尼泊尔、不丹和马尔代夫。南亚地区整个面积大约占世界的3%，该区域整体人口大约占整个世界的23%，但是经济总量却仅占全世界经济规模的3%左右。这使南亚地区成为世界上人口最多和最密集的地域，也是继非洲之后全球最贫穷的地区之一。

20 世纪 80 年代，孟加拉国、不丹、印度、马尔代夫、尼泊尔、巴基斯坦、斯里兰卡七国首脑齐聚达卡，通过《南亚区域合作宣言》和《南亚区域合作联盟宪章》，宣告南盟正式成立，2005 年 11 月阿富汗加入。

南亚区域国家中，印度的 GDP 总量最大，2018 年达到了 2.7 万亿美元[①]，同时也是世界前十大经济体；孟加拉国、巴基斯坦 GDP 总量在 3 000 亿美元左右；其余国家 GDP 均不超过 1 000 亿美元。人均 GDP 方面，南亚国家整体人均 GDP 水平不高，其中马尔代夫、斯里兰卡两个国家的人均 GDP 相对突出，但与发达国家相比仍有明显差距（见图 1.3.1）。同时，由于较大的人口基数及区域经济发展不均衡，南亚地区内贫富差距较大。

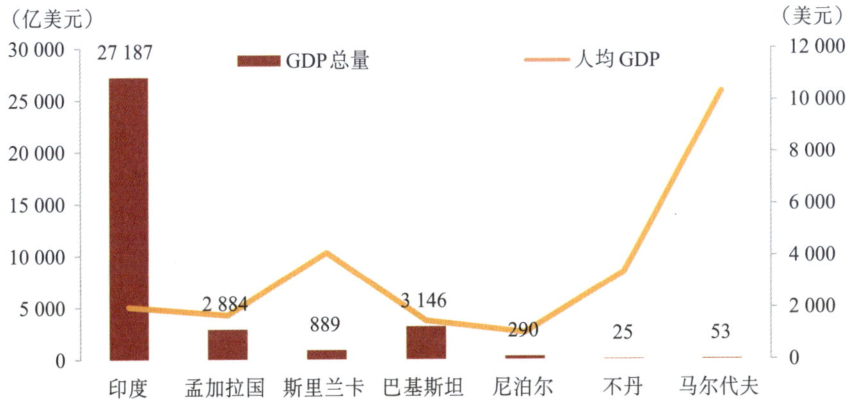

图 1.3.1　2018 年南亚七国 GDP 总量及人均 GDP 水平

---

① 资料来源：世界银行。

GDP 增长方面，受到全球经济下行影响，南亚地区经济增长也出现了一定下行，部分国家显现出了内需不足，部分小国 GDP 增长下行至 3% ~ 4%，甚至不足 3%。相比之下，印度凭借其庞大的年轻人口、相对充足的需求以及积极的外商投资，增速保持在 5% ~6%，是南亚地区经济韧性最强的国家。

1.3.2 互联网技术发展带动数字化水平提升

为促进整个南亚地区的经济合作和发展，2010 年南亚联盟发展基金（SDF）成立。该基金成立后首期募集资金 15 亿美元。南盟的宗旨是促进南亚各国人民的福祉并改善其生活质量；加快区域内经济增长、社会进步和文化发展，为每个人提供过上体面生活和实现全部潜能的机会；促进经济、社会、文化、技术和科学领域的积极合作和相互支持；在国际场合就共同关心的问题加强合作。

南亚地区多为发展中国家，仍面临许多问题亟待解决，比如食品安全、人口过快增长、卫生医疗落后、医疗设备不足、电力以及基础设施短缺等。SDF 报告显示，为解决以上问题整个地区需要的资金大概为 1.7 万亿 ~2.5 万亿美元。

南亚联盟发展基金将为整个南亚地区的能源、交通运输环境、商务贸易、供应链管理、信息技术等项目进行融资。目前，南亚联盟成员国之间的贸易总量只占南亚联盟各国其自身贸易总量的 4%，还有很大的发展空间。

伴随着互联网信息技术的发展，南亚地区的电子商务也呈现爆发式增长。电子商务的兴起使南亚联盟国内各个国家的贸易打破了地理的限制，促进了各个国家库房、交运以及物流体系的发展，使得南亚地区的经济联系更加紧密。

南亚的国家均比较重视互联网技术的新增长，如南亚地区的人口大国，印度和孟加拉都分别提出了数字印度、数字孟加拉的国家战略。以印度为例，“数字印度”是印度 IT 及互联网领域的顶层政策设计，旨在推动电子政务、IT、ITeS、创新及互联网治理水平提升，实现包容性增长。近年来，随着移动和互联网普及率不断上升，印度已超越美国成为世界上第二大互联网市场。印度的互联网渗透率也在逐年增加，截至2019年6月，印度互联网用户数达到了6.65亿人，互联网渗透率为48.7%，仍有约7亿人尚未接触互联网。

1.3.3 消费需求将通过在线信贷释放

银行业是南亚国家金融体系的支柱。南亚地区国家普遍缺乏资本、债券、衍生品市场，银行体系为整个南亚地区提供了大部分的信用贷款。对于个人客户而言，银行为其提供信用贷款的门槛相对较高，同时南亚地区整体较为贫困、贫富差距较大，多数群体难以在银行体系中得到授信。

以印度市场为例，印度的金融市场相对落后，银行贷款普及率不高，银行体系的坏账率很高。同时，银行系统由国有银行掌控，其主要的服务对象是国有企业和大型私人财团，普通民众很难从银行获得服务。在印度，使用现金几乎已经形成一种固有习惯，银行卡和信用卡的普及程度相对较低。随着互联网信息技术的发展，南亚地区个人客户的潜在消费需求有望通过在线信贷产品释放。

第2章　菲律宾消费信贷研究报告

综　述

菲律宾位于东南亚，首都为大马尼拉，人口近1.08亿，位列世界人口第13名，一半以上人口年龄为30岁以下，人口结构年轻化。2003年至2019年，菲律宾GDP年均增长率达到5%以上。菲律宾国内消费强劲，经济增长态势良好。同时，菲律宾吸引外资能力强。2017年吸引了创纪录的100亿美元投资，同比增长21.4%。虽然在2018年外国直接投资（FDI）回落至98亿美元，但依旧势头强劲。

菲律宾互联网用户高达7 600万，较前一年增长13.4%，其互联网渗透率高达71%。菲律宾移动用户达1.24亿，相当于总人口的116%，并以4%的速度稳步增长。菲律宾电商市场主要用户年龄范围在18～34岁，占比高达55.5%，是菲律宾网络经济的主力军。菲律宾的银行账户持有率为34%，信用卡渗透率低至1.9%，居民的储蓄倾向低，信用卡和银行卡的持有率低，使得电商市场中的分期购物业务发展潜力巨大，预示着该国的分期购物业务有一定的发展空间。菲律宾的金融科技市场一直保持高速发展，2019年菲律宾金融科技市场中，电子支付类的总交易值高达73.53亿美元，占该市场总交易值的92.4%，同时这一数字预计在未来还将以17.4%的速度持续增长，预计到2022年，电子支付类的交易值将达到118.15亿美元。

菲律宾信贷工具普及性较弱，旺盛的借贷需求及低廉的获客成本为菲律宾信贷产品提供了广阔的市场空间。菲律宾目前的法律不允许P2P借贷模式存在，只能通过自有资金或在央行许可下发行债券以获取资金并放贷，菲律宾信用市场仍处于起步状态，有比较大的市场空间，但风控等体系仍未得到统一完善。监管部门仍未出台针对P2P的监管政策，菲律宾的信用市场始终存在监管方面的风险隐患。

2.1 宏观环境

菲律宾共和国（菲律宾语：Republikang Pilipinas；英语：Republic of the Philippines），通称“菲律宾”，是东盟最初创始五国成员之一（其他四国分别为印度尼西亚、泰国、新加坡及马来西亚），位于亚洲东南部，处于西太平洋，北隔巴士海峡与中国台湾地区相望，双方群岛最近的距离为99公里，南隔苏拉威西海、巴拉巴克海峡与印度尼西亚、马来西亚相望，西隔中国南海与越南相望，东边则为菲律宾海。作为一个坐落于环太平洋地震带上的热带国家，菲律宾常年饱受地震与台风侵袭。菲律宾总面积29.97万平方公里，共有大小岛屿7 641个，其中吕宋岛、萨马岛和棉兰老岛等11个主要岛屿占全国总面积96%。首都为大马尼拉（Metro Manila），由17个市区组成，总面积638平方公里，人口1 500万。

2.1.1 经济增长稳定

菲律宾2018年GDP为3 309.1亿美元，在东盟最初五个创始国中位列末尾，在全球排名第四十，人均GDP为3 102.7美元。美国CIA估算显示，菲律宾农业、工业和服务业占GDP的比重分别为9.6%、30.6%、59.8%。美国CIA数据显示，菲律宾GDP构成中，消费占比84.8%，其中，家庭消费约占73%，政府消费约占11%。[①]

经济增长率方面，2003年至2019年，菲律宾年均增长率达到5%以上，其中，2019年菲律宾统计局统计表明GDP增长率为5.9%。2009年，受全球金融危机影响，菲律宾GDP增长率仅为1.1%，但仍符合世界GDP增长率趋势。自2012年起，相较于世界GDP增长趋势来看，菲律宾GDP增长明显显示出趋势的不同（见图2.1.1）。

（1）经常账户出现赤字

菲律宾贸易结构上较少依赖出口，拥有相对有弹性的国内消费，拥有

① 资料来源：CIA。

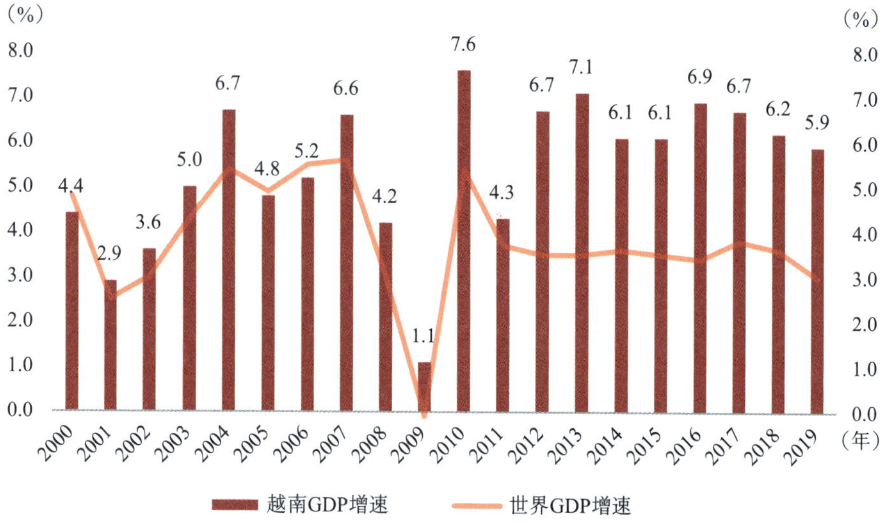

图 2.1.1　2000～2019 年世界与菲律宾 GDP 增长趋势对比

资料来源：国际货币基金组织。

大约 1 000 万海外菲律宾工人和移民的大量汇款，以及迅速扩大的服务业。2016 年，菲律宾经常账户余额自 2008 年来首次跌至负面区间，并且自 2017 年 10 月起一直维持在负面区间，部分原因是菲律宾宣布了一项雄心勃勃的新基础设施支出计划，激增的原材料进口导致经常账户变负。2018 年全年，菲律宾经常账户余额赤字共 78. 8 亿美元（见图 2. 1. 2）。

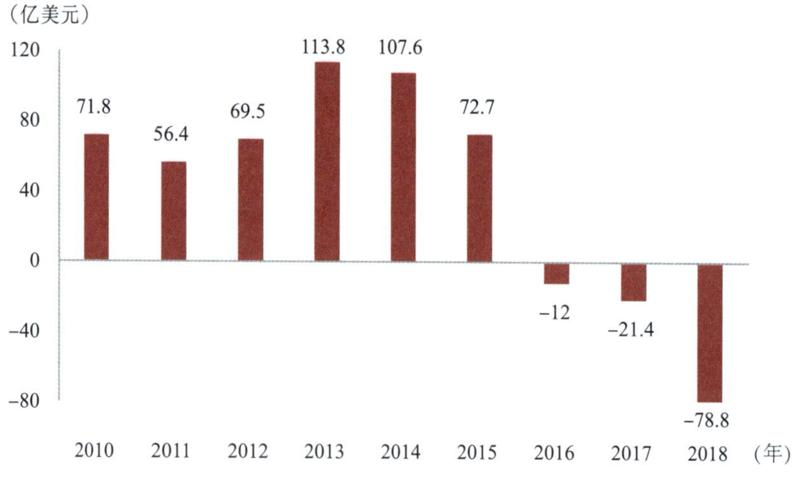

图 2.1.2　2008～2018 年菲律宾经常账户余额

资料来源：菲律宾中央银行。

（2）国家外汇储蓄稳定增长

截至 2019 年底，菲律宾央行披露其外汇储备 878.6 亿美元，外汇储备水平处于高位。菲律宾的外汇储备近年来一直保持稳定增长，虽然曾经在 2018 年末有过小幅滑落，但是进入 2019 年后很快重新抬头，目前正处于历史高位（见图 2.1.3）。

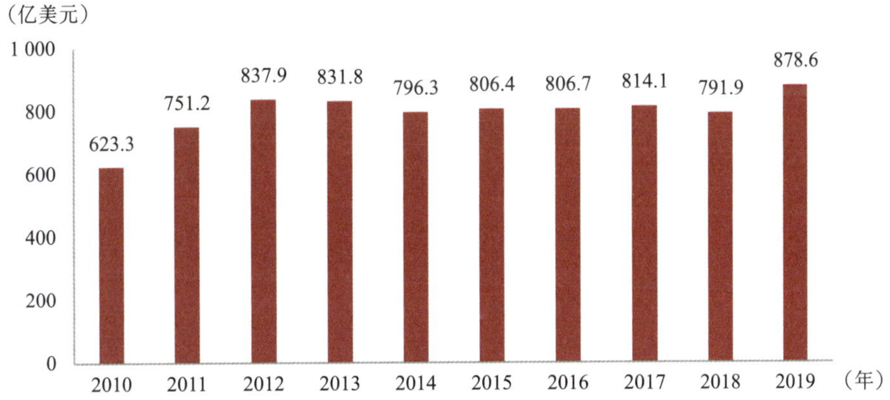

图 2.1.3　2010～2019 年菲律宾外汇储蓄余额

资料来源：菲律宾中央银行。

（3）通货膨胀率处于波动状态

菲律宾比索汇率持续走低，同时菲律宾通货膨胀率处于略微波动状态，1958 年至 2018 年，其通货膨胀率平均为 8.41%。2018 年 9 月，菲律宾的通货膨胀率升至 5.7%，高于全球通货膨胀率。菲律宾政府表示，这一增长主要来自于大米、玉米、鱼类、烟酒和个人运输价格上涨及国际油价的影响。2018 年，菲律宾政府实施了第一套综合税制改革方案，国会也建议暂停提高燃料消费税，以降低价格，减轻穷人的负担。自 2018 年 11 月起，菲律宾的通货膨胀率持续下降，到 2019 年底，已降至 2.52%（见图 2.1.4）。

2.1.2　人口结构年轻化

根据联合国经济与社会事务部数据显示，截至 2019 年，菲律宾总人口达 1.08 亿，位列世界人口第 13 名。人口增长率约为 1.56%。其中，城市人口占总人口数 47.1%。菲律宾居民中位数年龄为 23.7 岁，人口结构年轻化（见图 2.1.5）。

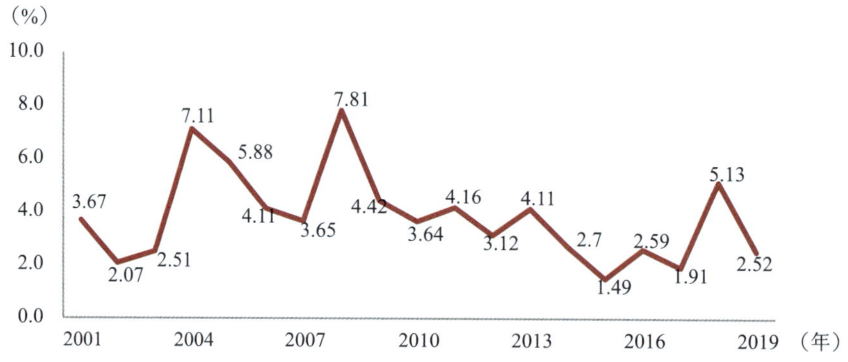

图 2.1.4 2001～2019 年菲律宾通货膨胀率

资料来源：菲律宾中央银行。

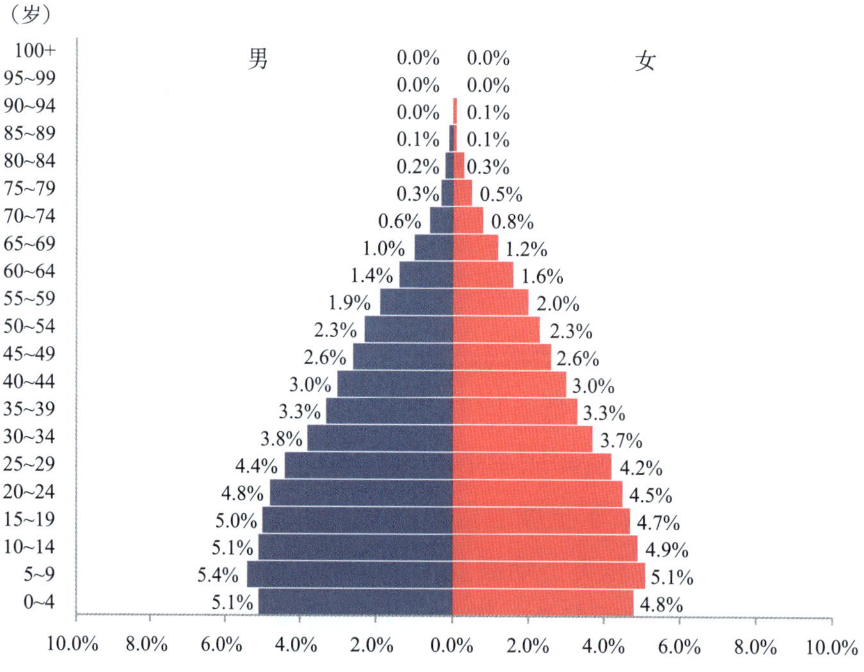

图 2.1.5 2019 年菲律宾人口"金字塔"示意图

2.1.3 外国直接投资略有回落

根据菲律宾中央银行（BSP）统计，虽然菲律宾在 2017 年吸引了创纪录的 100 亿美元投资并同比增长了 21.4%，但 2018 年，外国直接投资回落至 98 亿美元，低于菲律宾央行的预期。受 2019 年 5 月大选以及菲律宾企业税改不确定性的影响，菲律宾央行行长在采访中表示，2019 年的外国直接投资整体在 80 亿 ~90 亿美元。总体来看，菲律宾的外国直接投资仍然低于部分东盟国家，原因之一是菲律宾宪法和其他法律限制外国投资，并限制外国在重要行业的所有权，例如土地所有权和公用事业。

2.2 移动互联网

2.2.1 互联网渗透率增长迅速

菲律宾互联网渗透率增长迅速。根据 eMarketer 发布的《菲律宾互联网用户概览》及社交媒体管理平台 Hootsuite 发布的《2019 年数字化报告》中的最新数据，菲律宾互联网用户高达 7 600 万，较前一年增长 13.4%，其互联网渗透率高达 71%。与此同时，2019 年菲律宾平均互联网网速为 19.03Mbps，虽较上年增速 25%，但仍低于 54.33Mbps 的世界平均水平，仍有待发展。

2.2.2 智能手机渗透率高

根据“We are Social”的数据显示，截至 2019 年 1 月，菲律宾移动用户达 1.24 亿，相当于总人口的 116%，并以 4% 的速度稳步增长。手机渗透率达 89%，其中智能手机渗透率达 65%。根据调研机构 Canalys 发布的 2019 年第 4 季度全球智能手机出货量分析数据，OPPO 占 27%，VIVO 占 25%，三星占 9%，Realme 占 9%，华为占 8%，是菲律宾智能手机市场份额前五（见图 2.2.1）。其中，Realme 年增长率同比达 709%，并在市场份额上超过华为，与三星并列，成为全球成长最快的新晋智能手机品牌。

图 2.2.1 2019 年底菲律宾手机市场份额

资料来源：Canalys。

2.2.3　电子商务市场上升空间巨大

菲律宾的电子商务市场潜力巨大。根据 Statista 的最新数据，菲律宾的电商市场 2019 年的收入约 9.52 亿美元（见图 2.2.2），未来 4 年的年增长率预计高达 10.87%。

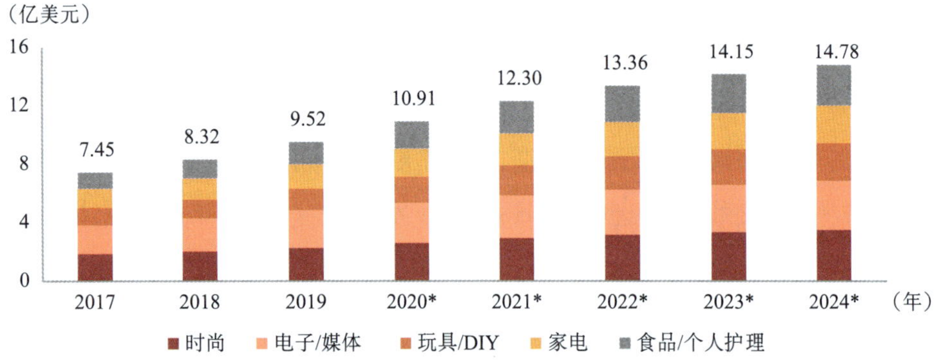

注：* 为估计值。

图 2.2.2　菲律宾电商市场利润增长预测

资料来源：Statista。

此外，截至 2020 年 1 月，菲律宾电商市场的用户渗透率达 45.9%，并且仍在以稳定的速率增长。菲律宾电商市场主要用户年龄范围为 18～34 岁，占比高达 55.5%（见图 2.2.3），是菲律宾网络经济的主力军。

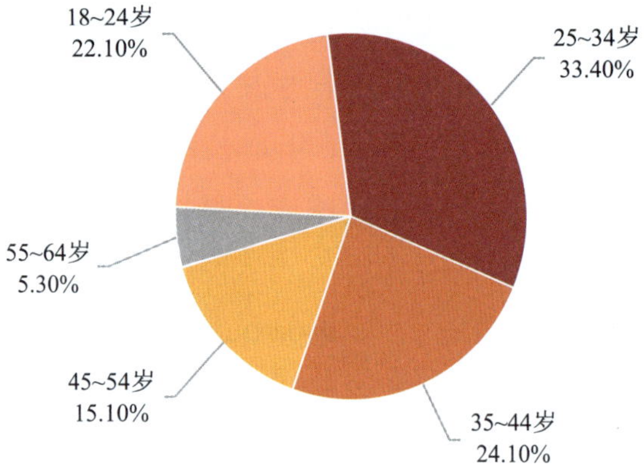

图 2.2.3　菲律宾电商用户年龄分布情况

资料来源：Statista。

根据 Hootsuite 发布的 2019 年数字化报告中的最新数据，菲律宾银行账户持有率为 34%，信用卡渗透率低至 1.9%，这和该国居民无储蓄习惯有关。居民的储蓄倾向低，信用卡和银行卡的持有率低，使得电商市场中的分期购物业务发展潜力巨大，预示着该国的分期购物业务有一定的发展空间。

2.3 消费信贷市场

2.3.1 金融科技市场发展迅速

菲律宾的金融科技市场一直保持高速发展。目前，菲律宾的金融科技创新企业共计约有 60 家，其中移动支付类的公司占比达 41%。以 Money Match 为首的借贷平台及 PayMaya 等支付方案解决商在菲律宾金融科技市场的前景都十分光明。据 Statista 数据显示，2019 年菲律宾金融科技市场中，电子支付类的总交易值高达 73.53 亿美元左右（见图 2.3.1），占该市场总交易值的 92.4%。这一数字预计在未来还将以 17.4% 的增长率持续增长，预计到 2022 年，电子支付类的交易值将达到 118.15 亿美元。

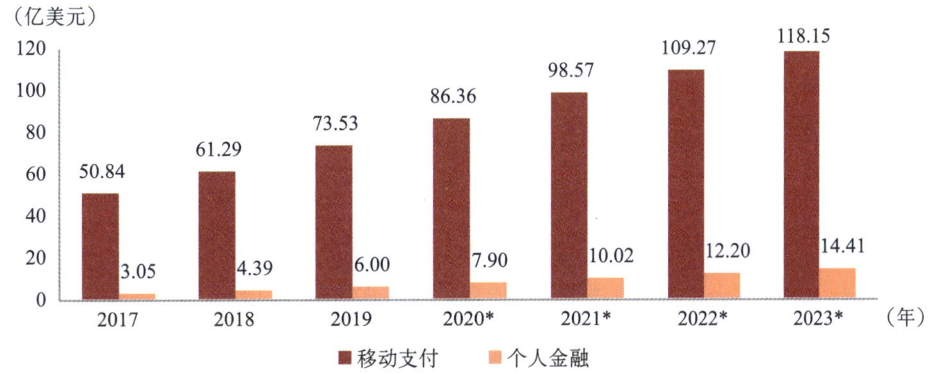

注：* 为估计值。

图 2.3.1 2017 ~ 2023 年菲律宾金融科技市场交易额预测

数据来源：Statista。

2.3.2 信贷市场牌照研究[①]

（1）借贷公司（Lending Company）牌照

菲律宾目前有关借贷领域的法律是2007年5月颁布的《Lending Company Regulation Act of 2007》（即《2007年贷款公司管理法案》），其中规定：

➢ 资金来源：只能使用借贷公司自有资金或者不超过19名自然人。

➢ 公司要求：仅限当地注册的公司，个体或合伙企业不得申请。

➢ 实缴注册资本：公司实缴资本不低于100万菲律宾比索（约2万美元）。

➢ 外资限制：外资占股比例不高于49%，达到49%后不得继续增资。外资投票权必须由菲律宾公民行使。

➢ 监管机构：菲律宾证券交易委员会（SEC）。

（2）金融公司（Financing Company）牌照

菲律宾目前针对金融公司的法律是1998年2月颁布的《Financing Company Act of 1998》（即《1998年金融公司法案》），其中规定：

➢ 业务范围：

- 贷款；
- 经菲律宾央行许可后开展穆斯林银行业务、货币市场操作、信托业务操作；
- 在菲律宾央行监管下发行债券和其他金融工具，向拥有外汇的企业提供外汇贷款或租约；
- 对政府金融机构发行的金融票据进行再贴现；
- 参与政府金融机构支持的特别贷款或信贷项目。

➢ 抵押品范围：直接借贷、以商业票据为抵押品的贴现借贷或保理、购销合同、租约、实产抵押、其他债务证据、动产或不动产的融资租赁。

---

① 资料来源：APUS东南亚P2P在线借贷行业分析报告。

➢ 借款人范围：自然人、工业企业、商业企业、农业企业。

➢ 公司要求：股份制公司。

➢ 实缴注册资本：根据公司所在位置有所不同（见表 2.3.1）而不同。

表 2.3.1 菲律宾公司视角注册资本

公司位置	实缴资本下限（万比索）	折合美元（万美元）
一类城市	1 000	20
其他城市	500	10
自治市	250	5

➢ 外资限制：菲律宾公民拥有的投票权不少于 40%。外籍人士不能持有公司股票，除非外籍人士所在国家基于互惠原则允许菲律宾公民在该国持有金融公司股票（中国允许外资直接持有互联网金融公司股票）。

➢ 监管机构：菲律宾证券交易委员会、菲律宾央行。

➢ 违反处罚：未经授权从事金融公司业务，或授权公司违规从事被许可业务，可判处 6 个月以下监禁，并处以 1 万比索（约 200 美元）以上 10 万比索（约 2 000 美元）以下罚款。

（3）菲律宾信贷市场牌照监管情况总结

菲律宾目前的法律实际上是不允许 P2P 借贷模式存在的，只能通过自有资金或在央行许可下发行债券以获取资金并放贷，严格管制给未来菲律宾 P2P 借贷行业的发展蒙上了一层阴影。

2.3.3 菲律宾贷款平台示例

（1）信用贷平台

- pera247

融资历史：见表 2.3.2。

表 2.3.2

轮次	时间	金额（万美元）	领投机构
种子轮	2017 年 5 月 1 日	12.5	Fintonia Group，FORUM
Pre - A 轮	2017 年 9 月 14 日	40	Fintonia Group
可转债	2017 年 9 月 16 日	15	Reliance Modal Ventura
Pre - A 轮	2018 年 6 月 26 日	250	SIG Asia Investments

业务模式：AsiaKredit 总部位于新加坡，目前在菲律宾开展业务，并计划进入其他东南亚市场，2017 年 11 月在菲律宾推出 pera247，旨在通过移动应用程序向东南亚 5 亿无银行账户人民提供一个开创性的、快速便捷的消费贷款产品，促进金融包容性，提高生活水平，并最终推动社会前进。贷款申请流程包括：回答简短的申请并上传有效的身份证明，然后等待人工询问。根据借款人提交的信息完整性、上传的 ID 有效性以及与借款人联系的便利性，贷款审批流程最短可在 24 小时内完成，最长可能需要 5 天。

运营情况：pera247 自 2017 年 11 月在菲律宾推出以来，已处理多达 10 万份贷款申请，每月客户增长率超过 100%，借款人复贷率超过 50%。客户可以选择通过 1 万多个现金中心提取资金并进行支付。

牌照：借贷公司（Lending Company）。

产品细节：借款额度在 2 500 ~ 15 000 比索（约 50 ~ 300 美元）之间，借款期限为 10 ~ 90 天，息费为 0.83%/天，除了每天 0.83% 的利率外，还收取 5%/笔额外的手续费。到期还本付息。

- LOAN RANGER

业务模式：LOAN RANGER 是由 First Digital Finance Corporation 推出的产品，是一家正式注册并获得 SEC 许可的金融科技公司。旗下还和 Lazada 菲律宾合作，主打消费分期的产品 billease，以及主打海外菲律宾工人贷款的产品 Balikbayad。创始团队有丰富的银行、咨询和技术方面的本地和国际经验。LOAN RANGER 的主打业务是为借贷者提供短时或者瞬时信贷。

产品细节：LOAN RANGER 借款额度在 3 000 ~ 10 000 比索（约 60 ~ 200 美元）之间，借款期限为 5 ~ 30 天，息费为 0.65%/天，息费后付。目前仅开发了网页版。审核在 24 小时内完成。

- Moola Lending

业务模式：Moola Lending Corporation 是一家总部位于菲律宾的金融技术公司，专注于在线微型和消费者融资，是菲律宾首批提供在线贷款的公司之一。Moola Lending 为借款人提供即时和优质的金融解决方案，以满足菲律宾人民的日常和即时财务需求。申请贷款无抵押要求，不需复杂的审批程序或漫长的等待时间。借款人只需几分钟和几步即可完成在线申请。在获得批准后，在线签署贷款合同，借款人可以通过银行账户立即获得资金。Moola Lending 系列中的其他公司包括 Doctordong.vn（越南）、Drrupiah.com（印度尼西亚）和 Doctorringgit.my（马来西亚）。目标客户为年龄在 22 ~ 60 岁、目前在马尼拉和菲律宾其他选定地区就业或有稳定的收入和有效的菲律宾家庭住址的公民。

该平台提供三种还款方式：① 通过 Dragonpay 在线支付通道还款；② 在 7 - Eleven 便利店线下还款；③ 在 Bayad 中心、SM 支付柜台（包括 SM 百货、SM Hypermart、SM 超市、SM Savemore）、Cebuana Lhuillier、LBC、Robinson 支付中心线下还款。所有还款方式均需使用 Dragonpay 的虚拟账号。

产品细节：借款额度为 2 000 ~ 20 000 比索（约 40 ~ 400 美元），借款期限为 7 天、15 天、21 天、30 天，息费为 1%/天。除了每天 1% 的利率外，还将收取额外的手续费。逾期付款需加收 1% 的每日延迟付款，还会收取 700 比索延迟付款费用。目前仅开发了网页版。审核在 1 ~ 2 天内完成。

- Cash Lending

业务模式：Cash Lending 是菲律宾最早通过手机 APP 全面运营的金融科技平台之一。基于移动互联网安全技术和大数据分析，为菲律宾人提供在线贷款服务。平台于 2018 年 9 月上线 Google play。

产品细节：该平台提供三种金额的产品：3 000 比

索、7 000 比索、10 000 比索（约 60 美元、140 美元、200 美元）。期限是 7 天和 14 天两种。息费为 1%/天，到期还本付息。

（2）消费贷平台

- billease

业务模式：billease 平台于 2017 年 9 月由 First Digital Finance 推出，旨在让符合条件的客户可以选择分期付款购买而无须信用卡。2018 年 4 月 18 日，菲律宾电商巨头 Lazada 宣布与 billease 合作，为其电子商务平台推出无卡分期付款选项。借款人只需提交在线申请表，一旦获得批准，可以获得在 Lazada 购物的优惠券，借款人可以使用优惠券代码支付 Lazada 订单的全部或部分费用。借款处理时间为 1 个工作日，借款人需要年满 18 岁需有稳定的收入来源，需要提供最新的收入证明、结算证明和有效的政府 ID。

运营情况：billease 于 2017 年 9 月由 First Digital Finance 推出后，收到申请超过 50 000 份。

产品细节：该产品根据客户的信用额度将贷款金额控制在 2 000 ~ 30 000 比索（约 40 美元到 600 美元）之间。用户可以选择不同的预付款，期限为 1 ~ 3 个月，利率根据预付款有浮动。1 个月的利率为 5.5% 左右，2 个月的利率在 4% 左右，3 个月的利率在 3.5% 左右。客户可通过 Coins. ph 钱包、7 - Eleven、Cebuana 或 M Lhuillier 分行，以及银行转账三种方式进行结算。

2.4 风险提示

2.4.1 政治风险

菲律宾内部宗教及地方反政府组织林立，政治及社会局势长期动荡，恐怖活动时有发生。近来屡受国内政治斗争及少数外部国家势力的挑唆，菲律宾民间的反华情绪激化。同时，菲律宾国内的政商环境仍然较为恶劣，腐败及官僚主义严重，一定程度上冲击了外资企业投资的安全。

2.4.2 经济风险

菲律宾经济发展容易受到政治形势影响，缺乏弹性和市场调节能力。经常账户余额自2016年起赤字愈发扩大，政府受困于债务及赤字，难以调动资金分配给投资项目。同时，菲律宾过于依赖外国投资，但由于菲律宾宪法对外国资本的进入多有限制，近年来外国对菲律宾直接投资呈下降趋势，低于东盟国家平均水平，经济增长的步伐有所放缓。

2.4.3 信贷市场风险

菲律宾信用市场仍处于起步状态，有比较大的市场空间，但风控等体系仍未得到统一完善。利率方面，信用贷日利息为0.65%～1%，区间较大，但水平大致与印度尼西亚信用贷公司持平。目前监管部门仍未出台针对P2P的监管政策，菲律宾的信用市场始终存在监管方面的风险隐患。

第 3 章　印度尼西亚消费信贷研究报告

综　述

印度尼西亚位于东南亚，首都为雅加达，人口近 2.68 亿，仅次于中国、印度、美国，居世界第四位，30 岁以下年龄的人口约占总人口一半，人口结构年轻。2019 年上半年，印度尼西亚 GDP 达 5 456 亿美元，同比增长 5.06%，以绝对优势居于东南亚各经济体之首。2015 年以来，印度尼西亚物价指数不断走低，通胀压力大减。由于失业率降低、政府民生项目行之有效，再加上通胀水平较低，印度尼西亚国内消费强劲，经济增长态势良好。同时，吸引外资能力强。2018 年印度尼西亚吸引外国直接投资（FDI）约 278.6 亿美元，成为东盟国家中最具吸引力投资目的国之一，也是亚洲最受欢迎投资标的国家一。

巨大的人口数量孕育了印度尼西亚欣欣向荣的互联网市场。截至 2019 年，印度尼西亚以 1.5 亿互联网用户、13% 的同比增长率，成为全球互联网用户增长速度最快的国家，互联网渗透率达 56%。手机用户渗透率高达 91%，其中，智能手机用户渗透率达 60%。2018 年印度尼西亚电商市场价值高达 95.36 亿美元，较上一年相比增长 23%，在线交易参与人数多达 1.07 亿人。数据显示，2019 年在印度尼西亚的 400 亿美元互联网经济中，电子商务贡献了 210 亿美元，预计到 2022 将增长 3 倍多，达到 650 亿美元，有望成为继中国、印度之后的亚洲第三大电商市场。在印度尼西亚庞大的人口基数下，信贷工具普及性较弱、旺盛的借贷需求及低廉的获客成本为印度尼西亚信贷产品提供了广阔的市场空间。

印度尼西亚巨大的信贷资金缺口和强烈的消费欲望共同作用催生了现金贷平台。过去几年，印度尼西亚的金融科技行业蓬勃发展。印度尼西亚金融管理局（OJK）表示，截至 2019 年 8 月，共有 48 家金融科技公司在 15

个数字金融创新集群中上市，127 家注册 P2P 借贷公司和 1 家注册股权众筹公司。印度尼西亚蓬勃发展的 P2P 借贷行业吸引了国内外投资者的注意，2019 年印度尼西亚借贷初创公司接连获得融资，未来印度尼西亚消费信贷市场发展潜力巨大。

3.1 宏观环境

印度尼西亚共和国（印度尼西亚语：Republik Indonesia ，英语：Republic of Indonesia)，简称“印度尼西亚”（Indonesia)，位于东南亚，首都为雅加达。印度尼西亚与巴布亚新几内亚、东帝汶和马来西亚等国家相接。由约 17 508 个岛屿组成，是马来群岛的一部分，也是全世界最大的群岛国家，其疆域横跨亚洲及大洋洲。2019 年，印度尼西亚人口近 2. 68 亿，人口总数仅次于中国、印度、美国，居世界第四位。[①] 印度尼西亚是东南亚国家联盟创始国之一，也是东南亚最大经济体及 20 国集团成员国。

3.1.1 经济增长迅速

印度尼西亚 2018 年 GDP 达到 1. 04 万亿美元（见图 3. 1. 1)，同比增长 5. 2%，其中家庭消费占 GDP 一半以上。[②] 2019 年上半年 GDP 达 5 456 亿美元，同比增长 5. 06%。在各大新兴经济体中，印度尼西亚近些年保持着较高的增长水平。按 GDP 总量来看，印度尼西亚以绝对优势居于东南亚各经济体之首，其 2018 年的 GDP 总量超过了 1 万亿美元，也是东南亚地区 GDP 总量唯一破万亿美元的国家。2018 年印度尼西亚人均 GDP 达 3 893. 6 美元，同比增长 1. 5%。由于印度尼西亚人口数量庞大，其人均 GDP 仅排在第五位。

2018 年，首都雅加达人均 GDP 达到近 1. 7 万美元，是印度尼西亚全国人均 GDP 的 4. 3 倍。[③] 雅加达，全称“雅加达特别首都地域”，是印度尼西

① 数据来源：中国 – 印度尼西亚经贸合作网。
② 数据来源：世界银行。
③ 资料来源：中国产业信息网。

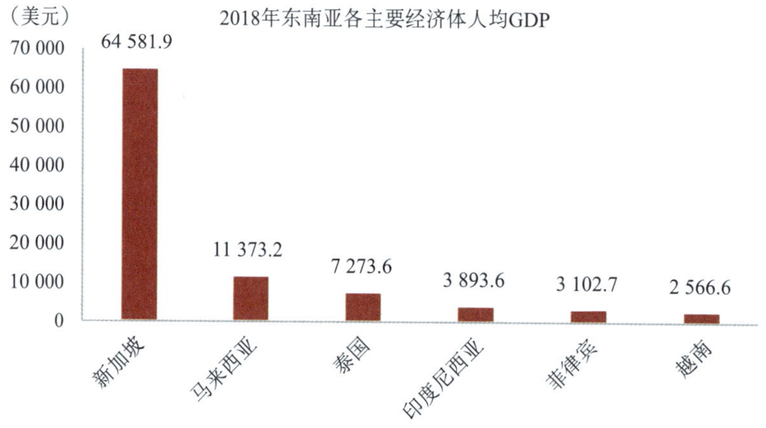

图 3.1.1　2018 年东南亚各主要经济体 GDP 与人均 GDP

资料来源：中国产业信息网。

亚的经济、文化和政治中心，也是东南亚最大的城市，现有人口超过 1 000 万。雅加达在各个主要领域都在引领印度尼西亚全国的发展。

自 2015 年来，印度尼西亚物价指数不断走低，通胀压力大减。印度尼西亚中央统计局数据显示，2019 年 3 月，印度尼西亚通胀率为 2.48%（见图 3.1.2），是 10 年来的最低水平；失业率降至 5.34%，也处在 1998 年亚洲金融危机以来的较低水平。近年来，印度尼西亚国内消费成为支撑其经济增长的基石。由于失业率降低、政府民生项目行之有效，再加上通胀水平较低，印度尼西亚国内消费强劲，经济增长态势良好。

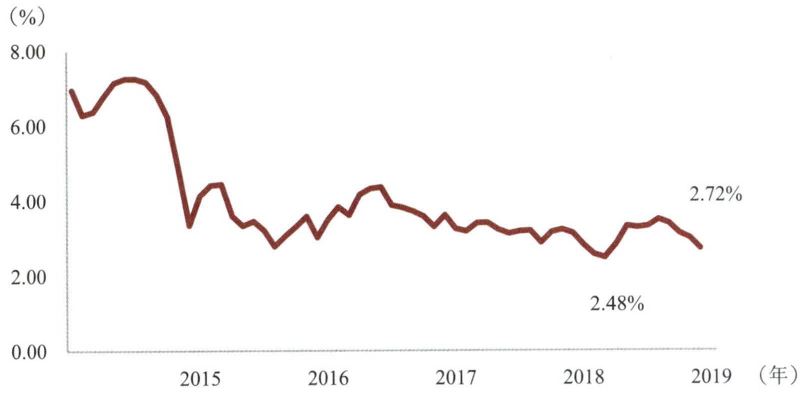

图 3.1.2　2015～2019 年印度尼西亚通货膨胀率

资料来源：印度尼西亚中央银行。

3.1.2　人口红利爆发

印度尼西亚作为东盟创始国之一和东盟最大成员国，人口结构年轻化，拥有充足的劳动力以支持经济发展，同时年轻化的人口结构创造了大量的消费需求。

印度尼西亚有 17 000 多个岛，其中 57% 的人口都挤在狭小的爪哇岛上，人口分布相当集中。印度尼西亚是世界上人口最多的国家之一。根据印度尼西亚最新人口数据显示，2019 年人口总数约为 2.68 亿人，占东南亚人口总数的 41%，全球排名第 4，其中约一半人口年龄在 30 岁以下（见图 3.1.3）。[①] 人口年轻化，一方面提供了充足的劳动力，另一方面也创造了需求，促进经济持续发展。印度尼西亚专家表示，2020～2030 年，印度尼西亚将迎来人口红利期，希望政府抓住机遇，借此提升印度尼西亚经济实力。根据波士顿咨询公司调查显示，大约 35% 的印度尼西亚人口为中产阶级，人数超过 9 000 万，这些家庭每月日常开支通常超过 200 万印度尼西亚盾（约 143 美元）。中产阶级已成为印度尼西亚消费市场的中坚力量，为促进其经济持续发展做出很大贡献。在人口红利的大环境下，大量劳动力涌入市场，为印度尼西亚发展创造了有利条件。

---

① 资料来源：中国－印度尼西亚经贸合作网。

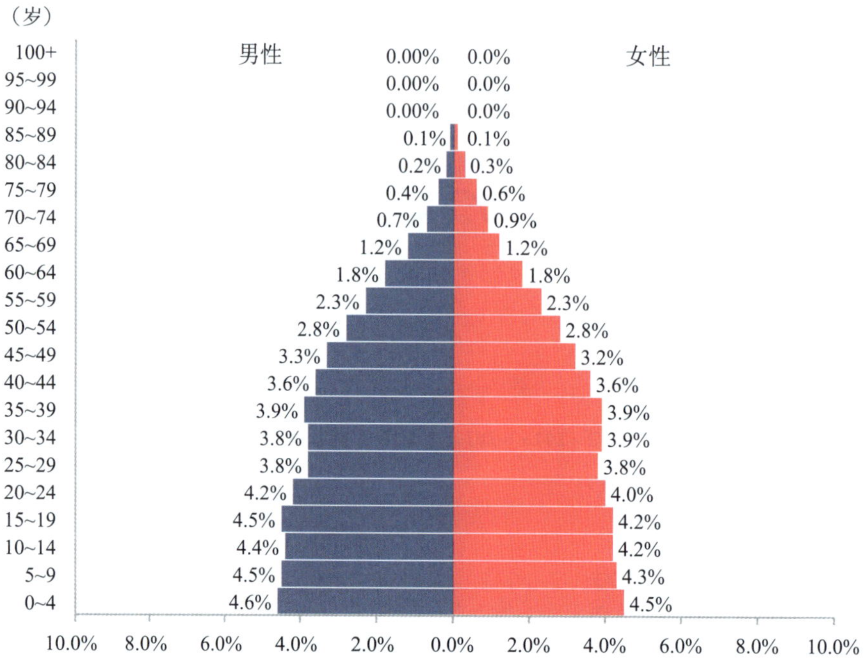

图 3.1.3　2019 年印度尼西亚人口“金字塔”示意图

3.1.3　外资持续流入

印度尼西亚吸引外资能力强。2018 年，印度尼西亚吸引外国直接投资（FDI）392.7 万亿印度尼西亚盾（约 281 亿美元），成为东盟国家中最具吸引力投资目的国之一，也是亚洲最受欢迎的投资标的国家之一。[①]

联合国贸易和发展会议组织报告称，印度尼西亚外来投资增长迅速，主要得益于政府连续采取了一系列振兴经济措施，如简化投资和营业方面的许可证审批流程，推行 3 小时办理准证服务，改善各地基础设施，提高物流运输能力等，大大改善了投资环境。此外，2016 年，印度尼西亚总统佐科签署总统令，宣布放宽包括旅游、电影、交通等近 50 个行业的外商投资限制。印度尼西亚贸易部也称，外商投资将是国家未来经济增长的主要引擎。2018 年，印度尼西亚政府进一步宣布向新的外国直接投资提供 100% 企业所得税（CIT）减免优惠。在免税期结束后，投资者可享受两年过渡期

① 数据来源：中国 – 印度尼西亚经贸合作网。

50%的减税优惠。

在进出口方面，据印度尼西亚统计局统计，2019年1~9月，印度尼西亚货物进出口额为2 494.6亿美元，比上年同期（下同）下降8.6%。其中，出口1 236.8亿美元，下降8.4%；进口1 257.8亿美元，下降8.8%；贸易逆差21亿美元，下降27.5%。中国是印度尼西亚最大的贸易伙伴，2019年1~9月，印度尼西亚与中国双边货物进出口额为523.4亿美元，下降0.5%。[①]

3.2 移动互联网

3.2.1 互联网市场繁荣

巨大的人口数量孕育了印度尼西亚欣欣向荣的互联网市场。截至2019年，印度尼西亚以1.5亿互联网用户、13%的同比增长率，成为全球互联网用户增长速度最快的国家，互联网渗透率达56%。印度尼西亚社交媒体活跃用户达1.5亿，同比增长15%，其中有91%的互联网用户使用手机。[②]

2019年，根据多个渠道如谷歌、eMarketer等的研究数据显示，就全球而言，东南亚是互联网发展势头最迅猛的区域。而就东南亚而言，印度尼西亚则是该区域最大的互联网市场，其互联网用户数已经超过总人口数的一半，且在未来的一年内将持续增长。持续增长的东南亚互联网经济已经成为全球互联网经济发展的核心动力。谷歌和淡马锡公司分析，2019年东南亚互联网经济规模约1 000亿美元，而该指数将于2025年提升至2 400亿美元。

3.2.2 移动端渗透率高

根据华为发布的2019年全球联结指数（Global Connectivity Index，GCI），对国家数字经济发展现状进行量化评估，印度尼西亚的GCI在79个

① 数据来源：中华人民共和国商务部。

② 数据来源：We are Social。

国家中排名第 62 位，移动宽带用户数和智能手机渗透率获得满分（见图 3.2.1）。

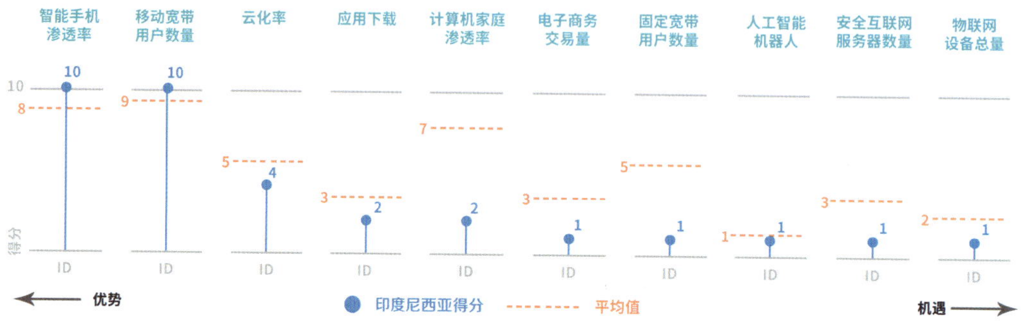

图 3.2.1　2019 年印度尼西亚数字经济优势和机遇

资料来源：华为 2019 年全球联接指数。

截至 2019 年 1 月，移动用户高达 3.6 亿户，印度尼西亚平均每人拥有 1.33 部手机，手机用户渗透率高达 91%，其中智能手机用户渗透率达 60%。智能手机用户数持续增长，智能手机成为互联网用户的集中使用端。以智能手机为代表的移动端具有更强的用户粘性，具体体现在移动端的互联网用户比 PC 端用户更多、更活跃。

美国 IDC 研究公司报告显示，印度尼西亚是东南亚第一大智能手机市场。2018 年，印度尼西亚智能手机市场出货量高达 3 800 万台，比 2017 年大幅增长了 17.1%，并创下了印度尼西亚市场的历史记录。根据 eM arketer 推算，2019 年印度尼西亚智能手机的使用量达到约 9 200 万台，远超其他东南亚国家。互联网和智能手机的渗透率逐步上升，大大促进了企业对消费者（B2C）电商及相关配套服务的蓬勃发展。

3.2.3　电商发展迅猛

得益于不断壮大的中产阶级以及庞大的互联网和智能手机用户基数，印度尼西亚网上消费人群已跃居东南亚六大主要国家之首。2018 年，印度尼西亚电商市场价值高达 95.36 亿美元，较上一年相比增长 23%。在线交易参与人数多达1.07亿人，较上一年相比增长5.9个百分点。①

作为数字行业的火车头，电子商务在印度尼西亚仍然发挥着重要作用。Google、淡马锡和贝恩公司的研究显示，在2019年的400亿美元互联网经济中，电子商务贡献了210亿美元，预计到2022将增长3倍多，达到650亿美元，有望成为继中国、印度之后的亚洲第三大电商市场，潜力无限。②

与此同时，为吸引外商直接投资，印度尼西亚政府从2016年起积极开放投资领域，并推进简化投资审批程序。原本被列在外商投资负面清单中的电子商务行业，新措施已允许外资进行独资经营。政策的放开促使外资涌入，例如eBay宣布在印度尼西亚建立办事处，并向印度尼西亚电商平台Blanja增加1 000万美元的投资，并透露未来将会有更多的外资投入；阿里巴巴向印度尼西亚电商平台Lazada投资超40亿美元，向Tokopedia投资11亿美元。各大电商均在印度尼西亚积极布局，争相抢占市场先机。

2017年上半年开始，印度尼西亚电商布局加快。Blanja（印度尼西亚电商平台）重塑品牌；Alfacart（印度尼西亚最大零售集团PT Sumber Trijaya Lestari旗下的电商公司）与联合利华合作；东南亚最大网络公司Garena更名“SEA”，并融资5.5亿美元投资印度尼西亚电商市场；同年，阿里巴巴增持印度尼西亚在线零售电商Lazada股份至83%，几个月后又以11亿美元领投印度尼西亚本土电商Tokopedia；同时段，印度尼西亚Salim集团与乐天合作推出iLotte。市场上陆续涌现出新的参与者。根据iPrice聚合平台对2018年度印度尼西亚电商生态研究的结果显示，2018年末用户访问次数排名前十的电商网站分别是：Tokopedia、Bukalapak、Shopee、Lazada、Blibli、JD ID、Zalora、Sale Stock Indonesia、Elevenia、iLotte。2018年，用户浏览次数最多的电商网站是Tokopedia，用户浏览次数达1.68亿次；电商品牌Bukalapak以1.16亿人次的访问量位居第二。Bukalapak从2017年开始爆发式成长，已经成为印度尼西亚互联网四只独角兽之一。

① 数据来源：We are Social。

② 数据来源：贝恩咨询公司研究报告。

（1） Tokopedia

Tokopedia 成立于 2009 年，是印度尼西亚最大的电商平台，被称为印度尼西亚版淘宝，其核心愿景为帮助数以百万计的小企业和本地品牌利用互联网创办和发展业务。Tokopedia E 轮融资于 2016 年 4 月完成，投资者包括软银和红杉资本等。2017 年 8 月，Tokopedia 宣布获得阿里巴巴领投的 11 亿美元新一轮融资。

（2） Bukalapak

综合 C2C 平台 Bukalapak 成立于 2011 年，总部位于印度尼西亚雅加达，是印度尼西亚有代表性的在线交易平台，也是 Tokopedia 的主要投资者。Bukalapak 目前已融资到 B 轮，拥有稳定的资金链以及可观的增长量。据官方公布的数据显示，现在 Bukalapak 拥有近十万个卖家在其平台上出售商品。Bukalapak 在个人和业余爱好者卖家方面具有明显优势。2018 年 1 月，Bukalapak 获得了独角兽"头衔"，成为印度尼西亚第四只独角兽，其余三只独角兽分别是 Go - Jek、Traveloka 和 Tokopedia。

（3） Shopee

Shopee 是东南亚最大的互联网公司 Garena 旗下的移动社交购物平台，在东南亚和台湾市场强劲增长。在购物类应用中，Shopee 的下载量在中国台湾地区及越南排名第一，在马来西亚、新加坡、泰国、印度尼西亚均排名第二。

（4） Lazada

Lazada（来赞达），东南亚地区最大的在线购物网站之一，被称为东南亚亚马逊，主要覆盖印度尼西亚、马来西亚、菲律宾以及泰国市场。2017 年，阿里巴巴集团斥资约 10 亿美元增持东南亚电商平台 Lazada，持股比例由 51% 提升至 83%。同时，蚂蚁金服集团董事长出任 Lazada CEO 职务。在阿里巴巴宣布增持后，Lazada 的搜索量、访问量均出现大幅增长。

（5） Blibli

Blibli 是印度尼西亚第二大电商平台，由印度尼西亚大型烟草集团 Djarum 投资，旗下产品类型丰富。近期，Blibli 为满足印度尼西亚消费者不断上升的消费需求，不断吸引投资伙伴，扩展旗下业务范围。2017 年 6 月、11 月分别收购了 OTA Tiket 和 Indonesia Flight，进一步巩固其线上旅游和票务订购业务。

3.2.4 资金需求旺盛

消费环境日趋成熟、消费意识强烈、人口结构年轻化等因素均大大促进了印度尼西亚的贷款需求。截至 2019 年 11 月 21 日，印度尼西亚央行存款利率和贷款利率分别为 4.25% 和 5.75%，相较中国人民银行发布的 1.5% 的一年定期存款利率和 4.35% 左右的贷款利率，印度尼西亚的利率较高。这一现象也从侧面反映了印度尼西亚潜在的借贷需求十分旺盛。

数据显示，印度尼西亚 1.5 亿的互联网用户中，只有一半人口拥有金融机构账户；2.4% 拥有信用卡账户，约 360 万人；3.1% 有手机钱包账户，约 465 万人；11% 进行在线交易或是支付账单（见图 3.2.2）。在印度尼西亚庞大的人口基数下，信贷工具渗透率较低。可见，印度尼西亚消费信贷市场有极大的发展潜力，大量资金需求需要通过民间借贷来满足。小贷公司与典当行是主要民间借贷渠道，旺盛的借贷需求及低廉的获客成本为印度尼西亚信贷产品提供了广阔的市场空间。

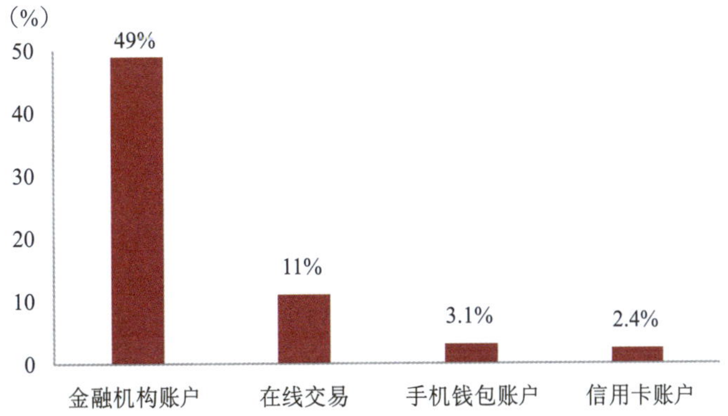

图 3.2.2 印度尼西亚银行账户普及情况

资料来源：We are Social。

3.3 消费信贷市场

3.3.1 现金贷业务强势崛起

印度尼西亚巨大的信贷资金缺口和强烈的消费欲望共同作用催生了现金贷（对应欧美等国的发薪日贷款）平台。现金贷是指无抵押担保、无场景、无指定用途、先拿钱后消费、方便灵活、快速到账、高额利息的信用贷款形式。

“发薪日贷款”起源于20世纪80年代末的美国，在欧美等国主要面向收入较低、无法从银行获取贷款的客户，期限平均为7～30天，金额在100～1 000美元之间。用户通过“发薪日贷款”获取小额资金用于周转应急，并在发薪日用薪水偿还本金加利息。

印度尼西亚的现金贷现状是一片“新蓝海”。从2017年开始，中国多家信贷企业纷纷出海抢滩印度尼西亚市场。印度尼西亚现金贷市场被长期看好，离不开其“天时、地利、人和”。

- 天时：现阶段的金融科学技术和人工智能技术都已达到较高水平，应用越来越广泛，使得风控越来越高效。中国、英国、美国等国家信贷市场拥有成熟的风控模型及丰富的产品运营经验。对于基于以上先进技术、经验设计的现金贷产品，印度尼西亚市场需求很大。

- 地利：印度尼西亚政府出台多项利好政策，不仅对电商产业持支持态度，对网络借贷市场也放宽了限制，明确表示对利息不做限制。最新实施的法案（Regulation No. 77/2016）移除了利率上限，而主要在股权方面有所限制，如要求外国投资人最多持有信贷平台85%的股份。政府对启动资金要求也并不高，注册公司时仅需要10亿印度尼西亚盾（约7.3万美元）资产，注册P2P牌照时仅需要25亿印度尼西亚盾（约18.3万美元）资产，同时也可以直接购买壳公司。不过，新政策要求公司必须拥有托管账户来托管出借方资金和借款方还款。总体而言，印度尼西亚政策更偏向保护出借方利益，有利于促进现金贷行业在印度尼西亚的蓬勃发展。

• 人和：印度尼西亚年轻群体人数众多可支配收入少，超前消费意愿强烈。根据预测，到2020年小额现金贷目标人群即中低产人群规模将达到近1.67亿，占印度尼西亚总人口数的62%，这其中44%的人会由于缺少渠道而从亲友处借钱。可见，非金融机构借贷在印度尼西亚具有巨大的潜在市场。

3.3.2 平台登记和牌照申请

2016年12月28日，印度尼西亚金融管理局（OJK）针对互联网金融以及P2P模式贷款发布新法案 Regulation No. 77/2016。法案规定具体内容如下：

（1）互联网P2P借贷公司可以选择有限责任公司或合作公司形式注册。所有的贷款都需要是线上形式并且以印度尼西亚盾作为交易资金。

（2）要求公司提交P2P平台运行注册申请和牌照申请。印度尼西亚金融管理局一般10天内通过平台运行注册申请，公司自通过申请后需要每3个月提交一次报告，报告需至少涵盖借款人和贷款人数量、贷款总金额和公司注册后的所有活动等信息。公司注册后1年之内需要向金融管理局申请牌照，申请需提供反洗钱和反恐融资（AML/CFT）准则、一年的业务计划以及管理层人员介绍。金融管理局一般在资料提交完毕后的20天内给予审批结果，通过申请的公司需在今后的运营中提供月度、年度报表。

（3）资本结构。要求外国投资人最多持有85%的股份，在注册阶段需要有10亿印度尼西亚盾（约7.3万美元）资产，申请P2P牌照时需要有25亿印度尼西亚盾（约18.3万美元）资产。

（4）管理公司需要有至少一位董事和一位经理，并且董事会的所有成员必须有1年以上金融行业工作经验。

（5）借款方和出借方。借款方必须是印度尼西亚的公民或者企业，出借方可以是国际机构、公司或个人。

（6）最大借款额度。借款方最多可以借20亿印度尼西亚盾（约14.6万美元）。

（7）托管账户和虚拟账户。公司必须同时开立托管账户和虚拟账户以提供服务。虚拟账户主要以还款为目的为出借方开设，借款方通过托管账户向出借方的虚拟账户还款。

2019 年 2 月，金融管理局发布了一份清单，为获得许可的 P2P 借贷平台提供商和那些希望获得许可的人提供服务。该清单对 P2P 公司的名称选择施加了新的限制，P2P 公司不再允许在名称中使用“金钱”“印度尼西亚盾”“现金”“分期付款”“快递”“快速”“银行”“信贷”和“金融”等词汇。另一项要求是，P2P 借贷服务提供商必须是印度尼西亚金融科技协会（AFPI）的成员，并必须遵守该组织的道德准则和相关承诺。

3.3.3 印度尼西亚信贷公司介绍

（1）信用贷平台

印度尼西亚的信用贷平台主要有 Dana Rupiah、Uang Teman、Doctor Rupiah、V－loan、Cashindo、Dana Cepat、Dana Bijak、CASHe 等，针对蓝领用户。印度尼西亚 19～27 岁的蓝领人口有 4 300 万的规模，这部分人的借贷渠道较为有限。

- Dana Rupiah。Dana Rupiah 是掌众集团在印度尼西亚设立的信用贷平台，于 2017 年 10 月试运营上线，产品主要面向印度尼西亚年轻、高学历、中高收入人群，借款额度在 30～300 美元，借款期限为 7 天、14 天、21 天。

母公司掌众集团成立于 2014 年 10 月，是一家技术驱动的金融科技企业。公司积极布局海外市场，目前掌众集团已经成功在印度尼西亚、越南、菲律宾等国家和地区构建本地化互联网金融服务平台，并实现了持续稳定的运营。

- Uang Teman。Uang Teman 创立于 2015 年 4 月，是印度尼西亚一家微贷网站，业务覆盖 14 座印度尼西亚城市。其主要为低收入人群提供数额在约 70～200 美元的小额贷款，偿还期限为 10～30 天，日利率约为 1%。2018 年 Uang Teman 的贷款总额为 2 960 万美元，其中只有 2% 的借款人没有还款。另外，在所有历史借款人中，仅 5% 不能按时还款。在 Uang Teman 的借贷模式中，平台会承受第一风险，意味着即使借款人无法按时还款，出借人也能按时收回资金。

Uang Teman 成立至今共融资 4 轮，包括了 2016 年 9 月的种子轮融资和 100 万美元的债权融资，以及 2017 年 8 月 1 200 万美元的 A 轮融资。在 B 轮融资中筹集 1 000 万美元，Uang Teman 表示将在 2020 年开始其 C 轮融资。

- Doctor Rupiah。Doctor Rupiah 是印度尼西亚一家小额借贷公司，致力于为低收入人群提供小额现金贷款。目标借款人为年龄在 22~60 岁、月收入 150 美元以上的蓝领人群，贷款金额 30~600 美元，偿还期限为 10 天、20 天、30 天。申请贷款流程简单快捷，借款人不需要提供任何证明或抵押即可借款。审核通过放款需 2~3 天。现月放款约 300 万美元，日利率为 1.33%~2%。

（2）消费贷平台

包括 Akulaku、Tunaiku、Tunaikita 和 Julo 等，主要针对白领用户。

- Akulaku。Akulaku 成立于 2015 年 5 月，是一家专注于东南亚地区在线购物和消费信贷的平台，现已成为区域内第一家、规模最大、团队最成熟和发展最快的虚拟信用卡购物平台。Akulaku 目标锁定在东南亚中等收入人群市场，贷款额度 200~600 美元，月利率 4%~6%，贷款期限为 2~12 个月。目前 Akulaku 已完成累计超过 1 亿美元的四轮融资。

- Tunaiku。Tunaiku 为印度尼西亚 Bank Amar Indonesia 银行旗下产品，额度为 150~7 000 美元。管理费用 54 万印度尼西亚盾（约 40 美元），月利率为 3%~6%，逾期每日 0.16% 利息，滞纳金 10 万印度尼西亚盾（约 7.3 美元），贷款期限为 6~15 个月。

- TunaiKita。TunaiKita 是闪银联合印度尼西亚当地上市公司和科技公司，于 2017 年春节前夕在印度尼西亚成立的贷款品牌，5 月正式上线应用，8 月推出了一则广告被称为“最温暖借贷广告”，风靡全印度尼西亚。

3.3.4 竞争环境

过去几年，印度尼西亚的金融科技行业蓬勃发展。金融管理局表示，截至2019年8月，共有48家金融科技公司在15个数字金融创新集群中上市，127家注册P2P借贷公司和1家注册股权众筹公司。截至2019年9月，AFPI有280名成员，其中有250家金融科技公司。

2018年12月，印度尼西亚通过P2P平台发放的贷款达到22.67万亿印度尼西亚盾（约16.2亿美元），同比增长645%。2019年，P2P平台发贷额持续增长，5月达到41万亿印度尼西亚盾（约29.2亿美元），比2019年1月增长44%，截至2019年8月，P2P贷款交易累计达到38.7亿美元，比上年增长了3倍多。

印度尼西亚蓬勃发展的P2P借贷行业吸引了国内外投资者的注意。2019年，印度尼西亚借贷初创公司接连获得融资，包括Julo的1 500万美元A轮融资、Akseleran的850万美元A轮融资和KoinWorks的1 200万美元B轮融资，2019年12月FinAccel获得9 000万美元C轮融资。

随着印度尼西亚P2P借贷市场不断扩大，进入市场的初创金融科技公司越来越多，不受约束的在线借贷服务越来越多，收取债务的方式也越来越激进，包括恐吓和性骚扰。金融管理局一直在积极打击非法平台，迄今为止叫停了近1 073家非法金融科技公司。

3.4 风险提示

3.4.1 经济增长

在过去十年时间里，印度尼西亚的经济增长呈现迅猛发展势头。而未来，印度尼西亚经济将面临几项挑战。一是对中国的依赖度增加，许多新兴经济体都存在这个问题，印度尼西亚亦为其中之一。这意味着一旦中国对外直接投资放缓，将直接影响印度尼西亚经济发展。二是较大规模的地方选举和总统预选或将出现紧张局势，也会对经济增长带来一定程度的负面影响[1]。

3.4.2 汇率风险

2018～2019 年，受美元走强、印度尼西亚总统大选等因素影响，印度尼西亚盾波动较大。从波动原因看，对美元的依赖度高、对外部融资的依赖度高、政府债务中以美元计价的比例高，这三个因素均使得印度尼西亚盾对美元汇率相对脆弱，容易波动。因此，美联储施加货币政策扰动的同时，也推高了印度尼西亚市场的不安情绪。而土耳其和阿根廷资本市场的不稳定更是刺激了印度尼西亚市场敏感单元的神经，加剧了其市场波动。

3.4.3 政治风险

印度尼西亚是一个民族、宗教、文化多样，经济发展不均衡的国家。国际形势以及印度尼西亚内政的动荡，都可能导致其国内出现政治风险。印度尼西亚政局受在野党影响较大，且存在政府腐败现象，因此政局不算稳定。另外，国内恐怖袭击事件时有发生，安全问题值得关注。

---

① 数据来源：中华人民共和国商务部。

第4章 越南消费信贷研究报告

综 述

越南位于东南亚，首都为河内，人口约9 460万，平均年龄约在29岁，人口结构年轻化。越南在2019年前三个季度GDP增长6.98%，近十年的GDP平均增速维持在6%~6.5%，展现了极为强劲的经济发展势头。越南国民消费占国民生产总值比例保持在65%，远高于其他东南亚国家，显示出越南人民旺盛的消费需求。同时，不断上升的外资流入反映了越南投资的巨大吸引力。

汇率方面，2019年全年美元兑越南盾在23 129~23 427之间波动，全年走势平稳，波动较小。其汇率维持较稳定的主要原因：一是外资仍然坚守越南市场，并未出现大幅流出；二是越南美元储备达到800亿美元，为近十年来最高水平；三是越南人在外打工收入每年有80亿美元流回国内；四是在进出口贸易方面，越南维持贸易顺差。

政治方面，2018年6月中上旬，因反对《特别经济行政区法》草案的通过，越南当地爆发示威活动。但是情绪降温较快，从实地考察期间来看，政治局势较为稳定。

总体来说，越南宏观方面的积极因素是相互支撑、相互促进的，因此越南的宏观框架在未来一段时间内是稳定的。

越南的互联网渗透率约66%，高于世界平均水平。截至2019年，越南手机渗透率达97%，其中智能手机渗透率为72%，活跃移动互联网用户达6 240万人。2018年，越南电商市场价值高达80亿美元，较上年相比增长35%。随着智能手机普及率的增长、消费者需求不断增加，预估2020年越南市场价值可翻倍达到百亿美元级别。2018年，越南参与在线购物平台的用户数量剧增，已成为东南亚第二大电子商务市场。在越南电商消费中，传统的现金支付方式仍然占据了绝大的比例，银行卡、信用卡、移动支付等普及率并不高。市场上已有很多公司加入电子支付市场的竞争，未来随着电子支付普及率的上升，越南的消费信贷需求将进一步增长。

2018 年，越南银行信贷总额较上年增长 13%，越南正在对其信贷结构进行调整，主要侧重于保障生产经营和优先领域，以达到控制风险的目的。越南借贷平台发展还不成熟，市场总额较小，虽然有着巨大的发展潜力，但也面临着一定的信用风险。越南的两大贷款机构分别是商业银行和消费金融公司。

目前，越南三大消费金融公司 F. E Credit、Home Credit 和 HD Saison 占据了 88% 的市场份额，呈现出寡头垄断效应。政策监管方面，越南对借贷行为有十分详细的相关规定，保证了借贷行为的合规性。

4.1 宏观环境

越南位于东南亚的中南半岛东部，总面积为 33 万平方公里。越南北邻中国，西接柬埔寨和老挝，拥有大约 9 460 万人口，平均年龄约 29 岁，其中将近一半的人口年龄在 39 岁以下。越南主要城市包括：河内（首都）、胡志明市（最大城市）、海防（北方最大港口）、岘港（第四大城市）等。

2019 年，越南继续在经营投资环境和社会投资资本中获得了强烈突破。世界经济论坛（WEF）在《2019 年全球竞争力报告》中已将越南提升为第 67 位，比上年上升 10 位。[①] 同时，据世界银行 2019 年的评价，越南经营环境指数在 190 个国家中排名第 70 位。作为亚太经合组织、东盟、跨太平洋伙伴关系协定、世界贸易组织的成员，越南的经济也开始与世界经济加速接轨。

4.1.1 经济快速增长

2018 年，根据世界经济信息网发布的数据来看，东盟的 GDP 总量达到

① 世界经济论坛。

2.94 万亿美元（见图 4.1.1），成为全球第五大经济体。作为东盟的重要成员国之一，无论从 GDP 总量还是人均 GDP 数据来看，2010～2018 年，越南总体经济呈现出稳定增长格局。2019 年前三个季度，越南 GDP 总量达到 4 024 万亿越南盾（约合 1 731.63 亿美元）[①]，是东盟地区的第六大经济体，虽然排在印度尼西亚、泰国、新加坡、马来西亚和菲律宾之后，但 GDP 实际增速为 6.98%，为六国中最高。2018 年，越南人均 GDP 达到 2 350 美元，处于与菲律宾、印度尼西亚类似阶段。越南近十年的 GDP 平均增速维持在 6%～6.5% 左右，2018 年 GDP 增速更是达到 7.1%（见图 4.1.2），展现了强劲的经济发展势头。亚洲开发银行发布的报告显示，2018 年受外国直接投资增加、出口增长强劲、农业领域坚挺和国内需求旺盛等因素影响，越南全年经济增长达到 7.07%，高于政府设定的 6.6%～6.9% 的增长目标。根据 PwC 普华永道预测，越南的经济地位未来将会得到大幅度提升，2050 年成为全球第二十大经济体，平均每年 GDP 增长将超过 5%。

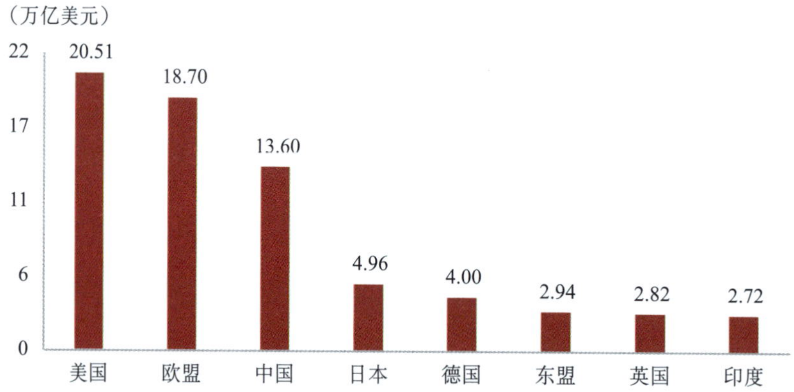

图 4.1.1　2018 年世界主要经济体 GDP 水平

数据来源：世界银行。

从 GDP 的构成来看，越南国民消费占国民生产总值比例平稳保持在 65%，远高于泰国（47%）与其他东南亚国家，显示出越南人民旺盛的消费需求。越南尼尔森消费者信心指数从 2012 年的 87 点一路上行，攀升到 2019 年的 128 点，成为全球第三个最乐观的国家，乐观程度仅次于印度、

① 越南统计局。

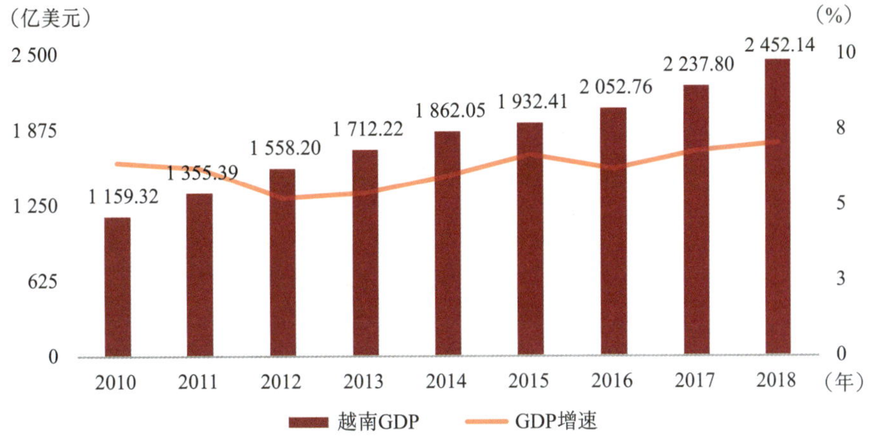

图 4.1.2　2010～2018 年越南 GDP 和 GDP 增速

数据来源：世界经济信息网。

菲律宾。越南之所以取得上述乐观消费者信心指数，是因为连续多个月以来国内生产总值持续增长、外国直接投资不断增长、家庭收入增加、失业率下降等。

（1）通货膨胀趋于稳定

越南的消费者物价平均指数（CPI）自 2011 年达到相对高位 18.68% 后稳步下降，2019 年越南 CPI 同比增长为 4.39%，通货膨胀率波动减小（见图 4.1.3），自 2014 年以来，越南的 CPI 年均涨幅均维持在 5% 以下。未来驱动越南 CPI 上涨的主要因素会集中在按照政府计划而逐渐增高的医疗服务与教育费用，以及日渐恢复的油价。同时，由于基本工资上调，生活基本费用如水费、电费、家庭维修费用均有 3%～8% 的上涨。考虑到当地农产品供给过剩而导致的价格下降，越南未来一段时间 CPI 还是继续会保持一个相对稳定且较低的水平，为政府的货币政策创造了一个较为宽松的环境，能够推动未来经济健康增长。

（2）汇率维持稳定

国家银行数据显示，在 2019 年，越南国家外汇储备总量继续增加至 800 亿美元（见图 4.1.4）[①]，创历史新高，为稳定外汇市场起到了重要作用，同时也巩固了国家经济实力地位，为投资者建立了信心。

① CEIC Data。

图 4.1.3　2010～2019 年越南通货膨胀率

数据来源：General Statistics Office of Vietnam。

图 4.1.4　2013～2019 年越南外汇储备

数据来源：越南国家银行。

汇率方面，2019 年越南盾汇率延续了自 2018 年末的稳定态势，全年走势平稳，波动较小，一转自 2013 年的大幅贬值态势。2019 年全年总体美元兑越南盾汇率在 23 129～23 427 之间波动，年末收于 23 192，比年初的 23 163 上涨 29 点，涨幅 0.13%。全年汇率波动保持微幅稳定向上的态势，其波动符合世界的共同趋势。越南一直以来实施浮动盯准美元的汇率制度，即货币盯住美元，同时允许汇率在一定范围内浮动，相较于欧元、人民币、日元、英镑，越南盾相对保持了稳定的汇率，波幅为几大货币中最小。

（3）贸易顺差稳增

越南的进出口总额，即贸易顺差稳增。2018 年，越南进出口总金额达

4 822. 1 亿美元，创造了进出口贸易额的新纪录。其中，出口达 2 447 亿美元，增长 14. 5%，进口 2 375. 1 亿美元，增长 12. 5%。2018 年的贸易顺差达 71. 9 亿美元，创历史新高。从贸易构成来看，内资企业顺差额达 256 亿美元，外资企业顺差额为 328 亿美元。在 2019 年，越南的进出口总额达到 5 170 亿美元。在极端天气、非洲猪瘟疫情的影响下，出口市场持续缩小，但农林渔业依然增长 2. 01%。此外，2019 年，服务业同比增长 7%。[①] 2019 年是越南连续第 4 年出现贸易顺差，总额达 99. 4 亿美元，有助于稳定宏观经济、保持汇率稳定和抑制通胀等。

中国和越南一直保持着良好的双边贸易关系。中国已成为越南的第一大贸易伙伴，是越南第一大进口来源国和第二大出口市场，越南更是在 2017 年成为中国在东盟的第一大贸易伙伴。“一带一路”必将进一步推进两国的贸易合作，实现资源的优化与互补。

另一方面，在中美贸易谈判持续进行的情况下，越南等新兴市场国家将从中获益。随着双方关税水平持续提高，一些企业为避免关税纷纷从中美撤离工厂。据悉，从中国迁出的公司中有一半选择落户越南。越南拥有良好的劳动资源，而与中国相比，人工更为便宜，尤其是在纺织业。越南在 2019 年对美国商品出口猛增 34%，约 80 亿美元，这使越南 2019 年 GDP 增长更快。

（4）股票市场表现亮眼

越南股票市场共分为两个市场，分别是 HOSE（胡志明证券交易所）和 HNX（河内证券交易所），市值达 1 677 亿美元，相当于 GDP 总值的 72%，预计在 2020 年达到 GDP 总值的 100%。上述比例预计在未来几年内上升，主要是基于股指上涨趋势、外商的净买入趋势以及得以推进的国有企业股份制改革及撤资进程，还有国内民营企业的首次公开募股（IPO）、证券上市及股市融资等。2018 年，FTSE 已将越南证券市场升级至 2 级市场的审核名单。在未来两三年内，MSCI 很可能将提早升级越南证券市场。

① 越南经济与政策研究院。

4.1.2 优质的人口结构

2019 年越南人口基数达 9 646 万，位列世界第 15 名，在东盟成员国里排名第三，排在印度尼西亚、菲律宾之后；总人口数较 2018 年的 9 554 万人同比增长 0.96%，与印度尼西亚人口增长速度基本持平。从人口年龄分布来看，越南当地 15～54 岁人口比例接近 60%，20～45 岁人口比例为 41%（见图 4.1.5）。此外，越南国民受教育程度在不断升高，为整个国家的经济发展带来了充足、廉价且质量较高的劳动力。

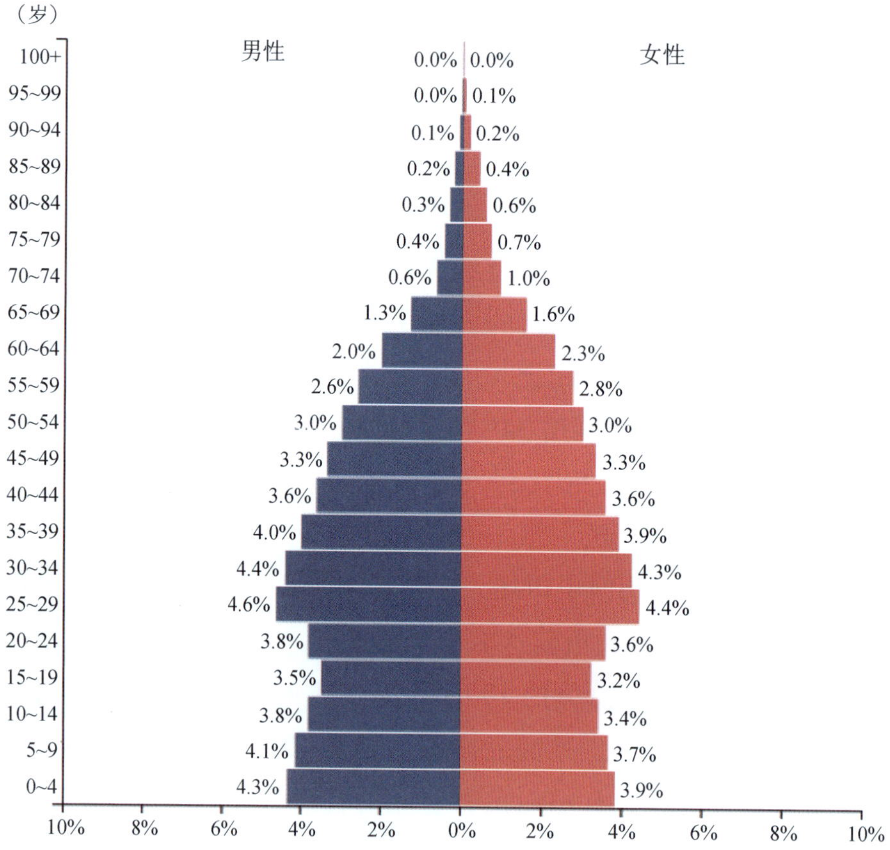

图 4.1.5 2019 年越南人口“金字塔”示意图

数据来源：CIA World Factbook。

4.1.3 宽松的外商投资环境

越南的外国直接投资（Foreign Direct Investment，FDI）近年来增长迅

速，是其经济拉动的主要因素。2019 年，越南 FDI 达到 380.2 亿美元，同比增长 7.2%，创 10 年来新高。FDI 到位资金约达 203.8 亿美元（见图 4.1.6），创历史新高。[①] 2019 年，越南政府批准的中资企业项目共计 705 个，合同外资达近 23.92 亿美元，相比上年增长 96.5%；批准中资企业增资项目 150 个，合同外资达 6.56 亿美元；股权并购 2 131 宗，金额 10.68 亿美元。[②] 上述三项合计金额为 41.16 亿美元，较上年增长了 66.9%。中国位居越南当年外资来源地第五。

不断攀升的外资流入反映了越南投资环境的强大吸引力。越南吸引 FDI 的优势，包括资源丰富、劳动力性价比高、生产出口所受限制较少、政府低廉的租金和税收减免等扶持政策等。

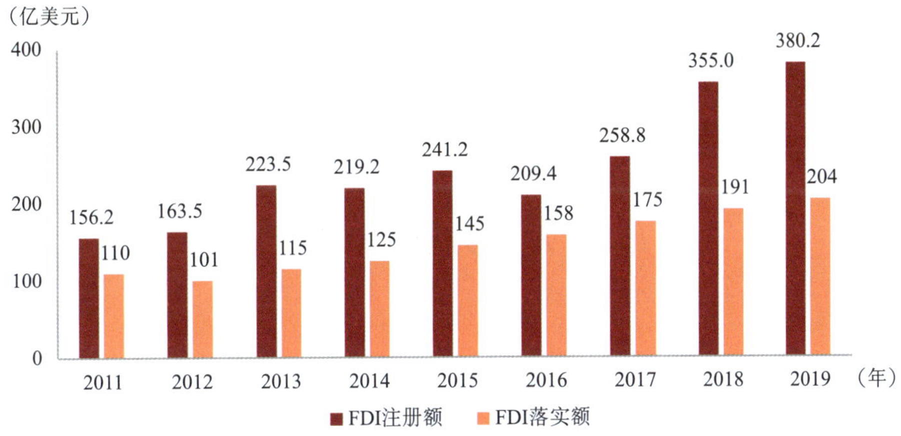

图 4.1.6　2011～2019 年越南外国直接投资

数据来源：HTI Macro Research。

在未来，相对开放的金融环境以及低廉的劳动力成本依然会成为越南吸引外资的两大优势，FDI 仍有望保持较快的发展势头，成为拉动经济增长的主要因素。

目前，越南实行统一的《投资法》，以规范国外投资。《投资法》规定，

① 越南统计局。
② 越南计划投资部外资局。

除了少数涉及国防、国家安全等领域的行业外，内资、外资享受同等待遇。

• 在投资方式方面，外商可以选择采用直接投资、间接投资、并购方式进行投资。外商在投资领域、投资形式、投资地点、投资伙伴及投资期限方面可以自主决定，自由度较高。投资者可以经营一个或者多个行业，并可以自主决定其企业的经营活动。

• 在税收方面，除了所得税外，在越南的外商企业还要缴纳增值税及印花税等各种税费；员工要缴纳个人所得税。在这些税收方面，外商也会享有一定的优惠。

• 在贷款方面，外国投资者和国内投资者一样，可以使用土地使用权价值及与该土地使用权相关联的财产作为抵押，向金融机构获取贷款。按规定，外资企业必须在授权的当地银行或央行核准的外国银行开立直接投资资本账户，并且所有交易必须通过此账户进行。而越南对外资企业汇出的资金却有多项限制，例如规定外资企业在将其所得汇出越南时，必须统一通过授权信贷机构所开设的外币资本账户进行。

4.2 移动互联网

4.2.1 互联网与智能手机渗透率

越南的互联网渗透率在66%左右，高于世界平均水平，仅次于同地区的新加坡和马来西亚。互联网技术的应用与普及有助于越南企业进行产业转型与升级，降低成本并提升生产力。2019年，越南互联网经济规模达到120亿美元，复合增长率达到38%。其中，越南的互联网经济规模达到全国GDP的5%以上。越南的GMV也增长迅速。从2015年的4亿美元到2019年50亿美元，年复合增长率高达88%。电商平台的蓬勃发展为越南互联网经济做出了卓越贡献。

根据研究调查公司We Are Social发布的包含东南亚地区在内的全球数字互联网使用最新调研报告（2019年最新版），越南手机渗透率达97%，其中智能手机渗透率为72%。互联网用户达6 400万人，移动互联网用户达

6 240 万人，其中移动互联网用户占总人口的 64%。移动互联网平均连接速率达 21.56Mbps，较上年相比增长 6.1%。用户使用习惯方面，87% 互联网用户在线搜索商品/服务，87% 用户浏览在线商店，77% 用户进行在线商品/服务交易，其中 38% 通过 PC 端进行交易，62% 通过移动端进行交易。

4.2.2 电商平台

根据谷歌与淡马锡的最新报告，越南已成为东南亚第二大电子商务市场，2019 年电商市场规模达 50 亿美元，相比于 2015 年的 4 亿美元，年复合增长率 88%，预计到 2025 年能达到 230 亿美元的规模。随着智能手机普及率的增长、消费者需求不断增加，预估 2020 年市场价值可增长达百亿美元级别。

根据越南工商部电子商务与经济数据局所发行的《2019 年越南电商白皮书》显示，2018 年越南参与在线购物平台的用户数量剧增，每人平均交易价值为 22 美元，与 2017 年相比增加 16 美元。在过去一年中，电子商务占全国产品零售和消费服务总额的 4.2%。2018 年，越南人在网上购买最多的产品包括服装、鞋子和化妆品（占比为 61%），书籍、文具、鲜花、礼品（占比为 46%），家用品和电器（占比为 46%），科技电子产品（占比为 43%）。

iPrice 对越南电商平台的最新调研结果显示，2019 年第 4 季度越南本土电商在十大主要电商中占据主导地位，Shopee 月访问量 3 798 万次，越南巨头 Gioi Di Dong 月访问量 2 801 万次，Sendo 月访问量 2 718 万次，Lazada 月流量达到 2 703 万次。正是这些惊人的数据，使得越南电商获得了大量来自国外资本的青睐。

2019 年，FPT 集团的电子商务子公司 Sendo 共计获得 6 100 万美元的 C 轮融资；腾讯对 Shopee 母公司 Sea Group 投资 5.5 亿美元；国内电商巨头阿里巴巴则将 40 亿美元投给了 Lazada；国内三大电商平台之一的京东，也投了 Tiki 的 C 轮融资，成为该平台最大股东之一。电商巨头纷纷瞄准越南市场，也可以看出其背后的巨大增长潜力。越南制造业发达，制造包括包装、食品和电子产品在内的多类型产品。一个东南亚电商平台想销售任何品类的商品，在大多数情况下，越南都可以成为它的直接供应链。对于电商平台而言，选择越南不仅可以压低运输成本，还能让过程操作更为灵活：可以花费很少的时间将组件从供应商运送到制造工厂，从而灵活调整订单量，应对客户的需求变化。

4.2.3 支付平台

在支付方面，越南市场总体呈现支付环境差、银行信用卡覆盖率低、现金支付为主、电子支付成本高的特点。

越南电商消费中，传统的现金支付方式仍然占据了绝大的比例，银行卡、信用卡、移动支付等普及率并不高。新颖的支付手段仍然有很大的发展空间，“电商+消费信贷”的商业模式需借助打通的线上支付才能充分发展。大部分越南人在网上购买商品使用现金付款，其中货到付款是最受越南数字消费者欢迎的支付方式（占79.8%）。货到付款方式在Facebook电商时代就已经被越南当地人接受，路径依赖较久，因此先付款后到货的模式可能难以在短时间内被接受。除了现金付款，也存在其他付款方式包括银行转账、信用卡、运营商代扣和刮刮卡（使用刮卡后出现的代码登录商家网站兑现）。

越南当前信用卡渗透率较低，提供信用卡付款的商户数量是东南亚地区最少的。2017年初，越南政府推出一项无现金经济计划，计划在2020年将现金交易减少至总市场交易额的10%。目前，越南大部分电商都开始支持信用卡支付（Visa、万事达卡、JCB等），中国金融机构发行的银联卡也可在越南多个场合使用。可见，越南信用卡市场已经有了一定的发展。2017年11月，蚂蚁金服与越南国家支付公司（NAPAS）达成合作，打入越南电子支付市场，中国游客在越南的部分景点、商场、餐厅可使用支付宝。

全球研究机构FT Confidential Research近期的一份调查报告显示，目前大约还有46%越南城市人口使用现金完成日常交易。可见，在越南现金支付仍占较高比例，在无现金的发展上仍然落后于东南亚大多数国家。也正因如此，许多政策在实施中遇到阻碍。市场上目前已有众多玩家角逐“电子支付”这块大饼，包括momo、Bao Kim、payoo、ononpay、Zalopay等。日后随着电子支付普及率上升，消费信贷需求亦会随之进一步增长。

4.3 消费信贷市场

4.3.1 信贷市场概况

2019 年越南银行信贷总额较上年增长 13%，低于其年初设定的目标 14%，是 2014 年以来最低增速。越南国家银行对信贷结构继续进行调整，主要侧重于保障生产经营和优先领域，达到控制信贷风险的目的。其中，第三产业信贷额增长 16%，第二产业信贷额增长 12.1%，第一产业信贷额增长 8.8%。越南利率相对稳定，短期信贷年利率普遍处于 6% ~9%，中长期信贷年利率为 9% ~11%。

越南在线借贷平台起步较晚。目前来看，P2P 平台在越南的规模并不是很大，目前市场最大的 P2P 平台的借款人数也只达到 10 万人级别，市场有待培育。此外，金融科技产品在越南也非常原始，一些初创公司并不会与银行竞争业务，只是利用技术帮助银行连接商家和用户。虽然越南的人口整体十分年轻，且对于高科技的接受度很高，但是目前借贷平台用户量都还比较小，并且借贷平台之间的差距也不大。一方面，说明市场仍处于蓝海中；另一方面，由于信贷规模体量较小，用户画像无法量化统计，市场缺少第三方征信公司，难以通过复制国内成熟技术手段进行有效识别和防范欺诈及信用风险，现金贷等信贷业务前期的风控可能存在一定的难度，需要强大的技术风控能力来支撑。

4.3.2 消费金融市场

消费信贷市场的竞争者包含商业银行以及消费金融公司，这也是越南当地主要的两种贷款来源。消费金融的商业模式借助金融科技的发展不断变化，业务范围已经覆盖越南的各类电子商品及家用电器商店。就目前而言，这些业务主要覆盖城镇地区。越南约有 65% 的人群居住在农村区域，而这些人群的消费需求也在日益上涨。其中，依靠农耕及打零工为主要收入的人群收入来源极其不稳定，使得他们并不满足从银行获得贷款的条件，给消费金融公司提供了大量的潜在业务客户。此外，越南的生活成本较高，首都河内的租金回报率超过7%，因此对于当地的蓝领、白领阶层而言，租房支出占比巨大，消费分期的需求较强烈。

从目前消费金融贷款的增长速度和利息设定来看，越南市场上还有大量的贷款需求没有被满足。贷款利率较高的部分原因是当地贷款的催收成本极高，而这背后更深层次的原因，是风控方面用户数据管理的缺失。目前，越南消费金融公司的竞争点专注于放贷速度方面，却忽略了其他环节，给相应的上下游行业提供了机会。

在贷款用途方面，用于房屋修缮是目前越南消费者贷款的主要目的，此类贷款通常由商业银行提供。而消费者在消费金融公司贷款主要出于购买汽车以及家用电器的需求。其中，购车贷款的年增长率在40%左右。在这类贷款上，消费金融公司比商业银行更具优势。越南被称为“摩托车王国”，年轻人对于摩托车（和3C产品）的分期付款需求较高。同时，随着消费需求的增加，消费信贷的用途也将更加广泛。

目前，越南三大消费金融公司F. E Credit、Home Credit和HD Saison占据了88%的市场份额，寡头垄断效应较为明显，进入越南市场打破竞争壁垒存在一定阻力（见表4.3.1）。从越南APP下载量数据来看，除去前面提到的三大消费金融公司，其他消费金融类APP的平均下载量都只能以百和千为单位，与市场上百万级别的用户数量不成正比。

表4.3.1　　越南三大消费金融公司

公司名称	公司简介	产品	参考利率
F. E Credit	越南VP银行旗下的全资子公司。经营超过6年，目前在越南拥有300万用户	• 短期个人信贷 • 耐用消费品信贷 • 摩托车信贷 • 信用卡业务	参考利率水平年化60%［以6个月、1 000万越南盾（约440美元）信贷为例］
Home Credit	最早设立于捷克的消费金融公司。2009年进入越南市场，目前在越南拥有670万用户	• 摩托车信贷 • 耐用消费品信贷 • 现金贷 • 信用卡业务 • 与第三方支付合作	参考现金贷利率年化36%［以12个月、1 000万越南盾（约440美元）信贷为例］

续表

公司名称	公司简介	产品	参考利率
HDSaison	目前在越南拥有 400 万用户	• 摩托车信贷 • 现金贷 • 家具电器贷款	参考利率水平为 48% [以 6 个月、900 万越南盾（约 396 美元）电器信贷为例]

4.3.3 监管政策

越南对借贷有比较详细的相关规定，主要依据 2010 年颁布的关于金融机构的法规和条令 39/2016/TT－NHNN 中关于借贷行为的相关规定，包括禁止的详细借贷行为。

越南目前在消费金融信贷方面，除规定单笔贷款额不能超过 1 亿越南盾（约 4 400 美元）外，对贷款利息没有严格的规定。对于近几年逐渐崭露头角的 P2P 平台，监管机构并没有明确的规定。

4.4 风险提示

4.4.1 宏观风险

（1）经济风险

为了刺激经济、吸引外资，越南采取了比较宽松的货币政策，也取得了卓越的成果。越南近十年 GDP 平均增速在 6.2% 左右，远高出全球平均增长水平。但要考虑在全球经济动荡的背景下，越南宽松的货币和经济政策是否可持续。一旦宽松政策不能维持，那其目前经济增长速度必将放缓，这也是对于其未来宏观经济发展的一大担忧。

随着中国劳动力成本不断提高，对于环境标准的要求也逐步加强，越来越多的制造业开始将目光对准了劳动力更加廉价的越南。很多韩国企业（如三星）也出于政治因素与经济效益的双重考虑，纷纷迁厂至越南，所以越南的制造业发展较快。然而，和 20 年前的中国一样，目前越南制造业面临的一大困境就是生产多集中在产业链利润较低的加工环节，产品附加值较低，企业的核心竞争力较弱。因此，因低廉劳动力成本而带动的制造业经济效应可能会在持续发展中面临瓶颈。

（2）汇率风险

相较于成熟的金融市场，越南自身的金融基础薄弱，投融资效率较为低下，一旦外部发生波动，经济难免遭受冲击。虽然越南盾实行浮动盯住美元的政策，但在金融危机时，外商依然要承担货币贬值的风险。另外，维系外资持续流入越南的是对其未来经济的信心和预期，但外资流入很容易逆转。如果没有持续的外资流入、没有贸易顺差的支撑，国际收支就会失衡，越南盾就将再次面临贬值风险。

（3）政治风险

越南是社会主义国家，实行一党执政制度，政治稳定支撑经济稳定发展，也是吸引外资的主要原因。越南奉行全方位的、多样化的、与各国交好的外交原则，保持与传统周边邻邦友好关系，积极发展与东盟友好合作，重点发展与中国、俄罗斯、日本、韩国、美国等大国，与欧盟，与世界银行、亚洲开发银行等国际组织的关系，积极参与国际实务，已经跟 180 个国家建立外交关系，跟近 200 个国家和地区保持经贸关系。

但是，越南当地的反华情绪由来已久，具体的反华事件也间断性发生。从以往反华事件的影响来看：首先，事件的影响持续时间有限；其次，反华事件的消极影响主要聚焦在实体产业。

4.4.2 信贷市场风险

越南的行政体制效率低下，而且腐败现象严重。一方面，外商投资往往要经历繁杂的审批手续。虽然名义上投资审批期限为 5 ~ 30 个工作日，但实际操作中往往要拖到几个月。在企业建立及运行方面，有时政府会施加干预，扰乱正常的投资、生产计划。另一方面，根据“透明国际”数据，越南的清廉指数为 2.4 ~ 2.9，全世界排名 112/183。国外企业在越南注册公司，需要越南人代持股份，也需要很深的当地关系。因此，在越南直接开立公司可能会存在一定难度。

除此之外，越南当地关于金融科技的法律处于模糊状态，其法律仅局限于货币交易和信贷机构领域。由于缺乏法律支持，金融科技企业面临网上交易诈骗、信任建立困难、黑客数据窃取以及商业银行竞争等风险和障碍。此外，据了解，越南央行已经两年左右未发放消费金融牌照，稀缺的牌照在市场炒到了5 000万美元的高价。因此，一些现金贷的公司持有的是典当牌照，严格来讲在其业务流程中是需要有实物典押的，但目前针对此问题的监管还不是十分明朗。

第 5 章　泰国消费信贷研究报告

综　述

泰国是民族多元化的东南亚第二大经济体。泰国共有 20 多个民族，总计近 7 000 万人，泰族为主要民族，占人口总数的 75%。泰国是一个新兴经济体，被认为是一个新兴工业化国家，是东南亚第二大经济体，仅次于印度尼西亚。该国的对外贸易量在东南亚排名第二，仅次于新加坡。

泰国互联网用户量高速增长，电商发展潜力大。泰国互联网用户高达 5 700 万人，是总人口的 82%，其中活跃移动互联网用户达 5 501 万人，占总人口的 79%。泰国的手机渗透率很高，手机使用指数高达 98%，智能手机使用指数高达 71%。泰国电商行业极具发展潜力。目前，超过一半的泰国民众正在进行电商购物。预计至 2021 年，泰国的电子商务市场规模将增至 56.63 亿美元，并在 2017 ~ 2021 年达到 16.64% 的复合年增长率。

消费金融需求增长，信用卡使用较谨慎。商业银行对个人无抵押贷款较审慎，贷款成功率较低。因此，有信贷需求的消费者大多申请非银行金融信贷，而这些非银行金融机构数量有限，其中家庭负债中部分为不符合法规的高利贷。

泰国的人口红利正在消失。人口老龄化使泰国劳动力供给下降，导致社会生产能力不足，经济增速下降；同时，高抚养率会加重劳动年龄人口的负担和支出，使泰国整体的消费能力下降。

泰国家庭债务压力较大。2019 年第 3 季度家庭债务总额增长放缓，但其在 GDP 中的占比升高。泰国银行的最新数据显示，2019 年第 3 季度泰国家庭债务总额为 13.23 万亿泰铢（约 3 967 亿美元），同比增幅放缓至 5.5%，为 6 个季度以来最低水平，但增幅放缓源于上年同期的基数较高。

经济有下行压力。2019 年泰国市场竞争较为激烈。泰国的主要投资来自日本、美国、欧洲、韩国、新加坡等国家，以及中国台湾和香港等地区，外资企业对赴泰国投资多数看好。外资企业技术与资金实力较强，市场有一定的竞争性。2019 年，泰国经济有一定的下行，GDP 增速由 2018 年的 4.2% 下滑至 2.4%。

风险与投资建议：宏观经济方面，泰国拥有 7 000 万人，人均 GDP 超过7 000美元，是印度尼西亚的 2 倍，通胀指数稳定，居民幸福感高；同时，营商指数排名亚洲靠前。移动互联网方面，互联网覆盖率高，居民对于手机依赖度高，电商行业发展空间较大。金融体系方面，泰国银行体系对于居民、企业的授信覆盖率仍有限，居民对于银行体系外的借款需求旺盛。

以上指标似乎表明泰国或是消费信贷市场蓝海。但是，2019 年泰国经济出现一定下行，GDP 增速由 2018 年的 4.2% 下滑至 2.4%，预计 2020 年经济增长或更低。泰国人口老龄化情况严重，是东南亚地区除新加坡外老龄化最严重的国家，国家面临未富先老的问题。诚然，泰国年轻人消费意愿很强，对于消费贷款也比较热衷，但是老龄化的社会不利于消费信贷市场的长期成长。家庭债务方面，泰国家庭债务占比 GDP 已居高位，泰国家庭过去几年未从银行体系取得授信的部分均转向了地下贷款市场，短期内家庭对于新增债务的承受能力有限。

牌照申请方面，泰国对于注册资本要求并不高，但是对于消费金融公司方面更倾向于泰方资本控股。若想达到控股，需要消费金融公司在完成股权转让后，向央行或财政政策办公室（视情况）报备，同时需要申请取得 FBL，除非该公司能够取得 BOI 鼓励类投资项目证书。早在 2016 年就有中方资本蚂蚁金服进入泰国市场从事消费信贷。

此外，泰国已于 2019 年上半年完成大选，但政治局势依然不够明朗。近年来泰国的政治稳定性较差，军政冲突时有发生，对在泰国投资的外企形成人身和财产安全威胁。

综上，泰国消费信贷市场仍有空间，但是考虑到经济下行、人口老龄化、家庭债务压力、中方资本 4 年前已进入等因素，整体市场短期难以呈现爆发式增长。若合作方具有优质的可追踪年轻客户群、直接的牌照资源、监管资源，泰国地区仍有投资机遇。

5.1 宏观经济

泰王国，通称“泰国”，是位于东南亚的君主立宪制国家，首都及最大城市为曼谷。泰国国土东临柬埔寨，南接暹罗湾和马来西亚，西靠缅甸和安达曼海，是东南亚国家联盟创始国之一。

泰国全国共有20多个民族，总计约6 924万人口。其中，城镇人口占50%，曼谷人口最多约568万人，人口过百万的府逾21个。

泰族为主要民族，占人口总数的75%，汉族占14%，马来族占2.3%，其余还有缅族、高棉族、苗族、瑶族、桂族、汶族、克伦族、塞芒族、沙蓋族、孟族等民族。大约有14%的泰国人口是华裔，其中相当一部分来自中国广东省潮汕地区。

5.1.1 东南亚第二大经济体

泰国是一个新兴经济体，被认为是一个新兴工业化国家，也是东南亚第二大经济体，仅次于印度尼西亚。泰国的对外贸易量在东南亚排名第二，仅次于新加坡。世界经济论坛发布的2019年《全球竞争力报告》显示，泰国竞争力世界排名第40位，综合排名高于越南、菲律宾以及印度尼西亚。2018年，泰国国民生产总值为5 049.93亿美元（见图5.1.1）。人均GDP方面，2018年泰国人均GDP为7 273.56美元，为印度尼西亚人均GDP的1.88倍（见图5.1.2）。

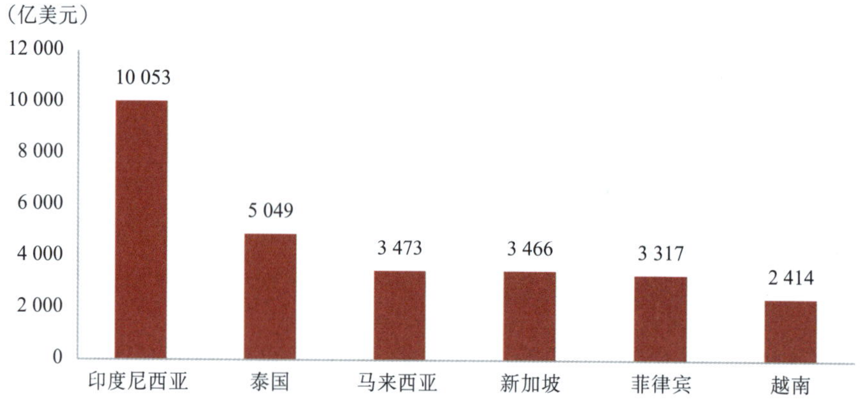

图5.1.1 2018年东南亚主要国家GDP总量

数据来源：世界经济论坛、国际货币基金组织。

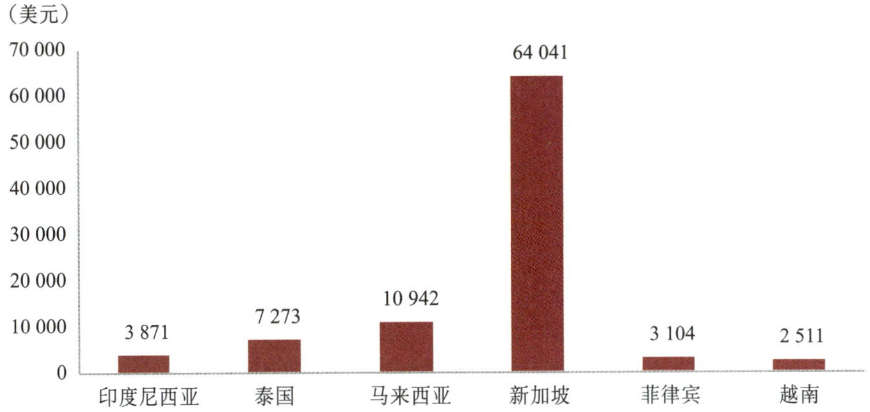

图 5.1.2　2018 年东南亚主要国家人均 GDP

数据来源：世界经济论坛、国际货币基金组织。

国内生产总值增长率方面，自 2008 年起，全球金融危机对外向型的泰国经济影响颇深，加之国内政局动荡，使泰国经济持续出现大幅波动（见图 5.1.3），直到 2014 年泰国军方发生政变接管政府后，泰国政局趋于稳定。同时，得益于全球总体以及相关贸易伙伴的经济增长，2014 年之后泰国经济逐渐复苏。

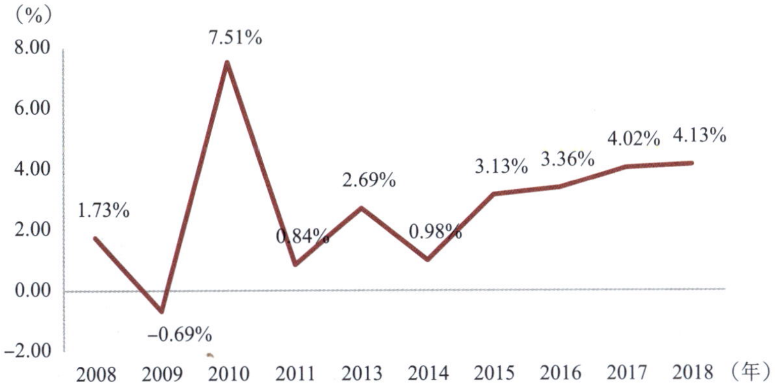

图 5.1.3　2008～2018 年泰国 GDP 增速

数据来源：世界经济论坛、国际货币基金组织。

泰国是一个幸福感较高的国家，泰国的人均收入相对其物价水平来说较高。由于泰国旅游业发展相当成熟，为本国人口提供了大量的工作岗位。泰国的失业率非常低，在全球低失业率国家中位列第四，2018 年失业率仅为 0.9% 左右（见图 5.1.4）。

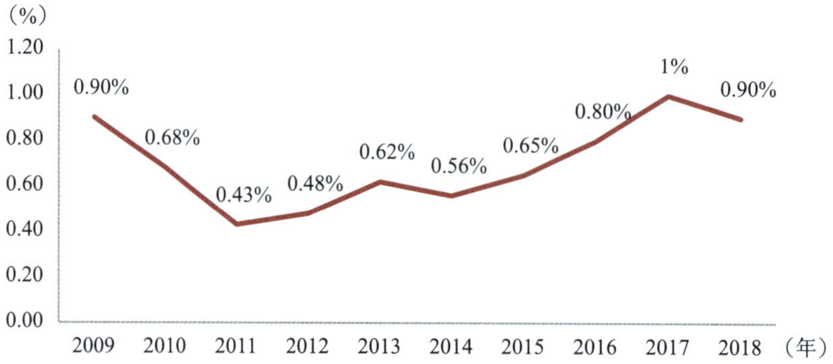

图 5.1.4　2009～2018 年泰国失业率

数据来源：世界经济论坛、国际货币基金组织。

5.1.2　人口结构老龄化

截至 2018 年，泰国 65 岁以上的人口约为 821 万，占泰国人口总数的 12%（见图 5.1.5）。据世界银行预测，到 2040 年泰国 65 岁以上的人口将达 1 700 万，超过该国家总人口的 1/4，劳动年龄人口总数将减少 11%，成为东盟国家中老龄化问题最严重的国家。

泰国的人口红利正在消失。人口老龄化使泰国劳动力供给下降，导致社会生产能力不足，经济增速下降。同时，高抚养率会加重劳动年龄人口的负担和支出，使泰国整体的消费能力下降。

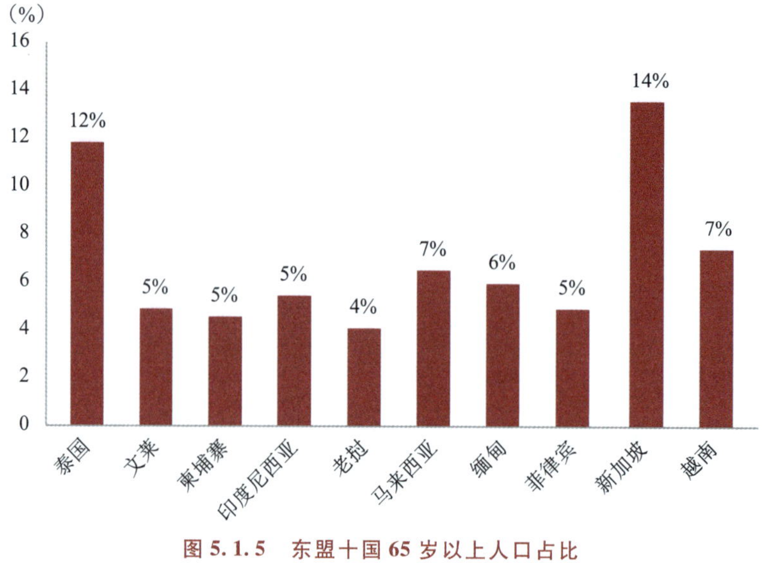

图 5.1.5　东盟十国 65 岁以上人口占比

数据来源：Statista。

5.1.3 对外贸依赖度高

泰国外向型经济发展迅速，对外贸依存度很高。据泰国海关数据，2019年1~11月，泰国货物进出口额为4 477.3亿美元，比上年同期下降3.2%。其中，出口2 264.2亿美元，下降2.1%；进口2 213.1亿美元，下降4.3%；贸易顺差51.1亿美元。

分国别来看，中国是泰国的最大贸易伙伴。根据泰国政府报告，两国在2019年第1季度的双边贸易额为184.32亿美元，约为同期泰国对外贸易总额的15%。其中，泰国对中国出口额为66.84亿美元，下降7.7%，占泰国出口总额的10.8%；泰国自中国进口117.58亿美元，下降1.7%，占泰国进口总额的19.3%。

5.1.4 外商投资快速增长

泰国地处东南亚中心区位，相比其邻国，经济较发达，经商更便利，基础设施亦相对完善。据世界银行《2019全球经商便利指数》，泰国排名第27位（同期中国排名第46位）。据联合国《2019世界投资报告》，2019上半年泰国的资金流入增长了62%，达到100亿美元。这是东盟地区外国直接投资增长最快的国家。

2000~2018年泰国外商直接投资净流入见图5.1.6。

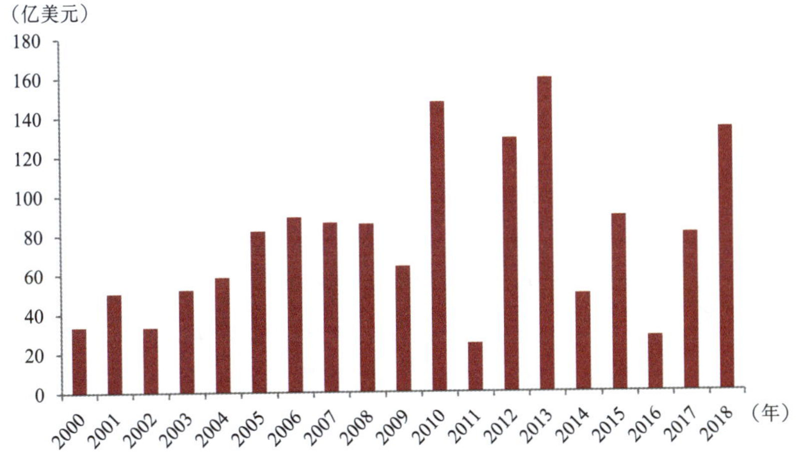

图5.1.6 泰国外商直接投资净流入

数据来源：世界银行。

5.2 移动互联网

5.2.1 互联网用户量高速增长

泰国拥有庞大的互联网用户，2018 年泰国总人口高达 6 924 万，互联网用户高达 5 700 万人，是总人口的 82%。其中，活跃移动互联网用户达 5 501 万人，占总人口的 79%。泰国活跃社交媒体用户多达 5 100 万人，占总人口的 74%。其中，活跃移动社交媒体用户多达 4 900 万人，占总人口的 71%。[①]

5.2.2 手机渗透率较高

泰国的手机渗透率很高，手机使用指数高达 98%，智能手机使用指数高达 71%。在 5 501 万人的活跃移动互联网中，90% 用户每天都访问互联网，8% 用户每周至少一次。

泰国 APP 使用数据显示，泰国手机使用者中，95% 的人会用来发消息，95% 的人会用来观看视频，85% 的人会用来玩游戏，80% 的人会用地图服务，74% 的人会用手机银行业务。

手机服务已经比较完善，用户对手机有一定的依赖度。泰国用户互联网平均每日使用时长高达 9 小时 11 分钟，社交媒体平均每日使用时长高达 3 小时 11 分钟，视频流媒体平均每日使用时长高达 3 小时 44 分钟，音乐流媒体平均使用时长长达 1 小时 30 分钟。

5.2.3 电商市场规模持续增长

泰国电商行业极具发展潜力。目前，超过一半的泰国民众正在进行电商购物（见图 5.2.1）。预计至 2021 年，泰国的电子商务市场规模将增至 56.63 亿美元，预计 2017 ~2021 年的复合年增长率达 16.64%。

---

① 数据来源：We are Social。

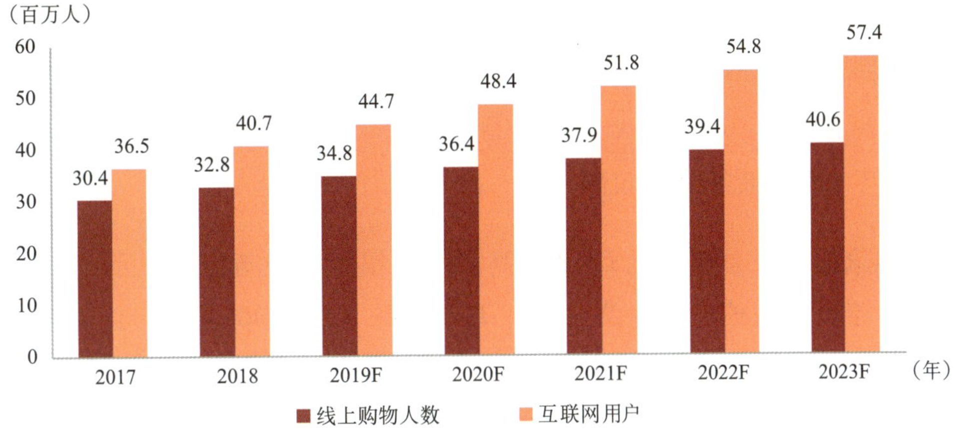

图 5.2.1　2019～2023 年泰国线上购物人数以及互联网用户数

数据来源：statista。

5.2.4　消费金融需求增长

商业银行对个人无抵押贷款较审慎，贷款成功率较低，因此有信贷需求的消费者大多申请非银行金融信贷，而这些非银行金融机构数量有限，其中家庭负债中部分为不合法的高利贷。

泰国的地下贷款市场比正规贷款市场规模大得多。同时，泰国对信用卡持卡人要求较高，每月需要 15 000 泰铢（约 450 美元）的固定收入证明，并且最高授信额度只有固定收入的 5 倍。信用卡使用场景也有门槛，通常达到 300 泰铢（约 9 美元）才能使用，并且需要支付百分之几的手续费。与其他许多发展中国家类似，泰国民众也缺乏对使用信用卡在线交易的信任，他们更习惯使用现金或银行转账购买商品。泰国国内许多银行向客户发行的 VISA/万事达等自动提款卡只能在国内使用，不可用于跨国在线支付。

目前泰国网银使用占比不到 20%。网购消费中，75% 的付款仍使用“货到付款”和“柜台付款”方式。网银、电子钱包等在线支付方式占比只有 10% 左右。

5.3 消费信贷市场

5.3.1 家庭债务比率较高

泰国家庭债务总额占比 GDP 较高。泰国银行的最新数据显示，2019 年第 3 季度泰国家庭债务总额为 13.23 万亿泰铢（约 3 967 亿美元），同比增幅放缓至 5.5%，为 6 个季度以来最低水平，但增幅放缓源于去年同期的基数较高（见图 5.3.1）。

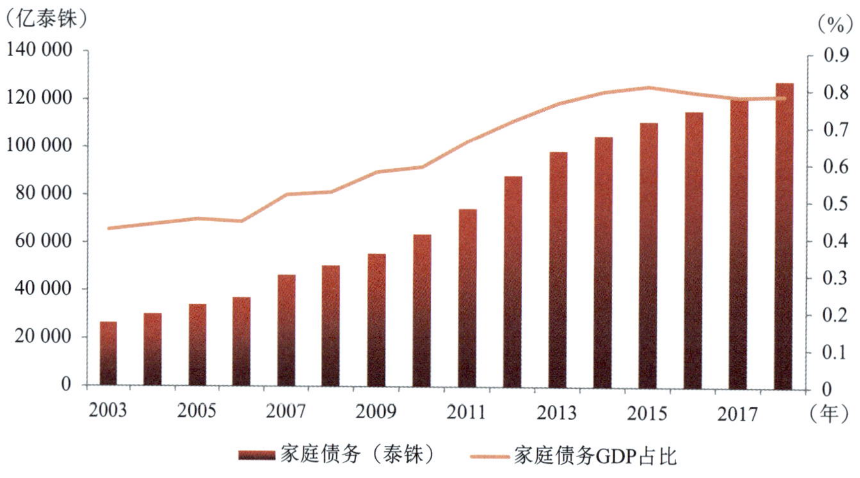

图 5.3.1 泰国 2003 ~ 2018 年家庭债务总况

数据来源：泰国央行。

若以季环比衡量，仍可看出家庭债务总额增速超过 GDP 增速，2019 年第 3 季度泰国家庭债务占 GDP 的比例从 2019 年上半年的 78.7% 升至 79.1%，为近三年来的最高水平。上述情况与开泰研究中心的 2019 年家庭债务和储蓄状况调查结果相符，即 44% 的已负债家庭或借款人的债务负担增加。

大多数已负债的家庭或借款人负有多种类型的债务，同时向金融机构分期偿还 2 ~ 3 笔债务（不同于上次调查结果显示大多数人同时分期偿还 1 ~ 2 笔债务）。除了信用卡债务外，大部分增加的债务依次为汽车贷款、个人贷款和房屋贷款。

5.3.2 信贷市场监管及牌照

目前在泰国放贷的公司可申请三种放贷牌照——Personal Loan 牌照、Nano - Finance 牌照和 Pico - Finance 牌照（见表 5.3.1）。消费金融公司进入泰国的门槛（特别是注册资本要求）会比中国低。需要注意的是，Pico - Finance 相关法规禁止 Personal Loan 和 Nano - Finance 牌照的持有者同时申请 Pico - Finance 牌照。也就是说，同一家消费金融公司要么持有 Personal Loan 和/或 Nano - Finance 牌照，要么持有 Pico - Finance 牌照。三种牌照区别主要在于贷款金额以及经营范围，其中 10 万泰铢以下的小额贷款适用 Nano 牌照，5 万泰铢以下的微额贷款适用 Pico 牌照。

表 5.3.1　　泰国放贷牌照对比

	Personal Loan	Nano - Finance	Pico - Finance
贷款用途	多种用途	职业用途	多种用途
最低注册资本	5 000 万泰铢（约 150 万美元）	5 000 万泰铢（约 150 万美元）	500 万泰铢（约 15 万美元）
信贷额度限制	• 若借贷人月收入或现金流低于 3 万泰铢（约 900 美元），信贷额度不得超过其月收入或现金流的 1.5 倍 • 若借贷人月收入或现金流高于 3 万泰铢（约 900 美元），信贷额度不得超过其月收入或现金流的 5 倍	10 万泰铢/人（约 2 999 美元）	10 万泰铢/人（约 2 999 美元）
抵押或担保要求	不得要求提供担保	不得要求提供担保	可以要求提供担保
接待人	个人	个人	公司总部注册所在省份的居民
监管机构	央行	央行	财政政策办公室
最高实际利率	28%	36%	36%
审批期限	正式申请 60 个工作日后		

Nano - Finance 作为小额创业融资金融服务业务，没有经营地域限制，可在全国范围内开展经营活动，单笔最高放贷额为 100 000 泰铢（约 2 999

美元）。上级监管单位为央行，放款不需要抵押担保。该项服务更多的是为创业者或者再就业者提供起步资金。

Pico－Finance 作为地方性金融服务选项，将会丰富地方小额信贷金融服务，同时消除非法放贷业务和高利贷问题，在帮助减轻家庭负债方面起到积极作用，财政部对该业务具有直接管理权。申请 Pico 牌照最多的 3 个府分别是：呵叻府 45 家，曼谷 35 家，黎逸 29 家。作为地方性信贷服务金融牌照，Pico 仅限于申请府内经营，不能跨府经营。另外，单笔最高放贷额为 50 000 泰铢（约 1 499 美元），有无担保都可以给予放款。

泰国申请牌照周期较长。Pico 和 Nano 牌照申请时间一般在 1 年以上，企业注册资本需要至少 5 000 万泰铢（约 150 万元美元），还需要证明资金来源。相对较严的监管环境导致了单一的消费分期或者现金贷模式很难盈利。

5.3.3 投资机会吸引资本目光

截至 2018 年上半年，泰国获得在地方开展个人小额贷款金融服务的持牌公司已经增至 294 家。尽管申请 Pico－Finance 牌照的法人单位自 2016 年 12 月首次开放以来，收到分别来自全国 66 个府多达 450 份的申请，但进行严格审查筛选后，最终获得牌照的只有 294 家。

受 1998 年金融危机的影响，泰国民众生活习惯较为保守，政府对金融利率的把控也较为严格，泰国的信用卡使用率不高，消费金融发展缓慢。

基于此，泰国移动支付行业是中方资本进入泰国市场的切入点，阿里和京东都在支付领域切入泰国市场，但之后的发展路径截然不同。如：Ascend Money 是从泰国第三大电信运营商 True Corporation 中分拆出来的，隶属于专注农业、零售业和电信的泰国正大集团。阿里巴巴旗下的蚂蚁金服 2016 年购买泰国支付及小贷公司 Ascend Money 20% 股份。据中国商务部的官网公告，蚂蚁金服希望能够把股份比例增至 30%。对 Ascend Money 的投资将帮助蚂蚁金服拓展在东南亚的在线支付和小型贷款业务（见表 5.3.2）。

表 5.3.2　　　　　　　　　　　　**BATJ 四家在泰国的布局**

年份	公司	涉及行业	概况
2015	阿里	支付	支付宝扫码支付在泰国上线
2016	阿里	支付	收购泰国正泰集团支付公司 ASCEND Monney
2016	阿里	电商	收购电商平台 LAZADA
2018	阿里	物流	配合泰国政府的 4.0 计划，加速泰国数字建设
2016	腾讯	支付	微信支付登陆泰国
2016	腾讯	媒体	全资收购泰国最大门户网站 Sanook
2016	腾讯	音乐	推出海外版 QQ 音乐 JOOX
2017	腾讯	电商	投资电商平台 Shopee
2017	京东	电商	与尚泰联手在泰国建设电子商务平台
2016	百度	支付	百度钱包扫码支付为曼谷、普吉、清迈、芭提雅提供境外支付
2016	百度	支付	联合 Paypal，为中国游客提供支付服务
2017	百度	地图	与泰国旅游局合作，提供推出百度泰国地图

目前，泰国仍以信用卡、信用卡分期、网银支付为主（见图 5.3.2）。第三方支付平台中 Rabbit、Line Pay、Paypal、Paysbuy 是主流的泰国支付方式，同时还有政府推广的 PromptPay 即时支付平台，Mobiamo 泰国 SMS 支付等（见图 5.3.3）。

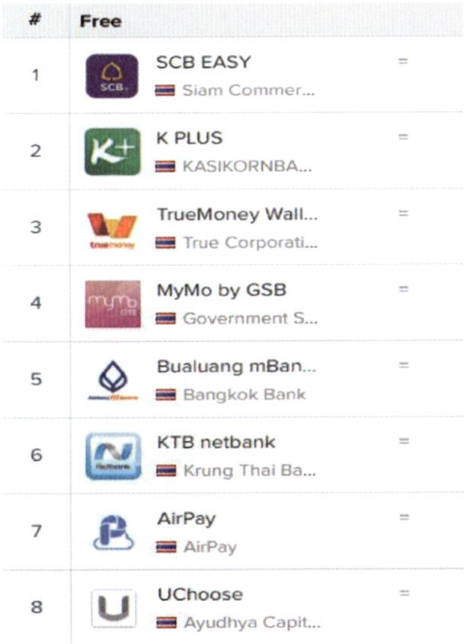

图 5.3.2　泰国部分支付平台图

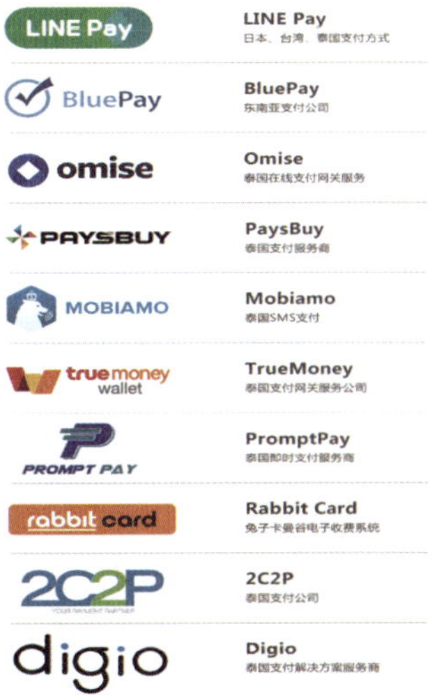

图 5.3.3　泰国部分第三方支付平台

5.4 风险提示

5.4.1 市场经济风险

2019年，泰国市场竞争较为激烈，主要投资来自日本、美国、欧洲、韩国、新加坡等国，以及中国台湾和香港等地区，外资企业对赴泰国投资多数看好。外资企业技术与资金实力都较强，有一定的市场竞争性。2019年泰国经济有一定下行，GDP增速由2018年的4.2%下滑至2.4%。2020年受疫情影响，增速或进一步下行。

5.4.2 汇率风险

2020年开年以来，受公共卫生风险事件影响，泰铢兑美元汇率已经累计贬值超过10%，为亚太地区表现最差的货币之一，原因在于该国以旅游业为支柱的经济受当前基本面消息冲击尤为巨大。若公共卫生事件长期持续，对泰铢汇率会产生长期且较大的影响。

5.4.3 政治风险

泰国已于2019年上半年完成大选，但政治局势依然不够明朗。近年来泰国的政治稳定性较差，军政冲突时有发生，对在泰国投资的外企形成人身和财产安全威胁。中泰关系容易受美泰同盟影响，会降低中国在亚太地区的影响力，影响未来的中泰贸易。在收购泰国当地企业时，建议收购方开展一个完整的法律和财务尽职调查，以避免在收购后承担当地企业的债务和合规等风险。

第6章 印度消费信贷研究报告

综 述

印度市场体量大。印度国土面积位列世界第七，人口众多，位列世界第二。2019年印度人口达13.6亿，仅次中国的14亿，是南亚最大的国家。印度已经成为世界第五大经济体，其经济的高速增长主要来自于印度对出口的依赖、年轻的人口结构，以及不断壮大的中产阶级。印度人口结构十分年轻，年龄在25岁以下的人口占总人口数的45.4%，国家整体的中值年龄为27.9岁。21世纪初，印度每年外商流入金额仅30亿美元左右，至近些年已经达到了外商净流入每年400亿美元左右水平，外商进入的资金量显著提升。

“数字印度”是印度IT及互联网领域的顶层政策设计。印度已超越美国成为世界上第二大互联网市场。截至2019年6月，印度互联网用户数达到了6.65亿人，互联网渗透率为48.7%。移动用户规模达11.66亿人，手机渗透率达85.7%，智能手机渗透率约40%。印度金融科技市场增长潜力巨大。根据印度国家投资促进局公布的数据显示，印度金融科技市场的整体交易价值估计将从2019年的约650亿美元跃升至2023年的约1 400亿美元，复合年增长率为20%。

消费信贷需求亟待释放。印度的金融市场相对落后，银行贷款普及率不高，银行体系的坏账率很高，信贷服务较为落后，但消费需求巨大，因此印度的线上信贷市场发展飞速。根据金融科技信息平台MEDICI发布的《印度金融科技报告2019》，印度的金融科技（Fintech）创业公司数量仅次于美国，位列第二。根据BCG咨询报告，预计在5年内，随着零售业的爆炸式增长，印度在线贷款将突破1万亿美元。

信贷市场监管严格。与东南亚的金融环境相比，印度的金融监管更为严格，在印度开展线上借贷业务需要获得相应的非银行金融牌照（NBFC）才能展业。目前，NBFC－ICC 和 NBFC－P2P 是从事线上借贷公司主要持有的牌照。

6.1 宏观环境

印度共和国是位于南亚印度次大陆上的国家，面积位列世界第七。印度人口众多，位列世界第二，截至 2019 年 7 月印度拥有人口 13.6 亿，仅次于中国的 14 亿，人口增长速度快于全球水平，是南亚最大的国家。

印度领土面积 328.73 万平方公里，实际管辖面积 316.64 万平方公里，其中无争议领土面积 298 万平方公里。印度的首都是新德里，主要城市还包括加尔各答、孟买、阿格拉等。

6.1.1 经济总量持续增长

根据印度统计局，印度 2019 年 GDP 2.85 万亿美元，同比增长 5.3%（见图 6.1.1），经济总量正式超越英国，成为世界上除美国、中国、欧盟和东盟以外的第五大经济体。印度经济的高速增长主要来自于其对出口的依赖、年轻的人口结构，以及不断壮大的中产阶级。

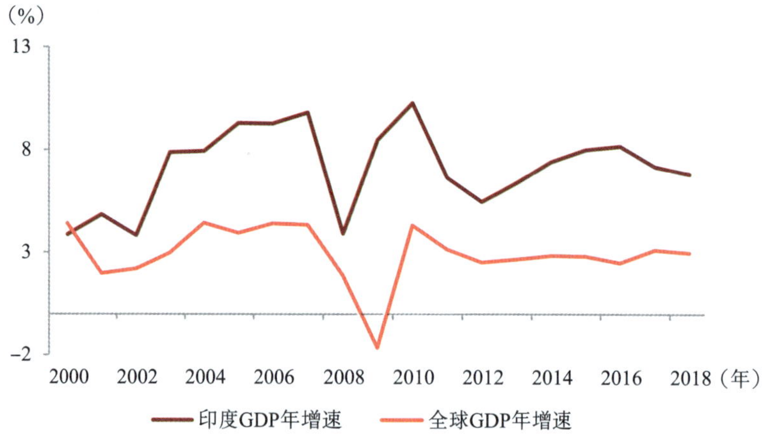

图 6.1.1　2000～2018 年印度及全球 GDP 增速

资料来源：世界银行、国际货币基金组织。

作为新兴的发展中国家，近年来印度的 GDP 增速远高于世界平均水平，即使是在全球经济增速放缓时，仍能保持较高的增长速度。过去的 5 年里，印度 GDP 增速一直保持着全球领先地位，2019 年前三季度 GDP 增速均跌破 6%，第四季度同比增长为 4.7%，单季度增速跌破 5%。虽增速放缓，但是印度作为新兴市场，经济增长仍然明显优于全球整体水平。

通胀水平持续回落。自 2005 年起印度的通货膨胀率持续高于全球水平，并于 2010 年达到了 12.0% 的高点，但 2013 年以后呈逐年下降趋势，且近些年基本保持平稳。近 3 年，印度消费者物价指数（CPI）基本维持在 4% 左右（见图 6.1.2）。

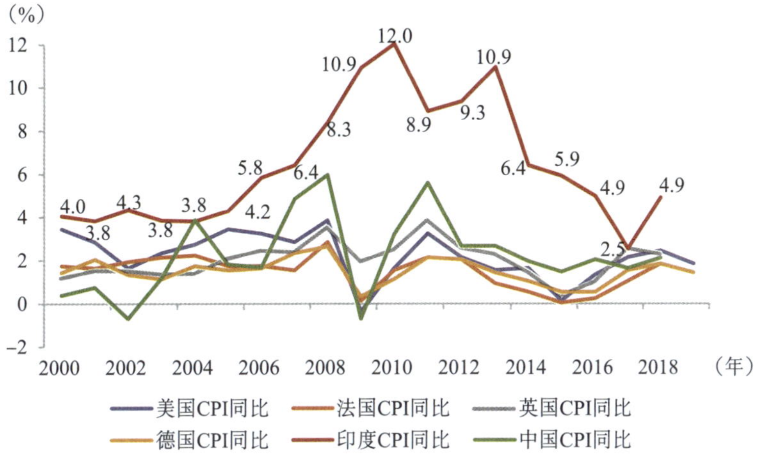

图 6.1.2　2000～2019 年全球及全球主要经济体通货膨胀率

数据来源：世界银行。

6.1.2　城市圈年轻人口持续增长

2019 年印度人口总数已增长到 13.6 亿，占世界总人口的 17.8%，是世界第二人口大国。近年来印度的人口增速有所下降，但相对西方发达国家仍维持较高增速。根据联合国贸易和发展会议预测，未来 30 年印度总人口将持续保持增长，至 2050 年印度人口将达到 16.4 亿人（见图 6.1.3）。

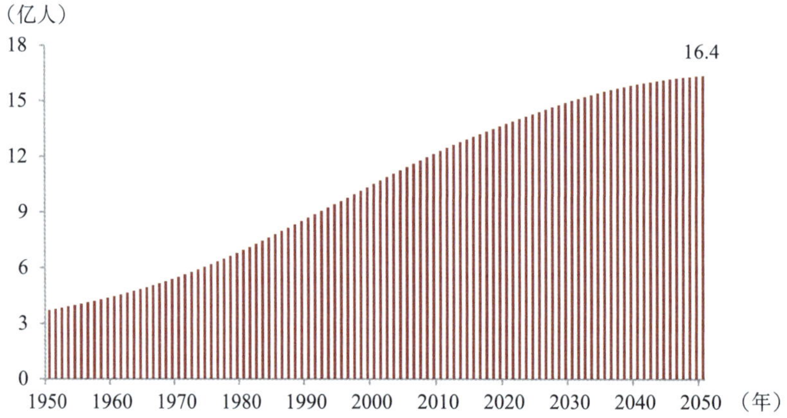

图 6.1.3　印度总人口预测

数据来源：联合国贸易和发展会议。

城市组成方面，印度共有 39 个城市，每个城市的人口都已经超过了 100 万人。孟买、德里的城市人口更是超过了 1 000 万人。除此之外，还有 300 多个城市人口在 10 万人以上，且保持人口持续增长。

印度人口结构十分年轻，呈金字塔形。平均 13 个人中有 8 个人是青壮年。印度人均年龄为 26.6 岁，25 岁以下人口占比达 44.8%，35 岁以下人口占比达 61.5%（见图 6.1.4）。数量庞大的年轻人意味着充足的劳动力、较低的人力成本和强烈的消费欲望，乐于提前消费的年轻人或成为消费贷款的主力军。印度城市人口 4.5 亿左右，约占总人口总数的 33.5%。预计到 2020 年，城市人口数量将以每年 2.37% 的速度持续增长。

贫富差距方面，印度贫富差距较为严重，1% 的人口掌握 70% 的财富。印度家庭月收入在 5 000 印度卢比（约 70 美元）[①]，贫困线下人口占据印度总人口的 53%，国内 49.5% 的劳动力属于自由职业者，30.9% 的劳动力是临时工，只有 16.5% 是工薪阶层。大多数印度当地人的收入和消费水平不高。

6.1.3　外商投资环境宽松

印度丰富的自然资源和蓬勃发展的国内市场对外国投资者具有很强的

① 印度卢比/美元 = 0.014，下同。

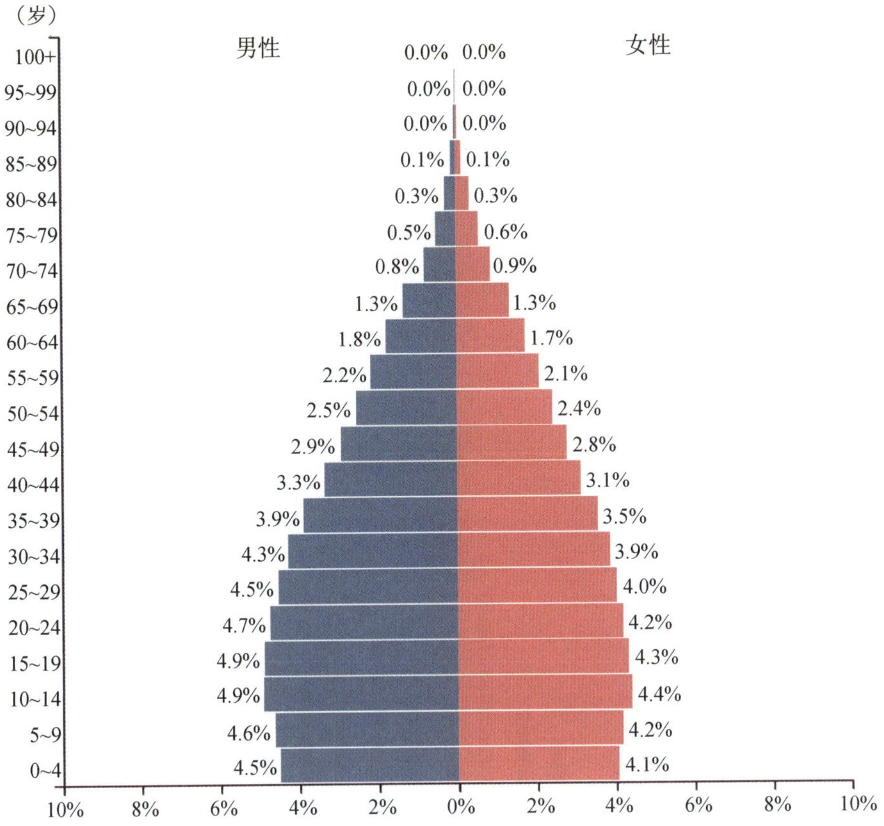

图 6.1.4　2019 年印度人口“金字塔”示意图

数据来源：联合国经济和社会事务部人口司。

吸引力。目前，印度经商环境便利度排名已从 2014 年的第 142 位上升到 2019 年的第 63 位，上升了 79 位，创下了主要经济体的纪录。从投资环境吸引力角度来看，印度的竞争优势有人口基数、市场潜力巨大以及经济高速增长。

印度地理位置优越，辐射中东、东非、南亚、东南亚市场。外国投资者在印度多个行业和领域均有投资，如矿业和能源、金融业、种植业、科技与媒体业等。自 2014 年莫迪总理执政以来，印度政府为改善印度的营商环境、吸引外商投资，进行了税制改革，并放宽了建筑、保险等行业的资本管制。

同时，由于早年印度对基础教育的重视度较低，人口的整体受教育程度不高，文盲率高达 30% 左右，虽有大量的年轻劳动力，但是部分人口不能满足基本的就业要求。目前，印度拥有年轻廉价劳动力，但是缺乏足够的高精尖技术人员。因此，印度政府大力引入外资。印度已经成为引进外资最多的国家之一，以创造更多就业机会以解决年轻人口的就业。

2019 年 8 月，印度在对 FDI 投资规范有所放松的基础上，为吸引外资投资再次放松对 FDI 的投资规范。新的 FDI 管理“松绑”将主要集中在进一步扩大外资投资的自动许可范围，以及提高外资的持股比例等方面。

宏观政策上，印度政府十分鼓励外资进入创造就业。21 世纪初，印度每年外商流入金额仅 30 亿美元左右，至近年已经达到了外商净流入每年 400 亿美元左右水平（见图 6.1.5）；外商进入的资金量显著提升，在东南亚、南亚国家中处于较高水平（见图 6.1.6）。

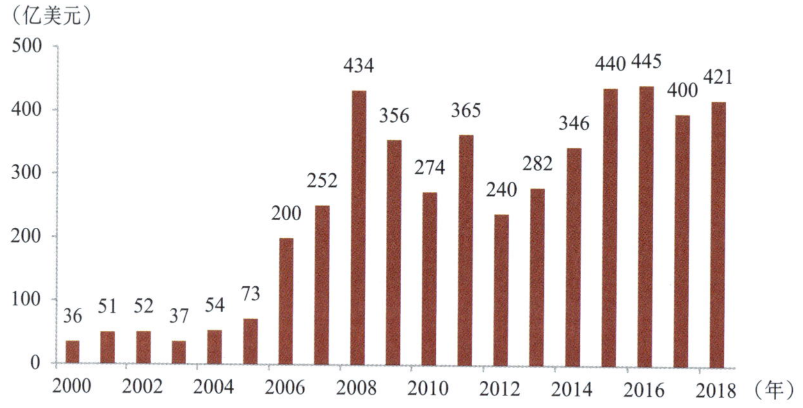

图 6.1.5　2000～2018 年印度外商投资净流入金额

数据来源：世界银行。

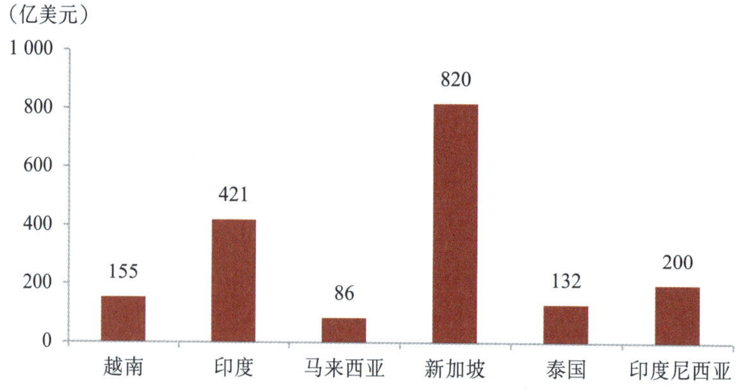

图 6.1.6　2018 年东南亚国家外商投资净流入金额

数据来源：世界银行。

6.2 移动互联网环境

6.2.1 互联网用户迅速增加

“数字印度”是印度 IT 及互联网领域的顶层政策设计，旨在推动电子政务、IT、ITeS、创新及互联网治理水平提升，实现包容性增长。近年来，随着移动和互联网普及率不断上升，印度已超越美国成为世界上第二大互联网市场。印度的互联网渗透率也在逐年增加，截至 2019 年 6 月，印度互联网用户数达到了 6.65 亿人（见图 6.2.1），互联网渗透率为 48.7%，仍有 7 亿人尚未接触互联网。其中，2/3 的互联网用户小于 30 岁，农村地区用户年轻化特征更为显著。受制于经济发展水平，印度直接进入移动互联网时代。截至 2019 年 6 月，印度有 6.43 亿的互联网用户通过移动端接入互联网，占比互联网用户数的 96.7%。

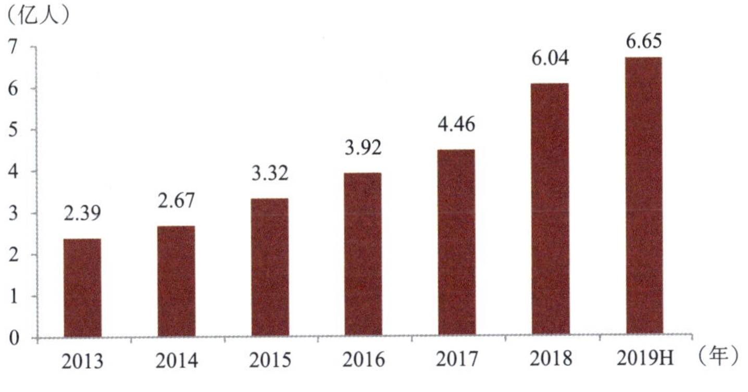

图 6.2.1 印度互联网用户数

数据来源：Fastdata 极数。

6.2.2 智能手机快速渗透

印度普通用户未曾经历有线电话阶段，直接进入移动通信时代。2019 年 6 月，印度移动用户规模达 11.66 亿人（见图 6.2.2），手机渗透率达 85.7%，智能手机渗透率约 40%。印度移动电话用户数占总电话用户数比例高达 98.2%。

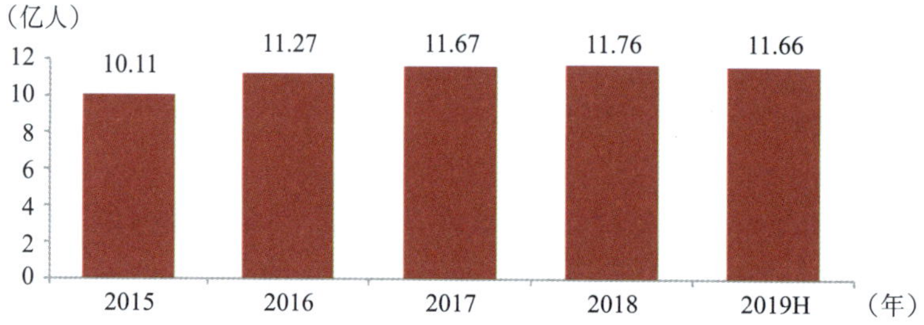

图 6.2.2　印度移动用户数

资料来源：Fastdata 极数。

印度连续 5 年智能手机出货量突破 1 亿部，智能手机普及率不断提升。2019 年前三季度印度智能手机出货量就已经达到了 1.16 亿部（见图 6.2.3）。

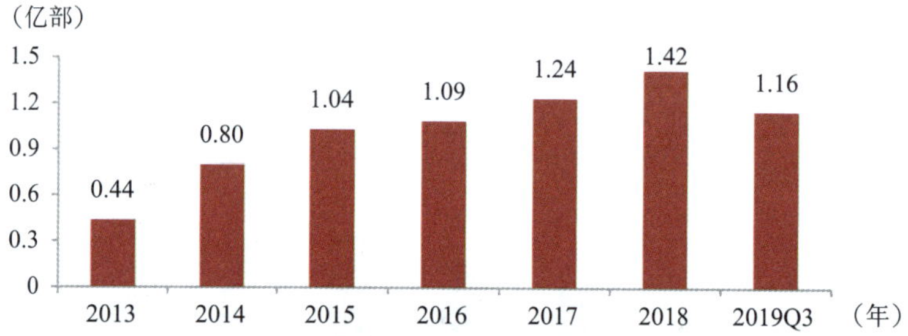

图 6.2.3　印度智能手机出货量

资料来源：Fastdata 极数。

从市场份额来看，2019 年第 3 季度，小米占市场份额 26% 排名第一，三星和 VIVO 占比 20% 和 17%，分列第二名、第三名。Realme 快速崛起，占比 16%，超越 OPPO 8% 的份额，排名第四（见图 6.2.4）。

6.2.3　电子商务市场快速增长

随着互联网用户量的增加、智能手机价格的下降，印度的电子商务市场蓬勃发展，自 2015 年以来增长率超过 200%。根据 Paypal 的统计，2018

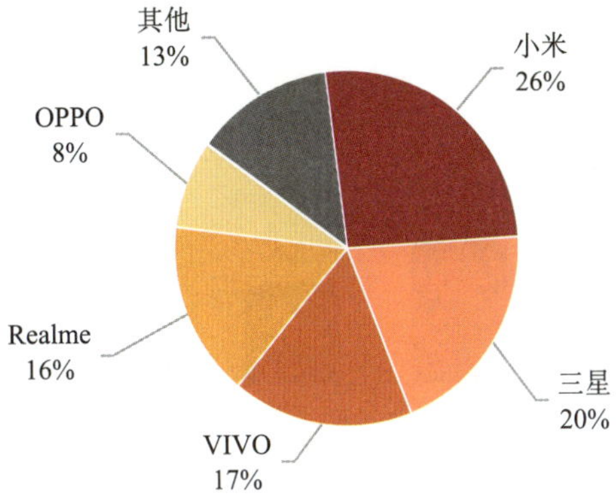

图 6.2.4 印度智能手机市场份额

数据来源：Fastdata 极数。

年印度境内和境外电子商务总额超过了 1 345 亿美元，并且预计将以 31% 的增长率递增。

目前，零售电商的销售额仅占印度零售总额的 2.9%，其市场发展空间仍然巨大。印度电子商务市场的领导者 Flipkart、亚马逊和 Paytm Mall 正不断投入资金改善物流及支付系统，也为印度电子商务市场的逐渐成熟奠定了基础。预计到 2022 年，这一数字将上升至 41.6%，届时印度电子商务市场的规模可达到 719.4 亿美元。

德勤和印度零售商协会（RAI）联合发布的报告显示，到 2020 年印度零售市场将从当前的 50 万亿卢（约 7 000 亿美元）比扩大至 80 万亿卢比（约合 1.12 万亿美元），增幅达 62%。其中，食品和杂货类占零售市场份额将超过 66.3%。收入水平提高和外国直接投资增长是主要推动力。同时，近几年网络零售业飞速发展，已成为吸引外资的重要力量。印度已超越美国成为全球电商用户数排名第二的国家。根据 Fastdata 的数据显示，印度网购消费者数量达 3.6 亿人，仅次于中国的 7.8 亿人（见图 6.2.5）。

6.2.4 金融科技市场增长潜力巨大

印度在金融科技领域虽起步不久，但其金融科技市场增长迅速。普华永道 2018 年发布的印度金融市场报告显示，印度已有超过 1 500 家金融科技初创企业。这一行业的大力发展得益于印度庞大的人口基数带来的市场

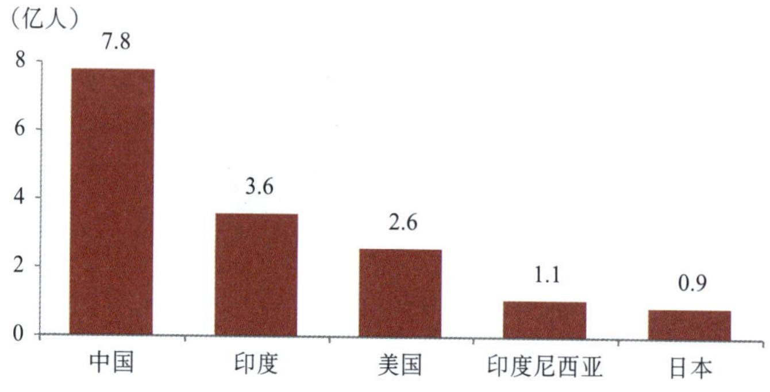

图 6.2.5　电商用户数排名前五国家

数据来源：Fastdata 极数。

基础、印度当地以创新为驱动的创业环境以及近年来政府的大力支持。

相关利好政策包括：2016 年底，印度政府推行废钞运动，推动实现数字化经济；2017 年，推出了商品和服务税（GST）税改政策，实现税收统一，引入统一支付接口（UPI），并使用数字身份证绑定金融服务等；2018 年印度的联盟预算公布了其在人工智能、贷款以及区块链方面的发展计划，将进一步推动金融科技市场的发展。

印度是全球发展最快的金融科技市场之一。印度国家投资促进局公布的数据显示，印度金融科技市场的整体交易价值估计将从 2019 年的约 650 亿美元跃升至 2023 年的约 1 400 亿美元，复合年增长率为 20%。金融科技在印度的增长潜力不容小觑。

6.3　消费信贷市场

6.3.1　发展背景

银行信贷不发达，线上信贷快速发展。印度的金融市场相对落后，银行贷款普及率不高，银行体系的坏账率很高。银行系统由国有银行掌控，其主要的服务对象是国有企业和大型私人财团，普通民众很难从银行获得服务。在印度，使用现金几乎已经形成一种固有习惯，银行卡和信用卡的普及程度相对较低。

根据世界银行数据，截至 2018 年全球大型经济体中印度银行体系的坏账率最高，达9.5%。同期，中国为1.8%，美国为0.9%，全球整体水平不及4%（见图6.3.1）。

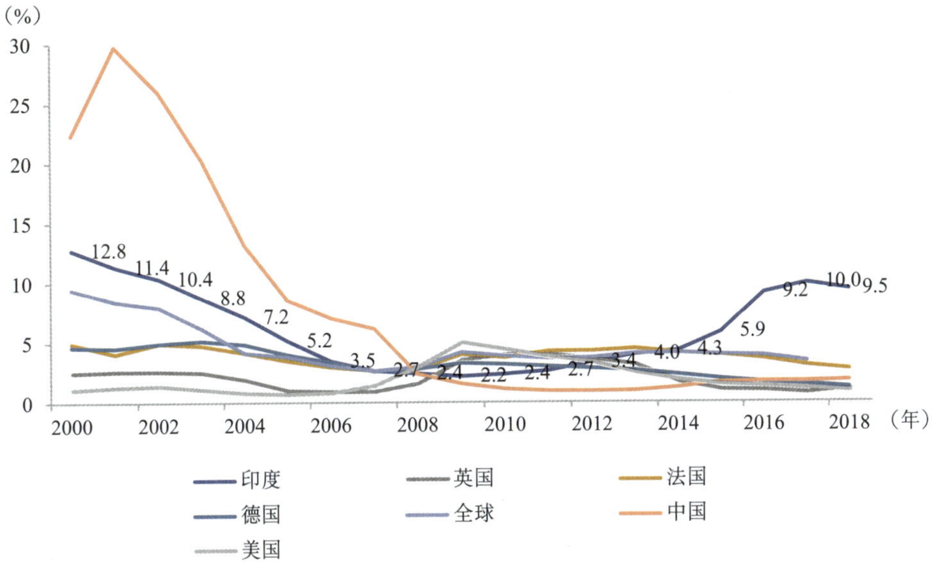

图6.3.1 全球及全球主要经济体银行体系不良贷款率

数据来源：世界银行。

印度银行的放贷能力正在下降，尤其是农村等下沉市场，这使得印度民众从银行获得贷款变得更加困难。以学生贷为例，Care Ratings数据显示，2015～2017年，印度学生贷款增长量由17%下滑至2%。尽管如此，坏账量仍然有增无减。

印度银行信贷服务较为落后，但消费需求巨大，因此印度的线上信贷市场飞速发展。根据金融科技信息平台MEDICI发布的《印度金融科技报告2019》，印度的金融科技（Fintech）创业公司数量仅次于美国，位列第二，包含支付、贷款、理财科技、个人理财、保险、监管科技等多个领域。根据BCG咨询报告，预计在5年内，随着零售业的爆炸式增长，印度在线贷款将突破1万亿美元。

风控方面，2010年9月印度开始推行Aadhaar计划。该计划为实现“数字印度”的关键。政府通过收集印度居民的住址、照片、指纹、虹膜等数据，为每个印度居民提供独一无二的12位身份证编号，并且与手机号和银行账号绑定。2019 年，Aadhaar 注册用户已经达到 12.3 亿[①]，覆盖 99% 的印度成年人，应用场景不断丰富，正在卓有成效地帮助印度提升效率、透明度、公平，及减少腐败，因此许多借贷平台将 Aadhaar 作为风控的关键数据来源。

6.3.2 政策及牌照

（1）NBFC 牌照分类及现状

与东南亚的金融环境相比，印度的金融监管更为严格，在印度开展线上借贷业务需要获得相应的非银行金融牌照（NBFC）才能展业。

NBFC 牌照根据是否授权接受存款，可以分为两类：可吸储 NBFC（A 型）和非吸储 NBFC（B 型）。目前，可吸储 NBFC 牌照已经基本不再接受申请；印度储备银行（RBI）接受申请注册的，以及企业可以收购的基本为非吸储 NBFC 牌照。

基于经营范围类型，NBFC 可分借贷、投资、保理、基金等 14 种类型，不同类型的 NBFC 的业务范围不一样。2019 年 2 月，印度央行将资产金融公司（AFC）、贷款公司（LCS）和投资公司（ICS）归入 NBFC－投资信贷公司新类别，即 NBFC－ICC。目前 NBFC－ICC 和 NBFC－P2P 是从事线上借贷公司主要持有的牌照。

- NBFC－ICC。根据印度储备银行（RBI）发布的信息显示，截至 2019 年 9 月，RBI 颁布的 NBFC－ICC 牌照共计 9 447 家，实际运营并达到一定规模的大概有千余家。NBFC－ICC 机构在资金市场获得的融资至少有 11 亿美元，远高于印度 P2P 行业。

RBI 要求，NBFC－ICC 投资于另一家非上市公司股份，如果该公司不是子公司或 NBFC 同一集团的公司，投资金额不得超过其自有资金的 20%。RBI 此举或意在避免不同 NBFC－ICC 主体的实际控制人为同一人。

具有 NBFC－ICC 牌照的比较知名的金融科技公司有 MoneyTap、Lendingkart、FlexiLoans、Avail Finance、Capital Float、cashe、Clix Capital、Kra-

① Fastdata 极数。

zyBee 等。

- NBFC－P2P。RBI 公布的注册并取得 NBFC－P2P 牌照有 11 家，主要提供 P2P 服务。RBI 会在机构递交 NBFC－P2P 申请 12 个月有效期内批准是否通过。据从业人员透露，NBFC－P2P 监管比较严格，申请较难，对外资开放程度暂时不高。

（2）印度对利率上限有明确规定

印度虽然没有针对借贷平台的明文规定，但一旦利率高于 36% 的年利率，就可能会有监管介入。此外，NBFC－P2P 要求杠杆率不得大于 2，单个出借人在所有 P2P 平台上总出借额度不能超过 100 万卢比（约 1.4 万美元），单个借款人在所有 P2P 平台上总借款额度不能超过 100 万卢比（约 1.4 万美元），在所有 P2P 平台上同一个出借人给同一个借款人（获得资金方）的额度不能超过 5 万卢比（约 700 美元），贷款期限不得超过 36 个月……

（3）NBFC 牌照的申请与基本流程

NBFC 是根据印度《公司法》注册的公司（商业和合作银行除外），从事提供贷款和预付款、接受存款、租赁租购、退休计划等业务，促进证券交易和货币市场交易。

NBFC 公司可以通过直接或间接的方式向公众筹集资金，并为最终消费者提供信贷或贷款服务。它们为微型、小型和中型企业以及个人商业人士提供贷款和其他信贷服务。因此，它们扩大了金融部门提供的各种产品和服务。

目前印度 NBFC 正在逐步获得认可，灵活的产品、简化的程序、更高的存款回报率充分满足了印度当前金融市场的需求。

RBI 法案将 NBFC 定义为：

- 根据《公司法》注册的公司；
- 从事提供贷款和预付款、证券和债务等信贷便利，以及其他有价证券、租赁、分期付款、保险等业务的公司；
- 非银行机构，是根据《公司法》注册的公司，其主要业务是以一次性付款方式、分期付款方式或以任何其他方式分期接受任何计划或安排下的存款，也是法案所称的非银行金融公司。

（4）申请 NBFC 牌照条件

成立一家 NBFC 牌照公司最少需要 2 000 万卢比（约 28 万美元）注册资金（RBI 也有可能对该公司指定更高的金额）。印度 2013 年出台的《公司法》规定，公司组织大纲（MOA）中必须包括公司有效名称、住址、责任条款、公司成立目的等内容；公司组织章程（AOA）中必须包括公司股东、账户、清算及赔偿等日常运营管理的规则。此外，作为 NBFC 牌照公司，还要求配备有专业技术人员、适合从事金融业务的管理层、信息技术系统方案等。NBFC 的执照还有许多其他细节性的要求，不同类型的 NBFC 在申请时也有不同的限制，开展业务时有不同的合规性要求。

总体来说必须满足以下先决条件才能从 RBI 获得 NBFC 注册证书：

- 申请人必须是根据最新《公司法》注册的公司；
- 公司拥有最低净资金 2 000 万卢比（约 28 万美元）；
- 至少有一名董事应具备类似领域的经验，或者是经验丰富的银行家；
- 公司的 CIBIL（印度信贷登记机构）记录没有任何违规行为；
- 在满足上述条件后，按照 RBI 规定的形式，连同所有强制性文件和附件一起递交申请注册 NBFC。

6.3.3 信贷平台及利率

印度核心借贷领域有多种商业模式。例如，纯 NBFC、助贷平台、贷款市场（Loan Marketplace）或 P2P 借贷平台。按照公司规模划分，每年贷款额从 30 亿到 500 亿卢比（约合 4 200 万美元至 7 亿美元）不等。

（1）消费贷平台

- KrazyBee。KrazyBee 成立于 2016 年 3 月（见表 6.3.1），并于 2017 年获得了印度央行发放的“非银行金融机构（NBFC）”牌照。其创始人万洪曾在印度华为担任海外电商运营支付主管 8 年，负责管理华为的海外商城业务。KrazyBee 采用轻模式运作，将印度电商与排名前五的银行 Yes Bank、小额借贷公司连接，开发出了电商消费分期、摩托车贷和目前主要服务于印度私立大学学生的学费贷等产品，并自主建立了一套完善的信用评级系统。

表 6.3.1　　KrazyBee 融资历史

轮次	时间	金额	领投机构
种子轮	2016 年 6 月	2 亿美元	分期乐、易点天下
Pre－A 轮	2016 年 12 月	3 亿美元	Plum Ventures
A 轮	2017 年 10 月	8 亿美元	小米、顺为资本
B 轮	2019 年 4 月	13 亿美元	BAC Acquisitions、Unifi AIF

此外，印度智能手机市场头号玩家小米也与 KrazyBee 合作推出了贷款产品“CreditBee”（信贷蜜蜂），主要面向白领阶层，可贷款金额为 1 000 到 10 万印度卢比（约 14 美元到 1 400 美元），月利率 3%。

- Rubique。Rubique 由 Manavjeet Singh 和 Sandeep Nambiar 于 2014 年 11 月共同创立（见表 6.3.2）。Singh 曾在 Yes Bank 担任零售银行业务主管和总裁，而 Nambiar 曾就职于 Nomura Securities 和 Wipro 的技术岗位。Rubiqu 总部位于印度孟买，其信贷产品主要针对中小型企业和个人：在中小型企业领域里，主要为商用车和建筑设备公司提供贷款；在零售领域，主要提供住房贷款、汽车贷款、二轮摩托车贷款、教育贷款、个人贷款和信用卡等服务。同时，Rubiquc 与 Bajaj Allianz GIC 建立了合作，借此进入普通保险领域。

表 6.3.2　　Rubique 融资历史

轮次	时间	金额	领投机构
A 轮	2016 年 4 月	3 亿美元	Kalaari Capital
风险融资	2017 年 6 月	3 亿美元	Udayan Goyal
B 轮	2018 年 5 月	15 亿～20 亿美元	Recruit Group 和 Emery Capital

风控方面，Rubique 一直致力于通过其独特的 Online PLUS 模式使传统的金融行业变成以技术为驱动的产业，实现其数字化发展。平台通过 PAN 验证、基于 Aadhaar 的电子个人尽调认证、信用机构整合、银行分析和专有匹配算法中的增强逻辑等手段，使贷款申请得到科学快速的处理。Rubique

的市场平台已经与金融机构系统集成在一起，用于实时处理以及向客户提供在线审批。

迄今为止，Rubique 的业务范围已拓展到孟买、德里、加尔各答、班加罗尔、海德拉巴、浦那和斋浦尔等 32 个城市，累计为超过 20 万名客户提供了金融服务，成功推动了 4.5 亿美元贷款的支付及 10 万多张信用卡的发放，收入达 840 万美元。

- Stashfin。Stashfin 是一家 2016 年 9 月成立（见表 6.3.3）、总部位于新德里、为个人消费者提供即时放贷服务的线上借贷平台。用户可申请贷款额度为 1 万到 20 万印度卢比（约 140 美元 ~2 800 美元），还款期限为 2 个月 ~18 个月，年利率为 11.99% ~59.99% 。

表 6.3.3　　Stashfin 融资历史

轮次	时间	金额	领投机构
Pre－A 轮	2017 年 6 月	5 亿美元	Snow Leopard Ventures、Alto Partners
债权融资	2019 年 5 月	30 亿美元	Fullerton Financial Holdings

风控方面，申请贷款的用户需要在线提交个人尽调文件、银行信息等资料。若申请通过，贷款便会立即发放到用户的银行账户中。截至目前 Stashfin 已累计为超过 25 万名用户提供贷款。①

（2）信用贷平台

- MoneyTap。MoneyTap 由 Anuj Kacker、Kunal Varma 和 Bala Parthasarathy 共同创立于 2016 年 9 月，是印度一家面向工薪阶级和个体经营者的消费借贷平台（见表 6.3.4）。公司的目标客户为月收入 3 万 ~4 万印度卢比（约 420 ~560 美元）、年龄 28 ~32 岁的群体。客户的可贷款金额根据其信用额度确定，范围在 3 000 ~50 万印度卢比（约 42 ~7 000 美元）之间，可选还款期限为 2 个月 ~3 年，月利率为 1.25% 。客户还款成功时，其信用额度将恢复。

① Stashfin 官方网站。

表 6.3.4　　Moneytap 融资历史

轮次	时间	金额	领投机构
A 轮	2017 年 6 月	12.30 亿美元	红杉印度
B 轮	2020 年 2 月	70 亿美元	Aquiline Technology Growth、RTP Global、红杉印度

MoneyTap 可根据用户的申请数据在 4 分钟内预测出他们是否具有贷款资格。公司现已和 RBL Bank 以及多家非银行金融机构（NBFC）建立合作，为用户提供全天候的贷款服务。其付款和还款的交易均由银行处理，同时也经过 MoneyTap 自己的网络安全 API，以确保交易的安全性。

风控方面，MoneyTap 和印度政府达成了合作，有权使用政府建立的 Aadhaar 系统，通过用户注册时必须提供的 Aadhaar 编号，对其进行身份识别和手机实时验证。这一程序大大降低了用户身份造假的可能性。

- Early Salary。Early Salary 由 Mehrotra 和 Ashish Goyal 共同创立，是一款专门为年轻职场人士提供现金预付费和短期贷款服务的移动平台（见表 6.3.5），主要与大中小型公司合作，为员工提供薪水预支付服务。目前，Early Salary 公司只提供短期贷款服务，贷款额度在 8 000 ~ 10 万印度卢比（约 112 ~ 1 400 美元），还款时间一般为 1 ~ 4 周。只要在规定时间内还款，就可以享受到优惠的月利率（约为 2%）。不过，一旦贷款逾期，滞纳金和逾期利率相对较高。

表 6.3.5　　Early Salary 融资历史

轮次	时间	金额	领投机构
种子轮	2015 年	1.5 亿美元	Transcorp
A 轮	2017 年 5 月	4 亿美元	IDG Ventures India、Dewan Housing Finance（DHFL）
B 轮	2018 年 1 月	15.7 亿美元	Eight Road Ventures

风控方面，Early Salary 主要利用人工智能算法评估贷款申请人的信用级别，且可以自动审批 90% 的贷款申请，为客户提供实时贷款支付服务。Early Salary 的应用程序已累计有超过 35 万次的下载量，累计为客户提供了 1.5 万笔贷款。

- CASHe。CASHe 成立于 2016 年 4 月，拥有一款可以提供线上贷款申请和还款服务的应用程序。CASHe 的目标受众是年龄在 23～35 岁的年轻职场人士，用户申请贷款时需要上传的资料包括工资单、银行流水、公司纳税证明、地址证明和个人签章。贷款额度在 1 万～20 万印度卢比（约 140～2 800 美元），还款期限分别为 15 天、30 天、90 天和 180 天。

风控方面，CASHe 推出了首个基于算法驱动的信用评分平台社交贷款函数（SLQ），能够通过多个专属数据点快速判断用户的信誉，并且给客户构建不同的信用档案。迄今为止，CASHe 的应用程序累计下载量已达 1 800 万次，忠诚客户 18 万人，放款量 45 亿印度卢比（约 6 300 万美元），用户复贷率达 75%（见表 6.3.6）。

表 6.3.6　CASHe 融资历史

轮次	时间	金额	领投机构
A 轮	2017 年 4 月	3.8 亿美元	黑石私募
债权融资	2017 年 10 月	3.07 亿美元	IFMR Capital

6.3.4　监管环境

印度储备银行（RBI）是印度信贷市场的主要监管机构，负责监管传统银行、非银行金融机构（NBFC）、支付和 P2P 等领域。针对消费贷、信用贷平台，印度政府目前尚未颁布相关法律法规或牌照要求。大部分消费贷、信用贷公司会选择和传统银行或者非银行金融机构（NBFC）合作，还有些公司则自己申请或收购非银行金融机构（NBFC）牌照。

针对 P2P 借贷平台，印度储备银行于 2017 年 10 月 4 日发布了《非银行类金融公司（NBFC）－P2P 借贷平台（储备银行）指引》，之后分别于 2017 年 11 月 9 日和 2018 年 2 月 23 日对该指引进行了修订。该指引为印度 NBFC－P2P 的注册和运营提供了框架。指引中明确指出，所有印度 P2P 公司都必须在印度储备银行的非银行业监管部门进行 NBFC－P2P 注册，注册成为 NBFC－P2P 公司须满足相应标准。同时，该指引还规定：NBFC－P2P 仅能以中间人身份提供线上平台，自己不能参与借款本身；公司本身杠杆借贷比不得超过2；贷款期限不得超过36个月等。

近期，RBI表示，印度NBFC行业监管框架整体将会逐步完善，相关政策相对有序出台，同时会确保不对NBFC行业造成冲击。RBI表示，后续可能会陆续要求NBFC公司设立CRO，维持一定的流动性覆盖比率、资产负债久期的匹配等等。NBFC牌照申请方面暂未有新政策。

6.4 风险提示

6.4.1 经济风险

印度政府的偿债能力较差，印度中央政府财政赤字占全国GDP总量的5%～6.5%，加上各邦政府债务，印度政府整体财政赤字达到了GDP总量的10%。而且，由于2012年印度遭遇了60年一遇的非正常季风季，经济受到重创，GDP增速下滑至全球金融危机后的最低点。债务水平的上升和经济增速的下滑一度将其主权评级推向“垃圾级”的边缘，印度政府借贷成本进一步升高，同时地方债务规模庞大等问题也成为影响财政的一大因素。

信贷市场方面，印度政府对信贷公司设立了较为严格的成立条件，同时对牌照划分十分细致。另外，印度政府腐败现象严重，在公司运营过程中，需要应对大量政府审批、监管工作，阻碍着企业的快速发展。同时，印度政府有直接宣布债权不成立的先例，其2011年前后发生的小额信贷危机可能会使金融监管部门在面对新的信贷潮流时变得更加谨慎。印度不良贷款率较高，存在较大违约风险。

6.4.2 汇率风险

印度卢比汇率自2008年开始整体呈逐渐走低的趋势，除去美元持续强势，贸易逆差扩大也是印度卢比下跌的一大原因。受银行和金融机构持续收紧贷款条件等多方面因素影响，印度卢比贬值对出口提振效果不明显，部分出口部门仍面临较大经营压力。

此外，印度对货币的兑换与资金汇回存在一定程度上的限制，且其国际收支状况的改善具有脆弱性，投资者需关注可能存在的汇兑风险。目前，印度的外汇管理制度仍相对严格，在外币兑换、汇出、账户开立方面有较为严格的规定，且在实际操作中政府对资本流动存在较多具体限制。

6.4.3 政治风险

（1）社会风险

第一，印度的社会问题首先表现在其种姓制度。这一制度阻碍了社会正常高效地运转，降低了印度在投资者心中的地位。第二，印度的性别歧视问题、男女不平等现象比较严重，女性就业率仅有25%左右。第三是印度贫富差距大，中产阶级稀少。印度收入前1%的人口平均年收入达到了2万美元，这个收入水平和中国香港类似；随后9%的人口收入水平接近中欧，相当于全球范围内中等收入水准；之后40%的人口，收入水平同巴基斯坦、孟加拉国类似；至于最后的50%人口，生活水准和非洲相当。

此外，复杂的民族、宗教关系导致分离主义、极端势力滋生，对印度的治安环境产生负面影响。印度民族、宗教构成复杂，且历史上不同民族、宗教之间都曾爆发过尖锐冲突。

（2）政治风险

受地方势力、反对党以及院外利益集团力量强大等因素的影响，莫迪政府的经济改革政策能否得到有力执行存在不确定性，对中长期内印度经济的发展构成不利影响。虽然人民党在2014年的大选中赢得了多数席位，为莫迪政府推行其结构性改革政策奠定了政治基础，但是其改革措施的落实仍面临着三方面的挑战。

首先，印度地方力量强大，莫迪政府消除地方贸易壁垒等措施可能受到地方政府的抵制而无法得到真正实施。

其次，国大党仍掌握联邦院多数席位和部分邦的执政权，能够在一定程度上对莫迪政府形成掣肘。

最后，莫迪政府削减能源补贴、进行劳动力市场改革等措施可能招致国有能源部门、工会等强力院外利益集团的反对。

因此，莫迪政府的结构性改革措施能否得到有力执行仍存在一定程度的不确定性，中长期内结构性问题仍将使印度经济发展面临下行风险。最后，受历史和地缘政治因素影响，印度对与中国的合作抱有一定程度的戒备心态，增加了中国投资者在印度投资所面临的不确定性风险。

第 7 章　斯里兰卡消费信贷研究报告

综　述

斯里兰卡 GDP 增长稳健（近三年保持 3.3% 左右的增幅），其中，农业和工业占比逐年减少，服务业占比增加，蓬勃发展的旅游业有望为斯里兰卡电子商务市场的成功做出贡献。斯里兰卡国民储蓄总额占 GDP 的 25.4%（2018 年），在非饮食支出中住房和交通费用占比最大。人口结构有较大比例的青少年，且多中产和低收入人群，识字率高，英语为官方商业语言。通货膨胀情况较前几年有了很大的缓解。

斯里兰卡移动互联网市场不断改善，2018 年斯里兰卡平均每人拥有 1.5 部手机，高于区域平均水平，但互联网普及率（33.5%）有待增长。斯里兰卡开放的市场环境、电子商务改革以及中国斯里兰卡贸易投资增加有利于其市场的稳定高速发展，但预计未来存在国家债务高峰，投资仍需谨慎。电商市场和移动支付市场发展潜力巨大，以当地公司为主。

7.1　宏观环境

斯里兰卡，有“印度洋上的明珠”之称，国土面积为 65 610 平方公里，海岸线长 1 340 公里，大陆架 200 海里，共分为 9 个省和 25 个区，首都科伦坡是其政治、商业、文化中心，世界重要商港之一。

2019 年斯里兰卡总人口数为 2 132 万，人口密度为 346 人/平方公里，分布极不均衡，占国土面积 14% 的西南部潮湿地区和中部高山地区集中了全国 50% 以上的人口。斯里兰卡为多民族国家，以僧伽罗族、泰米尔族和摩尔（穆斯林）族为主，分别占人口总数的 74.9%、15.4%、9.2%。斯里兰卡 70% 的人信奉佛教，16% 的人信奉印度教。僧伽罗语、泰米尔语同为官方语言和全国语言，上层社会通用英语。

7.1.1 政治环境

斯里兰卡是总统制国家，总统为国家元首、政府首脑和武装部队总司令，享有任命总理和内阁其他成员的权力。2019 年 11 月 17 日，戈塔巴雅·拉贾帕克萨以约 52.3% 的得票率在斯里兰卡第八届总统选举中胜出，当选新任总统。20 日，戈塔巴雅任命其胞兄、前总统拉贾帕克萨为新任总理。目前，斯里兰卡已经同 140 多个国家建立了外交关系。

中斯两国在许多重大国际和地区问题上拥有广泛共识，保持良好合作。中国一直在人权问题上坚定支持斯里兰卡，斯里兰卡政府在中国台湾地区、涉藏、人权等问题上一贯给予坚定支持。

斯里兰卡以种植园经济为主，工业基础薄弱，以农产品和服装加工业为主。在南亚国家中率先实行经济自由化政策。侨汇收入和旅游收入是斯里兰卡外汇收入主要来源。

7.1.2 主要经济指标情况

（1）GDP

据世界银行最新统计数据显示，斯里兰卡 GDP、人口总数、居民预期寿命等指标持续上升。总体来说，2006～2018 年，斯里兰卡平均经济增长率高达 5.7%，是亚洲经济增长最快的经济体之一。但近几年，经济增速有所放缓，2012～2018 年，经济平均增速 4.8% 左右。2018 年，斯里兰卡经济增长率为 3.2%，较 2017 年下滑 0.2 个百分点，高于全球平均 3.0% 的增速。2017 年和 2018 年经济增速持续下滑的主要原因是，过去两年斯里兰卡多个地区遭受严重干旱和暴雨袭击，对农业生产造成不利影响，但农业的逐步恢复以及服务业的快速增长使得该国经济正回归正常化。由于目前斯里兰卡公共债务数额较大，为了经济持续稳定的增长，斯里兰卡仍需保持强大的改革动力，并逐步完善投资政策与法规。人均 GDP 方面，斯里兰卡 2018 年人均国民收入 4 233 美元，居亚洲国家第 20 名，近三年保持 5% 左右的增幅（见表 7.1.1）。

表 7.1.1　　2012~2022 年斯里兰卡 GDP 总量和人均 GDP 情况

年份	2012	2013	2014	2015	2016	2017	2018	2019*	2020*	2021*	2022*
GDP（亿美元）	684	743	793	804	816	874	889	980	1 050	1 125	1 205
增长率（%）	9.1	3.4	5.0	5.0	4.5	3.4	3.2	4.3	4.7	4.8	4.9
人均 GDP（美元）	3 350	3 609	3 818	3 835	3 846	4 073	4 233	4 470	4 734	5 014	5 311

数据来源：IMF。

（2）消费比例和生活支出

2018 年，斯里兰卡国民储蓄总额为 36 703 亿卢比，约 200 亿美元，占当年 GDP 的 25.4%。根据斯里兰卡统计局 2016 年度报告，斯里兰卡家庭生活消费平均支出为 54 999 卢比/月（约 300 美元/月），其中，饮食支出为 19 114 卢比/月（约 100 美元/月），非饮食支出为 35 885 卢比/月（约 200 美元/月）。在非饮食支出中，住房占 19.2%，交通费用占 15.5%，个人护理及卫生支出占 7.0%，家庭耐用品支出占 6.8%，教育占 5.8%，水电燃料支出占 4.9%，休闲娱乐占 2.5%。

据联合国开发计划署（UNDP）发布的 2019 年各国人类发展指数排名，主要针对各国预期寿命、教育水准和生活质量的考察，在 189 个经济体中，斯里兰卡排名第 71 位。斯里兰卡致力于改善治理，改革公共财政管理，以此增强并促进持续增长和发展。

斯里兰卡中产阶级不断壮大，消费者可支配收入的增加，加上互联网接入的改善，也推动了电子商务的发展。随着口袋里的钱越来越多，越来越多的斯里兰卡中产阶级转向网上购买日常用品。

（3）通货膨胀率

通货膨胀率有所反弹。斯里兰卡通货膨胀情况大幅缓解，通货膨胀率从 2012 年的 7.5% 降至 2015 年的 2.24%，为近年来最低，之后又有所回升，2018 年恢复到 4.3%（见图 7.1.1）。截至 2018 年末，斯里兰卡政府债务总规模约为 11.98 万亿卢比（约 660 亿美元），每年用于还债的资金在年度财政收入中所占的比重高达 95%。另外，税收体系复杂和行政效率低下等因素不利于营造良好的营商环境，进一步导致国内经济增长缓慢。

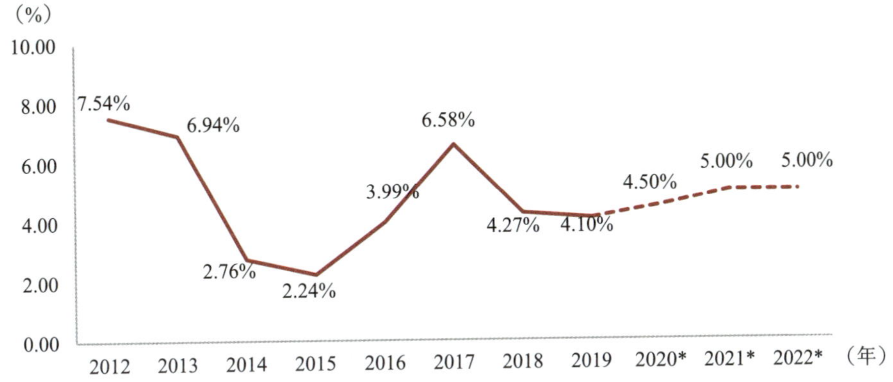

图 7.1.1　2012～2022 年斯里兰卡通货膨胀率

资料来源：Statista。

基于科伦坡消费者物价指数（CCPI）和全国消费者物价指数（NCPI），总体通胀减速，主要受到食品价格波动下降的影响。核心通胀保持低迷反映良好，过去维持紧缩的货币政策立场，导致通胀预期下降。预计总体通胀率将保持在低水平，预计未来三年将保持在 4%～6% 的目标范围内。

（4）汇率

进口的显著增长以及近期的资本外流加强美元对汇率施加压力。虽然近期贬值的步伐已经放缓，在 2018～2019 年，斯里兰卡卢比对美元仍贬值了 15.53%（见图 7.1.2）。同时，进口支出的增长继续超过出口收入的增长。预计未来一段时间内进口支出将放缓以回应最近采取的措施以及卢比兑主要货币的贬值。旅游相关流入和劳工汇款的减缓仍然是影响贸易均衡的重要影响因素，进而影响汇率走势。

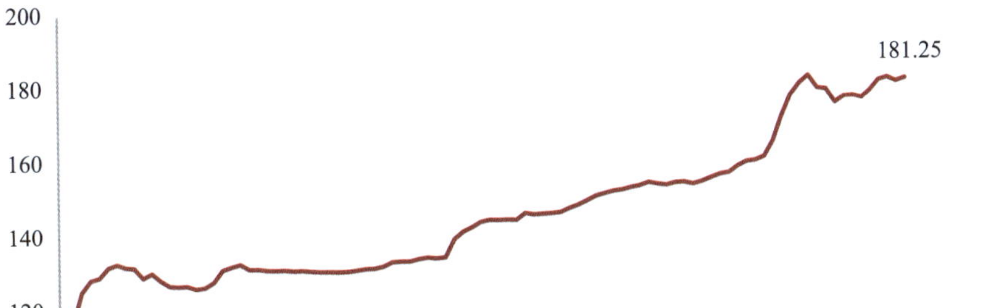

图 7.1.2　美元（USD）兑斯里兰卡卢比（LKR）历史汇率走势

数据来源：IMF。

7.1.3 人口组成

2019 年，斯里兰卡总人口数为 2 132 万。据斯里兰卡统计局显示，在 15 岁及以上的人中，51.9% 从事经济活动，其中 4.4% 的人处于失业状态，48.1% 为非劳动人口，包括家庭主妇、学生、退休人口及残障人士等。受过良好教育、适应能力强的劳工识字率是 92.5%，居英联邦国家榜首。会使用英语的占 69.8%。斯里兰卡失业率长期保持低位稳定，2019 年失业率为 4.9%。

与大多数发达国家不同，斯里兰卡老龄化人口比例较低。这是国家适应新趋势的又一次机会。老年人适应新趋势相对困难，年轻人本能地倾向于适应新的趋势。斯里兰卡人口中有较大比例的青少年，他们的购物方式将转向电子商务市场，而不是传统的购物场所。

2019 年斯里兰卡人口分布中，0～14 岁人口约 510 万，15～64 岁人口约 1 390 万，65 岁以上人口约 230 万（见图 7.1.3）；城市人口占比 18.6%，农村人口占比 81.42%。

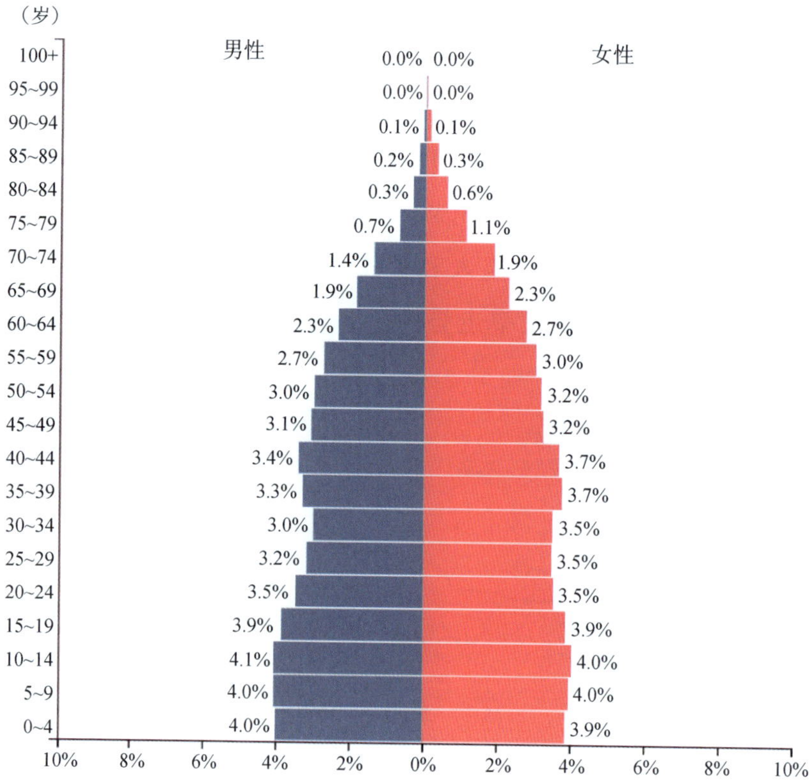

图 7.1.3　2019 年斯里兰卡人口“金字塔”示意图

7.1.4 外资流入

在“一带一路”倡议下，中国将沿着斯里兰卡首都科伦坡的海岸线建设一座新城，这座新城将在2030年成为科伦坡的中央商业区（CBD），并为当地创造8万个工作岗位。

2019年1~9月，斯里兰卡与中国双边货物进出口额31.9亿美元，同比下降7.6%。其中，斯里兰卡对中国出口3.1亿美元，同比增长24.5%；斯里兰卡自中国进口28.8亿美元，同比下降10%。截至2019年9月，中国为斯里兰卡第十一大出口市场和第一大进口来源地。根据斯里兰卡中央银行的数据显示，斯里兰卡2018年共吸引外国直接投资16.11亿美元，创历史新高。其中，来自中国的投资额8.74亿美元，占比54%。中国成为斯里兰卡2018年外国直接投资最大来源国。

7.2 移动互联网

7.2.1 互联网市场不断改善

斯里兰卡的互联网普及率不断增长。2018年，斯里兰卡拥有740万互联网用户，占总人口的34.1%（图7.2.1）。2015年，Google的Project Loon为斯里兰卡提供价格合理的互联网解决方案，进一步提升了该国在城市和农村地区的连通性。

同时，斯里兰卡的数字基础设施方法正在改善，但挑战仍然存在。大约53%的人口可以使用4G互联网，且斯里兰卡是南亚第一个试用5G互联网的国家。此外，斯里兰卡的互联网连接比其他亚洲国家更便宜，但是数字基础设施仍然存在差距，包括实施方面的挑战以及用于ICT设备和服务的可支配收入的缺乏。

为了改善这一点，斯里兰卡促进零评级服务（一种降低成本的提供网络接口的服务，比如Facebook、Wikipedia和Google均在使用），通过移动网络运营商（MNO）提供。这些服务允许具有低可支配收入的互联网用户访问某些数字应用和网站，而无须使用他们自己的流量套餐。通过免除 Facebook 和 WhatsApp 等高使用率应用程序和网站的流量套餐，MNO 允许人们无须额外费用即可访问更多网络。此项举措无疑让越来越多的人使用互联网。

对比亚洲其他经济体来看，数字经济的发展领导者是韩国（95.9%）、中国香港（约 90%）和新加坡（88.2%）。与此同时，斯里兰卡（33.5%）和印度尼西亚（39.8%）较接近底部（见图 7.2.1）。

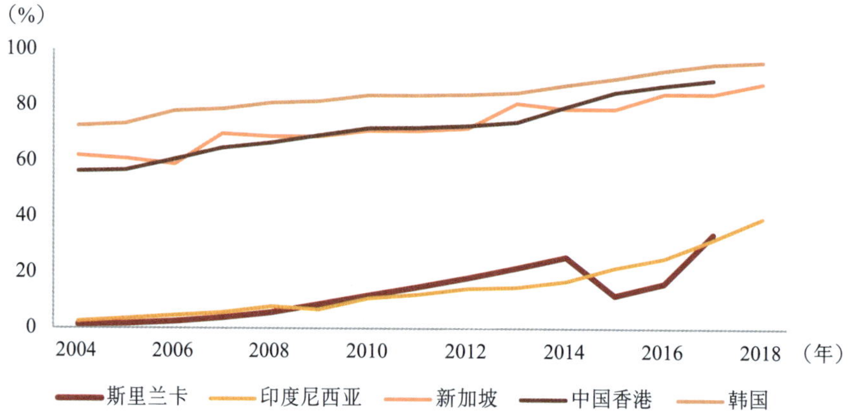

图 7.2.1　互联网用户的份额

数据来源：世界银行。

7.2.2　移动端普及率不断增长

斯里兰卡互联网不断普及，更多人访问万维网，主要归功于斯里兰卡移动行业的增长。据斯里兰卡中央银行统计，该国现在平均每人拥有 1.5 部手机，智能手机的可访问性迅速增长。

随着通过桌面和移动设备在线上花费的时间越来越多，电子商务部门变得越来越重要。2010～2018 年，南亚地区每 100 人的手机用户从 58.4 增加到 86.7，同期斯里兰卡从 85.9 上升到 115.1（见图 7.2.2），高于地区的整体平均水平。根据国际电联的统计数据，斯里兰卡的移动普及率高于区域平均水平。

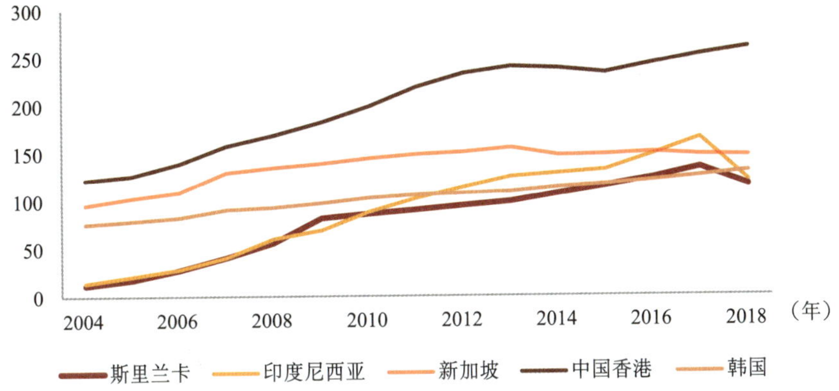

图 7.2.2 移动蜂窝订阅量（每 100 人）

数据来源：世界银行。

7.2.3 电商市场分析

（1）体量

斯里兰卡互联网和智能手机的使用率较高，但在电子商务方面却很低，截至 2019 年 1 月，仅 6.2% 的人口使用电子商务。日内瓦国际贸易中心呼吁扩大斯里兰卡的电子商务支付设施，以便更多的人可以上网交易。2018 年联合国贸发会议企业对消费者电子商务指数报告中，斯里兰卡在南亚和东南亚十大发展中和转型经济体的电子商务中名列前茅。

根据斯里兰卡商业在线（DLB）发表的一篇采访文章，斯里兰卡的电子商务市场估计约为 4 000 万美元。到 2021 年、2022 年，这可能会增长 10 倍，达到 4 亿美元。

2006 年第 19 号电子交易法通过消除斯里兰卡和国际上的法律障碍并确保法律确定性来促进电子商务。其他一些法律也支持电子商务，如 1995 年第 14 号《证据法》、2005 年第 28 号《支付和结算系统法》、2006 年第 30 号《支付设备欺诈法》和 2007 年第 24 号《计算机犯罪法》。斯里兰卡于 2015 年批准了联合国电子委员会公约（UNECC），2017 年修订了《电子交易法》，为电子商务和电子商务提供商提供更高的法律效力，并确保此类电子合同的国际有效性。

（2）电子商务公司

基于收入、网站流量和分类（可供出售的物品），斯里兰卡领先的 B2C 电子商务公司有：Kapruka. com、MyShop. lk、Wow. lk（已并入 Daraz. lk）、MyDeal. lk 和 Takas. lk。目前，斯里兰卡 B2B 的电子商务公司仅有 B2B. lk 一家。此外，斯里兰卡的电子商务市场缺少亚马逊或阿里巴巴等全球电子商务参与者。

- Kapruka. com。Kapruka. com 于 2002 年 2 月成立，是斯里兰卡最大的电子商务组织，在电子商务领域占有 70% 的市场份额，被公认为斯里兰卡电子商务行业的先驱。除了通过传统电子商务提供产品和服务外，Kapruka 还开创了一个名为“Kapruka Global Shop”的新在线平台，使民众能够从亚马逊、E－bay、Flipkart 和阿里巴巴等全球电子商务巨头订购任何产品。Kapruka 开发了一种获得专利的在线价格模拟器，可以清楚地显示斯里兰卡对特定在线产品的税收和关税。

- MyShop. lk。MyShop. lk 成立于 2017 年，是斯里兰卡最年轻、发展最快的电子商务网站之一，为在线购物者提供方便购物的设施，并提供不断扩大的零售电子类别、化妆品等，具备安全的在线购物环境，并提供各种支付选项和安全保修承诺。MyShop. lk 是斯里兰卡以展厅为基础的在线购物中心的先驱，其因产品广泛、物有所值、及时交付、支付模式简单和客户服务出色而变得越来越受欢迎。

- Wow. lk。Wow. lk 是斯里兰卡最早的网站之一，自 2011 年成立以来，已发展成为一家活跃于斯里兰卡的行业领先电子商务公司，为国际和本地消费者提供服务。它利用技术娴熟、经验丰富的专业团队，凭借广泛的资源，在各种产品和服务中为商家和消费者提供电子商务体验。

Wow. lk 的在线商城拥有来自 100 多家知名零售商的 3 500 多种产品目录。它使消费者有机会订购广泛的原始商品和国际及本地卖家的大品牌，并享有保修和全岛范围的交付。购物中心提供各种安全支付方式，如信用卡交易、现金付款、EZ 现金和直接运营商账单。

2019 年 11 月，Wow. lk 正式和 Daraz. lk 达成战略合作协议，由 Daraz. lk 全权接管 Wow. lk 电子商务平台的管理和运营。

- MyDeal. lk。MyDeal. lk 是一家专注于销售交易的电子商务企业。该网站以 Groupon 概念为蓝本，销售各种产品供应商的“优惠券”。这些产品包括电器和厨房用具、衣服、鞋子、纸杯蛋糕、马克杯、酒店客房、餐桌、电影票甚至直升机。客户在线预订“优惠券”并打印出来以便从 MyDeal 商店领取物品和获得商品配送。

MyDeal 的创始人表示，他们自 2012 年底以来已拥有 50 万注册用户，并占有 10% 的市场空间。规模对于维持电子商务业务至关重要，在这方面，Karpuka 有一个巨大的优势。

- Takas. lk。“Takas”是“很快”的意思，意味着有快速的送货服务，目标是 3 天之内在科伦坡和其他郊区交付商品。自成立以来，Takas. lk 已发展成为岛上电子商务行业的顶级竞争者之一。目前有超过 4 000 种电子产品，2 000 多种其他产品，包括服装、个人护理、汽车护理，以及少量家电品牌。

Takas. lk 为消费者提供了一个非常易于使用的在线购买平台。作为向斯里兰卡引入货到付款的先行者，它为用户提供了使用现金或卡购买的便利。此外，Takas. lk 从斯里兰卡的一些主要银行获得融资并支持全岛送货。

7.2.4 电子支付市场

在斯里兰卡，像 Takas. lk 这样的电子商务巨头开始将电子支付选项作为支付的主要方式。与电子商务部门一样，银行业也经历了巨大增长。出于对电子支付的浓厚兴趣，商业银行和其他金融科技相关公司已花费数十亿美元推出了 Sampath Vishwa、DFCC Vardana 钱包、FriMi 等网上银行及其他应用程序，以吸引客户在线汇款和提供其他金融服务，银行业用于开发新数字银行系统的成本已经超过100万美元。2018年，斯里兰卡的互联网和移动银行业务增长了30.8%，网上银行支付系统交易量较上年增长了32.4%，交易额增长了39.5%。

虽然斯里兰卡几乎所有商业银行都提供通过信用卡支付的电子银行和点对点转账服务，但只有13家本地银行提供交易级别的网上银行服务。受法律和技术限制，交易仅限于自己的银行网络。DirectPay是斯里兰卡建立数字支付生态系统的先驱，与该国一些主要的本地银行合作所需的基础设施。总的来说，斯里兰卡的电子支付主要通过银行和一些当地金融公司提供服务（见图7.2.3），使用量因互联网的普及而增加。随着投资政策对移动支付和网上银行所需基础设施的支持力度增加，电子支付未来将有更大的增长。移动支付市场也在迅速增长，2018年已有基于12家客户账户的移动支付系统的运营商和2家基于手机的电子货币系统运营商。手机银行总交易量较2017年增长了17.1%，总交易额增长了290.3%。

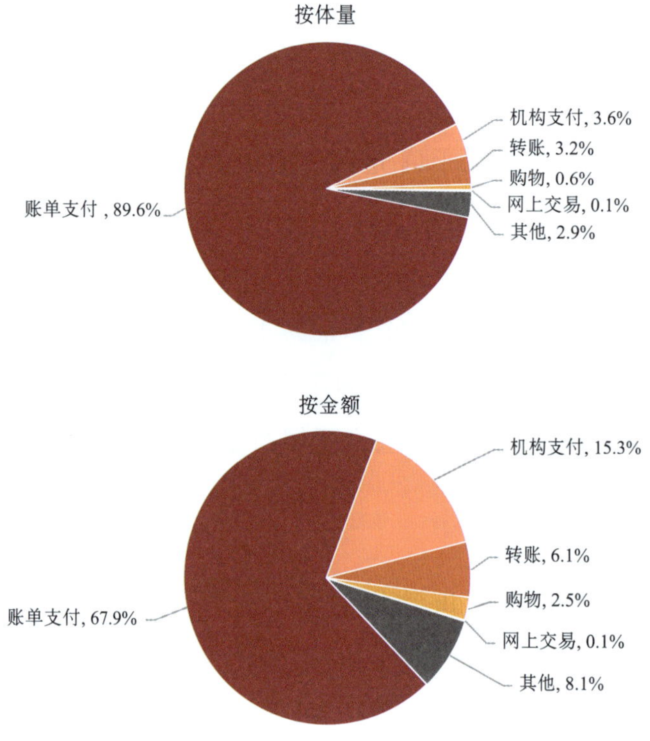

图7.2.3　2018年斯里兰卡移动手机银行的使用情况

资料来源：斯里兰卡手机电子货币系统运营商。

7.3 消费信贷市场

7.3.1 信贷市场发展

2009年以来，斯里兰卡经历了两次信贷繁荣。2010年，冲突后的经济过热时期，从一个相对的低水平（占国内生产总值的近27%）开始，私营部门信贷占国内生产总值比率急剧增加，引发了2010年信贷扩张（2010～2011年实际增长26%）。私营部门信贷在2013年和2014年增加到非常温和的水平之后，由于货币政策收紧，在2015年飙升（实际比去年同期增长24%）。低利率和卢比（LKR）高流动性促进银行主要在房地产和消费领域提供信贷。迅速增长的消费信贷导致进口急剧增加，尤其是在车辆进口方面，从而对国家贸易均衡状态产生了影响（贸易逆差），使国民经济总产出水平下降。

斯里兰卡中央银行（Central Bank of Sri Lanka，CBSL）是斯里兰卡金融部门最高权力机构，于1950年根据1949年第58号《货币法》成立。斯里兰卡中央银行负责货币发行和管理，制定和实施货币政策，其核心目标是维持经济、物价和金融系统的稳定性。

银行业是斯里兰卡金融系统中最重要的组成部分。2018年银行业总资产约为843.38亿美元，资本充足率为15.8%，核心资本充足率为12.7%。目前，斯里兰卡银行业主要由25家商业银行和9家专业银行构成。两者的主要不同是：前者可以接收公众的活期存款，且可以广泛参与外汇市场上的各种业务；后者只能在中央银行的允许下有限参与外汇市场上的各种业务。商业银行是银行业的主要构成成分，其资产占银行业总资产的87%。不良贷款仍是银行系统的一个问题并且国家继续影响着信贷分配。

货币金融方面，利率水平不断提升。为了抑制国内通货膨胀和防止资本流出，斯里兰卡央行近两年对货币政策和框架进行了调整，采取了偏紧的货币政策。2019年3月，平均加权贷款利率一度达到12.51%。2019年后半年有所下调，平均加权贷款利率调整为9.94%，较2018年同期下降2

个百分点；平均加权存款利率为10.05%，较2018年同期下降约1个百分点。近年来，斯里兰卡政府和私营部门均过度扩张信贷，货币总量增速超预期。

7.3.2 监管状态和市场政策

（1）开放的市场环境

根据2018年经济自由度指数，斯里兰卡排名111位（57.8分）。贸易对于斯里兰卡来说非常重要，进出口价值约为GDP的51%，平均税率为5.3%。

- 优惠的市场准入。斯里兰卡拥有与印度和巴基斯坦基本相同的自由贸易条例，其中包括超过4 000种零关税产品。另外，与中国签订了综合自由贸易协定（FTA）。斯里兰卡还是东盟特惠贸易（APTA）与BIMSTEC协议成员国。

- 投资保护。斯里兰卡因为有以下许多保护投资者的机制而成为世界范围内投资最安全的国家之一。《宪法》第157条，以议会2/3的支持票确保了投资保护条约和协议的安全性。斯里兰卡已与28个国家签订双边投资保护协议（IPA）。斯里兰卡拥有独立的司法系统来处理投资者的任何疑问。其还拥有与38个国家的双边避免双重关税的协议（DTAA），是多方投资担保机构（MIGA）的初始成员。MIGA是世界银行的一个投资担保机构，可为合格的投资因货币汇兑险、征用险、违约险、战争和内乱险和其他非商业性风险而产生的损失作担保。

（2）斯里兰卡的电子商务改革

由日内瓦国际贸易中心（ITC）支持的斯里兰卡电子商务改革第二次全国公私对话（PPD）在科伦坡开幕。PPD是欧盟—斯里兰卡贸易相关援助项目的一部分，从2016年到2020年由欧盟资助，价值800万欧元。第二次PPD以第一次对话的结果为基础。第一次对话发生在2018年3月，提出了关于改善斯里兰卡电子商务市场的建议。第二次对话，题为“电子商务改革路线图”，旨在讨论确定在未来改革路线中的五个关键领域，即消费者保护法律和隐私的获取、教育、意识、支付和现代化。

7.3.3 车贷

（1）车辆市场表现情况

据斯里兰卡JB Securities数据显示，截至2019年8月，斯里兰卡车辆注册登记量为 32 188 辆，同比下降 1.5%。其中，汽车注册登记量仅为 2 385 辆，同比下降 7.7%，环比下降 66%。注册登记的汽车中，新车只有 361 辆。报道分析，车辆注册登记量下降的主要原因是受新的贷款限制政策和高利息的影响。

2019 年 8 月，88% 新注册的车辆是小型车辆，Maruti 仍然是小型汽车市场的领导者，45.4% 的新车注册属于该品牌。注册登记的二手车为 2 024 辆，同比下降 11.4%，环比下降 66.8%。主要包括 1 467 辆丰田，295 辆铃木。注册登记 103 辆高级汽车，其中新车 33 辆（含 22 辆奔驰）。注册登记的越野车为 475 辆，同比下降 37%。其中，本田威驰 260 辆，丰田 110 辆（含普拉多 66 辆、陆地巡洋舰 6 辆）。注册登记的混合动力车 1 821 辆，同比下降 19%，但环比增长 8%，其中仅有 15 辆新车。主要包括铃木 664 辆，丰田 539 辆，本田 265 辆，越野车 305 辆（大多为威驰）。注册登记的货车为 807 辆，同比增长 153%，环比增长 16%，其中仅有 28 辆新车。注册登记的三轮车为 1 039 辆，同比下降 7%。下降的主要原因是受购车贷款政策的限制，融资比例从原先购车总价的 90% 下降至 65.5%。其中，印度的巴贾杰（Bajaj）占比为 92.8%。注册登记的两轮车为 25 508 辆，同比上涨 3.1%，但环比下降 15.1%。其中，小轮摩托车占 70%。本田占 40.8%，巴贾杰占 10.9%，TVS 占 17.9%，雅马哈占 19.8%。

（2）汽车贷款

据 JB Securities 报道，斯里兰卡汽车的名义价值随着时间的推移保持不变，使其成为安全投资，汽车融资是银行为数不多的以抵押为基础的贷款渠道之一。银行将利率降至 9% ~10%，以满足近期消费者的需求。大多数新车和二手车注册都是因斯里兰卡激励性车贷政策环境所致。汽车销售和利率之间存在高度相关性，使得许多首次购买者通过对小型汽车和摩托车的低利率贷款而进入市场。较低的债务与股本比率肯定有助于市场，而金融公司和银行也通过提供满足首次购买者的多功能产品为市场的增长做出了贡献。

尽管新政府试图扭转其宽松的进口关税和利率，但斯里兰卡的租赁和整体汽车融资市场自 2009 年以来一直呈现明显发展，并有望继续增长。JB

Securities 概述斯里兰卡政府研究的两项政策为：提高汽车消费税以及减少汽车融资的债务权益比率。第一项政策将增加东盟（ASEAN）对进口汽车的标准关税；第二项需要较小的债务权益比率，这意味着借款人需要提供更大比例的汽车购买价格。尽管有这些政策，斯里兰卡居民仍将汽车视为一项明智的投资，并且在此变更生效之前争抢购买。

7.3.4 信用贷

斯里兰卡是南亚发展最快的经济体，被列为中低收入国家。该国有一个重要的低收入人口群体，其资金需求由许多该国现有的小额信贷机构提供（Microfinance Institutions，MFIs），被定义为“扶贫协商小组（CGAP）为低收入人群提供金融服务”，如持牌银行、持牌金融公司、合作农村银行、储蓄和信贷合作社等。但是，行业数据和监管机制对该国小额信贷部门来说是有限的，导致缺乏清晰的市场结构，减少了市场潜力和现有参与者的增长途径。

尽管基本金融服务渗透率很高，但斯里兰卡的金融包容性参数（Financial Inclusion Parameter，如信贷普及率、人寿保险渗透率、养老保险覆盖率以及信贷准入等），与印度和南亚相比，在小企业和农场活动中仍然落后。接触客户，特别是来自低收入群体的客户，并提供他们多种金融和信贷服务可以说是小额信贷机构的主要目标。斯里兰卡有潜力为消费部门发展稳健的商业模式和创新产品。此外，斯里兰卡有接近 30% 的人口属于 45 岁以上的年龄段，他们获得各种信贷和理财产品的途径有限。斯里兰卡的 MFIs 可以针对这个年龄段扩展特定金融产品，如保险和养老金。

技术和数字金融服务可以促进人们以划算的方式获得金融服务。自 2012 年有关移动货币分类的政策框架出台以来，斯里兰卡更为注重科技在数字金融服务中的应用，以增强本国的金融包容性。然而，尽管有更多的移动网络和互联网接入，用于金融交易的技术似乎很少。有关数字金融技术的详细研究是必需的，初步研究表明，目前该国数字金融的使用与低收入的文化和行为有关。低收入部门似乎更喜欢用现金进行所有金融交易。

7.3.5 消费分期

消费支出在各个国家对GDP的贡献率是不同的（见图7.3.1）。

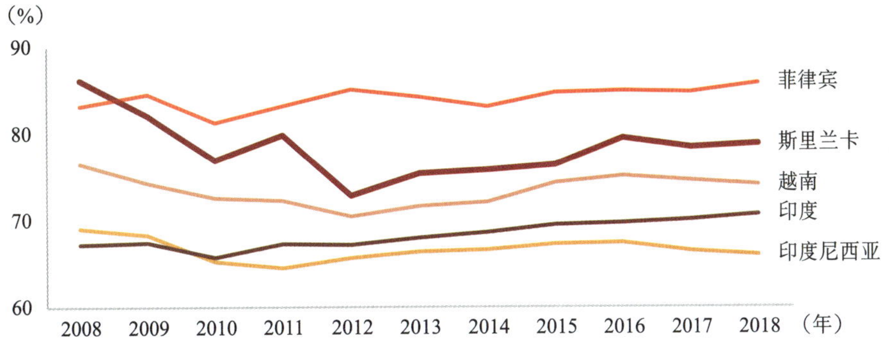

图7.3.1 2008～2018年东南亚国家的消费支出对GDP的贡献差异

资料来源：世界银行。

在对斯里兰卡信贷用户使用消费信贷购买不同类型商品和服务的调查中，大多数信贷用户使用消费信贷来购买电子产品，占样本的31.2%（见图7.3.2）。第二大类别是组成日常商品的其他类型货物，如医疗账单等。受访者也使用消费信贷来融资教育费。

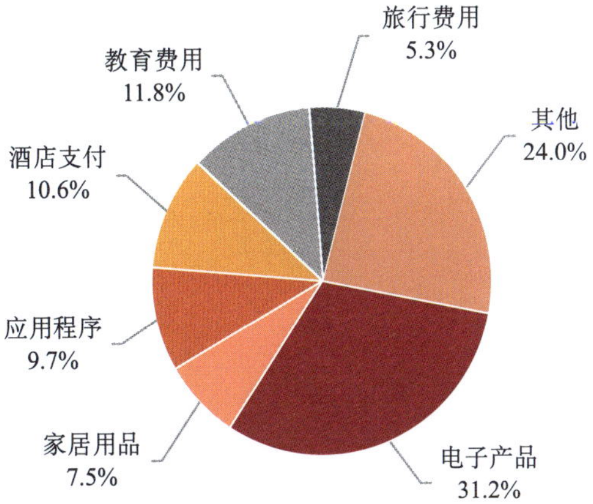

图7.3.2 消费者贷款的商品和服务

7.4 风险提示

2018 年，中国同意以 12.5 亿美元的贷款救助斯里兰卡，以应对 2019 年至 2021 年的外债偿还高峰。斯里兰卡 LMD 商业杂志调查显示，72% 的被调查者认为，中国是斯里兰卡经济发展的关键和外国直接投资最大来源国。被调查者指出，中国向斯里兰卡提供了无偿援助和贷款，也为斯里兰卡实施大型项目做出了主要贡献。

截至 2019 年 10 月 25 日，国际评级机构惠誉（Fitch）对斯里兰卡主权信用评级为 B，展望为稳定。截至 2018 年 12 月 4 日，国际评级机构标普对斯里兰卡主权信用评级为 B，展望为负面。截至 2018 年 11 月 20 日，国际评级机构穆迪对斯里兰卡主权信用评级为 B，展望为负面。截至 2018 年 12 月 31 日，斯里兰卡政府债务为 11.98 亿卢比（约 660 亿美元），占 GDP 比重为 82.9%，其中内债占政府债务比率为 50.2%，外债占 49.8%。内债中 18.4% 为短期债务，其余为中长期债务，主要来源为银行及非银行金融机构。外债中 48.8% 为优惠贷款，非优惠贷款占 51.2%。截至 2019 年 8 月 31 日，斯里兰卡政府债务已达到 12.86 万亿卢比（约 708 亿美元），占 GDP 比重 87%。预计未来存在国家债务高峰，投资仍需谨慎。

第二部分

非洲新兴市场消费信贷

C H A P T E R 2

第8章　非洲消费信贷研究报告

综　述

阿非利加洲（Africa），简称“非洲”，位于地球东半球西部，地处欧洲之南、亚洲以西，地跨赤道南北，面积为3 022万平方公里，占全球总陆地面积的20%，人口约为13亿（截止到2019年底）。非洲是世界面积第二大洲，也是人口第二大洲和第三世界国家分布的主要区域。非洲气候多样，是丰富生态资源与矿产资源的宝地，也是世界古人类和古文明的发祥地之一。

非洲的石油、矿产资源种类多、储量大，金刚石、黄金、铬铁矿、磷酸盐等的储量和产量都居世界前列。尽管有着丰富的自然资源，但是非洲地区仍是全球发展最落后的地区。

非洲整体经济增长水平一般，近年处于3%左右水平。对于整体发展水平本就较低的大洲来说，非洲经济暂时还未走上快车道。相比于东亚国家的增长率、增长稳定性，非洲的增长动能明显更弱。

非洲地区跨度较大，涵盖国家数目多，每个国家的发展情况也不尽相同。从投资的角度来看，不应一概而论。数据显示，在非洲国家中，2018年GDP总量超过2 000亿美元的国家有尼日利亚、南非、埃及；人均GDP超过200美元的国家有南非、阿尔及利亚、摩洛哥、埃及、尼日利亚；同时，近三年GDP增长均超过非洲整体水平的国家有肯尼亚、摩洛哥、坦桑尼亚。

人口方面，作为世界人口增长率最高的地区，非洲1980～1990年人口自然增长率达到3%，远远高于世界平均水平1.7%；而2010～2015年，每年人口增长的速度为2.6%。世界人口自然增长率最高的十个国家中半数以上都来自非洲。

1990年以来，世界各国在减少极端贫困方面已经取得了巨大进展。2000～2015年，有15个国家的极端贫困率年均降幅最大，多数为非洲国家。另一方面，人口增长的确可以带来一些机遇，比如潜力巨大的消费市场、城市建设和发展的机会等。

非洲移动互联网覆盖水平不断改善，仍低于全球平均水平。预计到2025年非洲一半人口将能够使用移动设备，几年内将增加近170万非洲人口接入移动通讯设备，移动通讯渗透率将达到50%。根据GSMA的预测，移动设备用户数增长最大的5个国家分别为尼日利亚、埃塞俄比亚、刚果、坦桑尼亚、肯尼亚。随着移动设备的普及，同时移动设备接入互联网的比例将提升，预计几年之内非洲移动数据使用量将扩大4倍。

移动钱包快速发展。非洲地区银行网点匮乏，倒逼非洲成为移动钱包账户数最多的大陆。此外，移动钱包账户之间的A2A（Account to Account）互通将会大力促进非洲地区移动钱包服务发展。

非洲金融服务与电商快速的发展，将促进消费信贷需求。对非洲金融科技投资的初创公司几乎在2018年翻了两番，达到3.57亿美元，肯尼亚、尼日利亚和南非居多。这种趋势一直持续到2019年，尼日利亚的三个金融科技初创公司Kudi、OneFi、eamApt在2019年上半年融资了大约500万美元。同时，非洲的电子商务正在兴起。2017年非洲地区的销售额达到165亿美元，预计到2022年将达到290亿美元。

8.1 自然资源丰富

非洲的石油、矿产资源种类多、储量大，金刚石、黄金、铬铁矿、磷酸盐等的储量和产量都居世界前列。非洲的动植物资源也极为丰富。非洲拥有植物40 000种以上，森林面积占非洲总面积的21%。全洲盛产红木、黑檀木、花梨木、柯巴树、乌木、樟树、栲树、胡桃木、黄漆木、栓皮栎等经济林木。草原面积占非洲总面积的27%，占比居各洲首位。基于此，农业、采矿、轻工、石油开发是非洲各国的主要产业。

尽管有着丰富的自然资源，但是非洲地区仍是全球发展最落后的地区。主要由于非洲长期的种族冲突、热带疾病丛生，从前西方的殖民主义工业化引发的环境破坏，独立后的腐败政权，教育、人民自律的不力导致。

8.2 经济发展差异化

尽管有着丰富的自然资源，但是由于诸多社会因素，非洲地区仍是全球发展最落后的地区。截至 2018 年，非洲整体 GDP 仅 2.5 万亿美元，低于东南亚的 2.9 万亿美元，在上述各大洲中排名最后。与东亚、北美等地 GDP 并不处于同一量级（见图 8.2.1）。

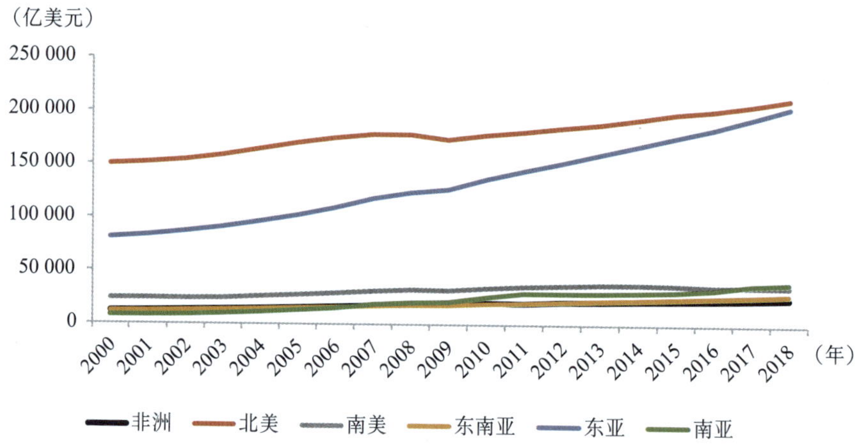

图 8.2.1 世界主要各洲、地区 GDP

非洲整体经济增长水平一般，近年处于 3% 左右水平（见图 8.2.2），对于整体发展水平本就较低的大洲来说，非洲经济暂时还未走上快车道。相比于东亚国家的增长率、增长稳定性，非洲的增长动能明显更弱。

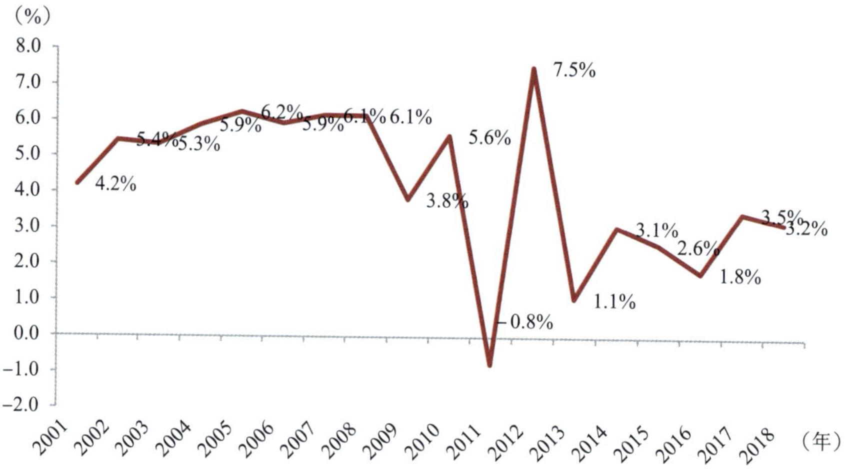

图 8.2.2 非洲 GDP 增速

人均 GDP 方面，截至 2018 年非洲地区人均 GDP 为 1 856 美元（见图 8.2.3），略低于南亚的 2 083 美元，排名最低。同时，非洲地区人均 GDP 在 2008 年就已经达到 1 803 美元。可见，近年的环境因素、政治因素等均限制了非洲人均 GDP 增长。

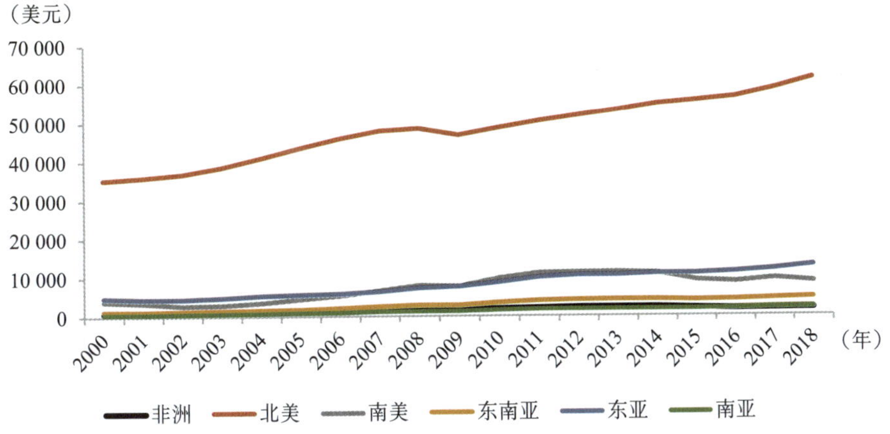

图 8.2.3　世界主要各州、地区人均 GDP

非洲整体地区跨度较大，涵盖国家数目多，每个国家的发展情况也不尽相同。从投资的角度来看，不应一概而论。虽然非洲地区的人均 GDP 只有 1 800 美元，但是我们看到南部非洲、北部非洲的人均 GDP 分别达到了 6 200 美元、2 800 美元。同时，东部非洲、中部非洲和西部非洲的人均 GDP 分别仅为 930 美元、1 480 美元、1 670 美元。非洲地区内部经济发展水平存在着一定的分化。

我们认为，非洲地区中那些 GDP 体量大、人均 GDP 高或是经济增速水平高的国家、地区更值得投资者关注（见图 8.2.4）。

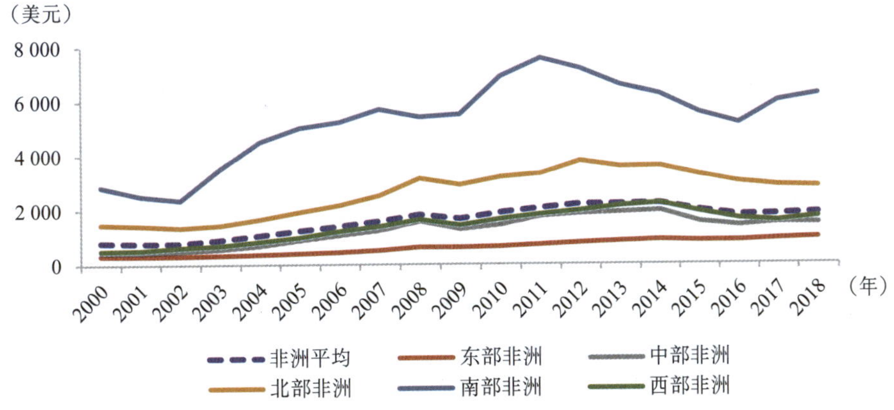

图 8.2.4　非洲各地区人均 GDP 水平

数据显示，在非洲国家中，2018 年 GDP 总量超过 2 000 亿美元的有尼日利亚、南非、埃及（见图 8.2.5）。

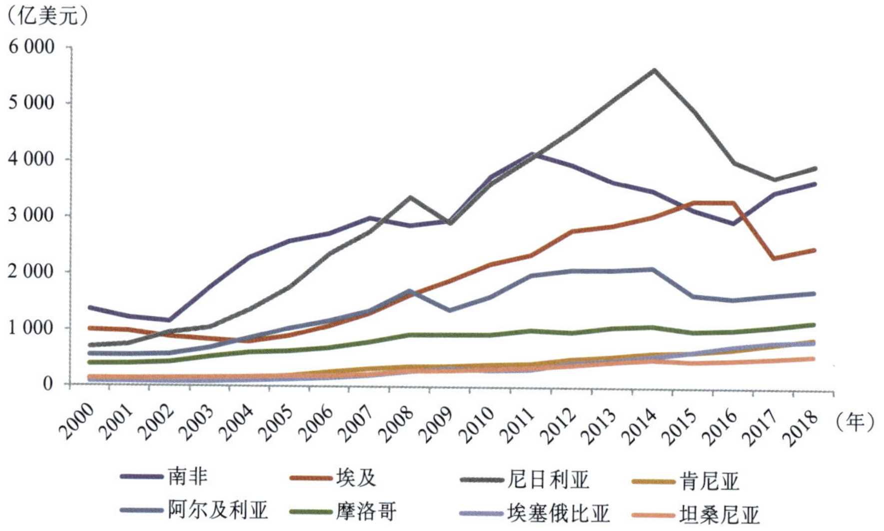

图 8.2.5　非洲部分国家 GDP 水平

人均 GDP 超过 2 000 美元的有南非、阿尔及利亚、摩洛哥、埃及、尼日利亚（见图 8.2.6）。

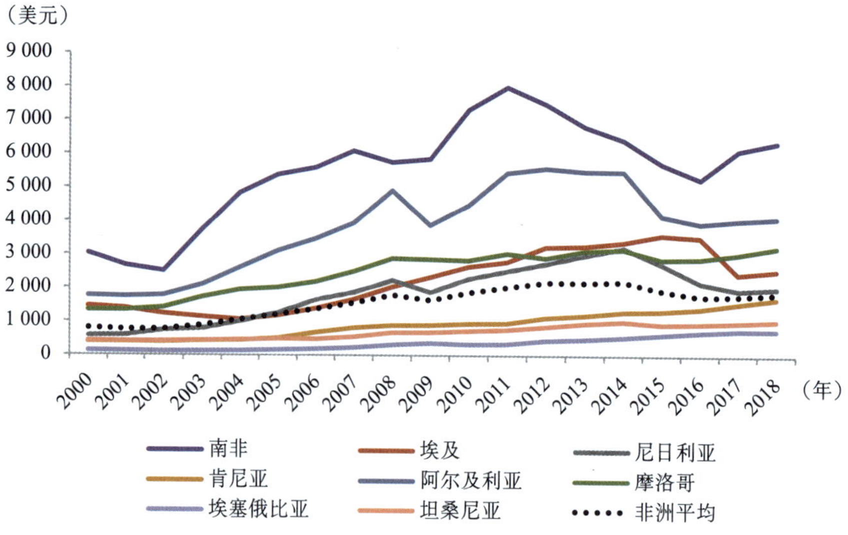

图 8.2.6　非洲部分国家人均 GDP 水平

同时，近三年 GDP 增长均超过非洲整体水平的国家有肯尼亚、摩洛哥、坦桑尼亚（见图 8.2.7）。

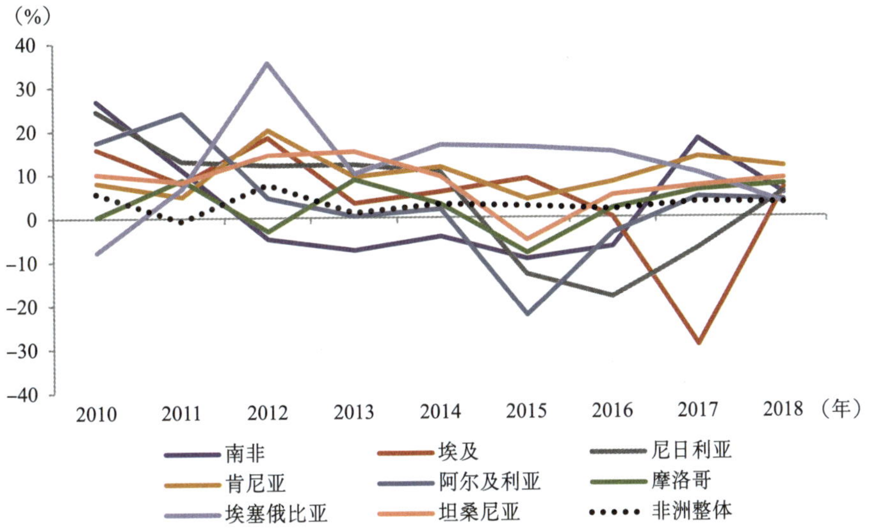

图 8.2.7 非洲部分国家 GDP 增速水平

8.3 人口红利优势显著

作为世界人口增长率最高的地区，非洲从 1980 ~ 1990 年人口自然增长率达到 3%，远远高于世界平均水平 1.7%，而 2010 ~ 2015 年，每年人口增长的速度为 2.6%。世界人口自然增长率最高的十个国家中半数以上都来自非洲。

非洲人的生育率是世界上最高的，联合国《2018 年世界人口状况报告》数据显示，2010 ~ 2015 年，有 48 个国家的生育率达到每名妇女生育 4 胎或 4 胎以上的水平，其中有 40 个国家位于撒哈拉以南的非洲。

目前非洲有 13 亿人口，根据联合国发布的《未来人口展望》报告，预计到 2050 年非洲大陆的人口数将会增长至 24 亿，占全球总人口增长的一半以上（见图 8.3.1）。

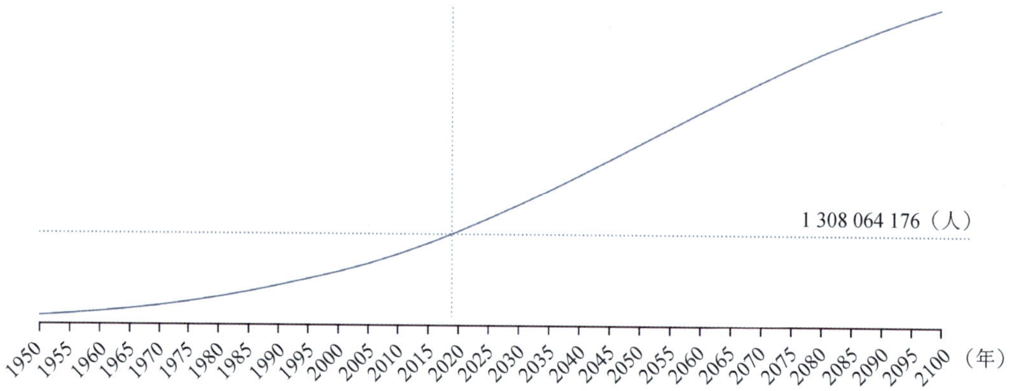

图 8.3.1 非洲人口预测

非洲大陆的平均寿命大约为男性 61 岁、女性 64 岁。在高生育率的背景下，非洲 0～14 岁人口占比为 41%，15～39 岁人口占比为 40%，40 岁以上人口占比为 19%，人口结构呈现正金字塔形，人口结构十分年轻（见图 8.3.2）。人口增长的确可以带来一些机遇，比如潜力巨大的消费市场、城市建设和发展的机会。

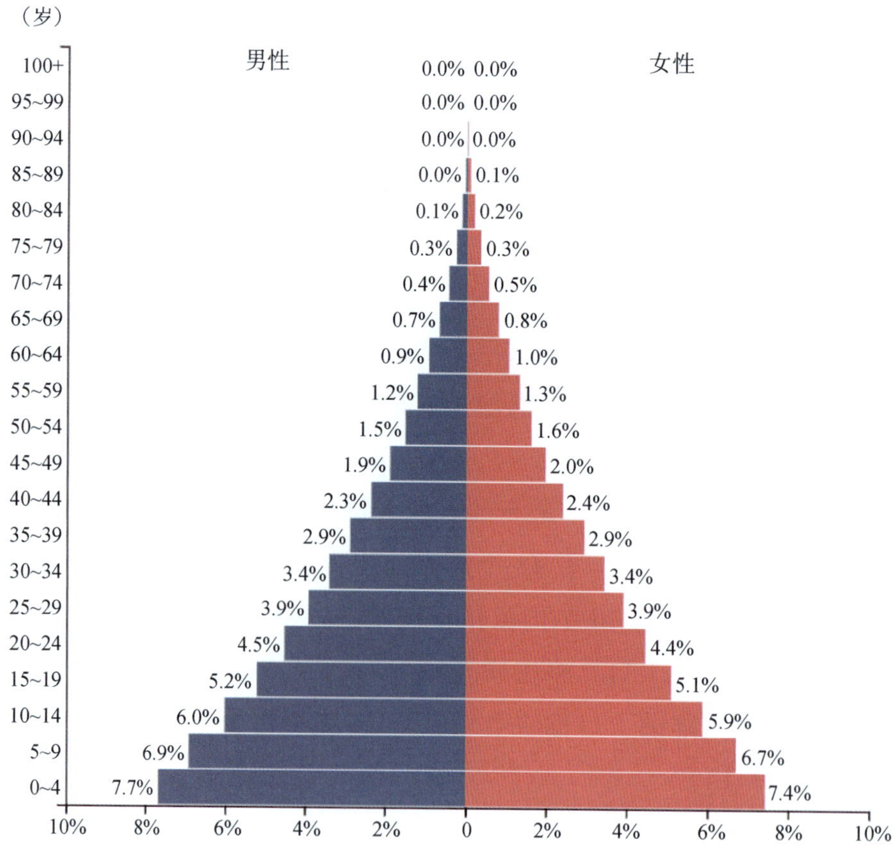

图 8.3.2 非洲人口结构

从非洲国家自身来看，不少国家的政局不稳定。同时，从国际局势来看，国际组织的援助也经常不稳定，缺少能够稳定推行强制型政策的长效机制。

贫困方面，虽然非洲极端贫困率快速下降，但部分撒哈拉以南非洲国家的贫困率仍在40%以上。世界银行的目标是到2030年将极端贫困率（按2011年购买力平价计算每天生活费低于1.9美元）降低到3%以下。

1990年以来，世界各国在减少极端贫困方面已经取得了巨大进展。2000～2015年，有15个国家的极端贫困率年均降幅最大，多数为非洲国家（见图8.3.3）。

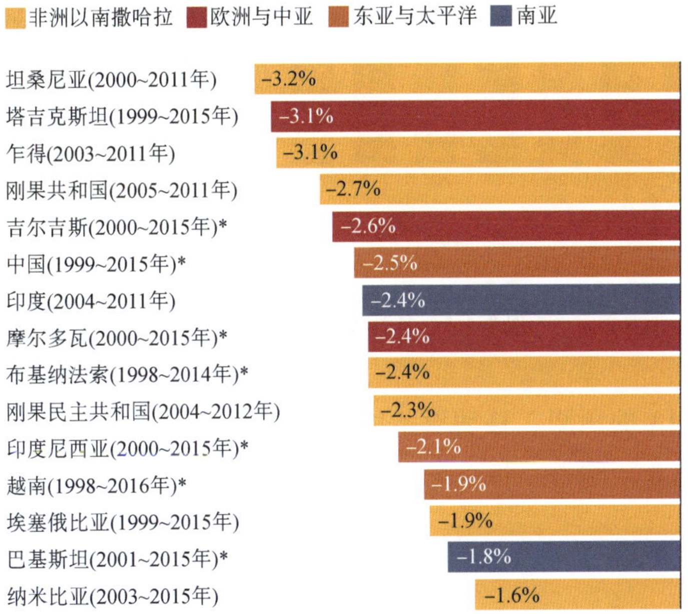

图8.3.3　极端贫困率年均降幅

注：标*的国家其数据统计期间不完全是2000～2015年。

资料来源：世界银行 PovalNet。

8.4　移动互联网覆盖水平增加

根据GSMA数据，截至2018年撒哈拉以南非洲地区全球移动连接指数为38，排名最后。但是基础设施、可购性、消费者意愿、相关内容和服务各项指标的增长值均超过了全球平均，意味着在非洲大部分地区，大范围增加基础设施建设能够为移动互联网以及移动设备行业带来相当可观的增长，未来发展前景巨大。

预计到 2025 年非洲一半人口将能够使用移动设备，几年内将增加近 170 万非洲人口接入移动通讯设备，移动通讯渗透率将达到 50%（见图 8.4.1）。

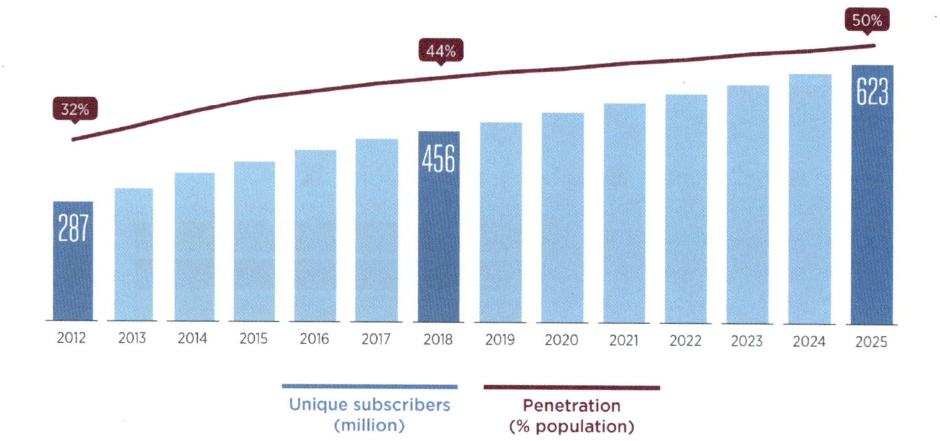

图 8.4.1　非洲移动设备渗透率预测

根据 GSMA 的预测，移动设备用户数增长最大的 5 个国家分别为尼日利亚、埃塞俄比亚、刚果、坦桑尼亚、肯尼亚（见图 8.4.2）。

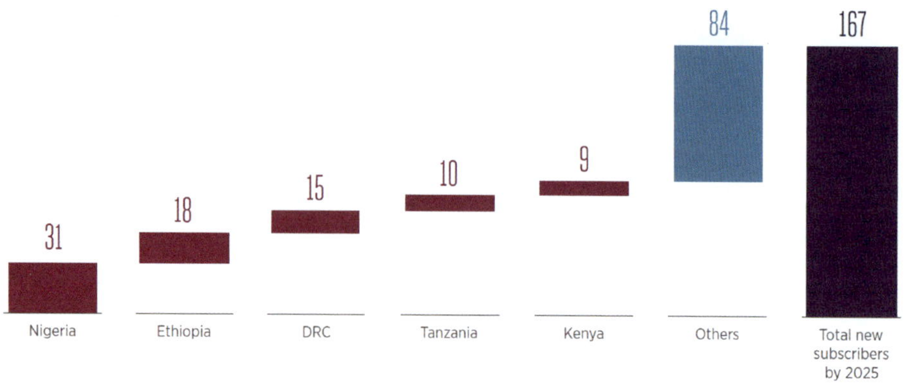

图 8.4.2　各国家移动互联网新增贡献

随着移动设备的普及，同时移动设备接入互联网的比例将提升，预计几年之内非洲移动数据使用量将扩大 4 倍（见图 8.4.3）。

图 8.4.3　预计几年之内非洲移动数据使用量将扩大 4 倍（GB）

目前，南部非洲、西部非洲、东部非洲、中部非洲的移动设备接入网络的比例为 40% 左右。预计在 2025 年将达到 60% 左右，其中卢旺达、坦桑尼亚的边际增长比较可观（见图 8.4.4）。

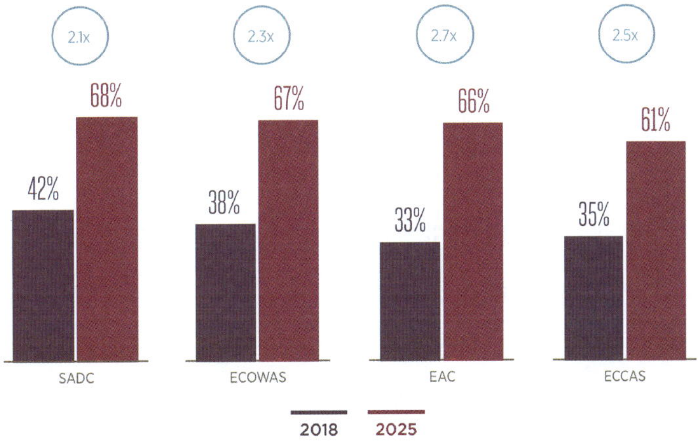

图 8.4.4　移动设备接入互联网比例将提升

8.5 消费信贷需求将释放

预计非洲地区的移动支付将持续发展。原因在于，非洲运营商将数百亿美元投资于网络基础设施建设，约 20% 资金使用于 5G 建设（见图 8.5.1）。基础设施的完善将为移动互联网服务提供便利。

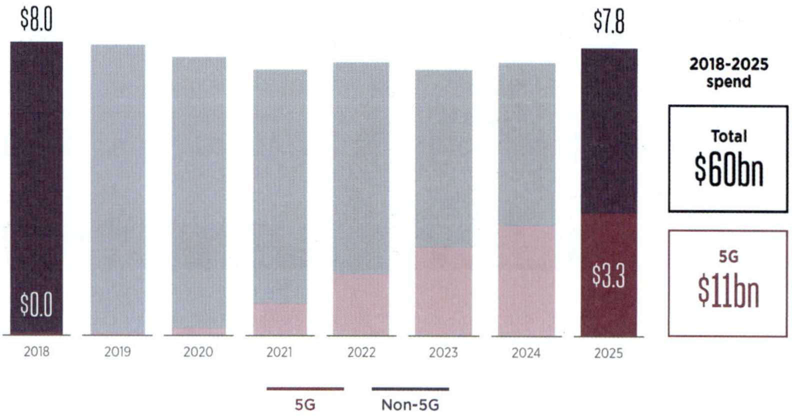

图 8.5.1 非洲运营商资金投入

同时，非洲地区银行网点匮乏，倒逼非洲成为移动钱包账户数最多的大陆。非洲国家对于移动钱包的发展也给予了大力支持，如尼日利亚在 2018 年修改监管制度，允许移动运营商经营支付牌照（PSBs）；埃塞俄比亚大力吸引投资用于移动钱包服务；安哥拉政府有意修改新的支付法案。

截至 2018 年，撒哈拉以南非洲有 4 亿注册移动钱包账户，占全球账户总数的近一半。在多数国家，如加纳、肯尼亚、津巴布韦，超过 60% 的成年人拥有移动钱包账户。

此外，移动钱包账户之间的 A2A（Account to Account）互通将会大力促进非洲地区移动钱包服务发展。账户到账户的互通性，使用户能够在不同的移动钱包账户、其他金融系统参与者之间进行金钱交易往来。这方面，坦桑尼亚早在 2014 年就已经开始 A2A 互通项目的构建，肯尼亚、卢旺达、尼日利亚、加纳紧随其后。

今后，支付互通将在更大的区域实现。多数银行的系统仍不适用移动钱包，MTN、Orange、GSMA 等机构正在联手筹备覆盖整个非洲的 A2A 支付系统“Mowali”。目前，在某些区域已经出现了区域性的互通支付协议，比如在西非地区的 8 个国家正在建立互通支付系统，系统共包含 1.1 亿人口、125 家银行、数十家移动钱包运营商、超 600 家小型金融机构。

金融服务与电商快速的发展。对非洲金融科技进行投资的初创公司规模几乎在 2018 年翻了两番，达到 3.57 亿美元，以肯尼亚、尼日利亚和南非公司为主。这种趋势一直持续到 2019 年，尼日利亚的三个金融科技初创公司 Kudi、OneFi、eamApt 在 2019 年上半年融资了大约 500 万美元。

非洲的电子商务正在兴起（见图 8.5.2）。2017 年非洲地区的交易额达到 165 亿美元，预计到 2022 年将达到 290 亿美元。主要由非洲居民生活方式的改变所驱动，不断壮大的中产阶级、不断增长的互联网、智能手机覆盖以及数字化的付款解决方案，特别是移动钱包的普及，在未来将会催生巨大的市场需求。

图 8.5.2　非洲金融服务不断崛起

第9章　尼日利亚消费信贷研究报告

综　述

尼日利亚地理位置处于西非大陆的东南部，是非洲大陆人口最多、经济总量最大的国家，同时有着较为广阔的市场空间。尼日利亚的石油、矿产、天然气储量非常丰富，也是非洲最大的产油国。石油产业也是尼日利亚的支柱产业，政府财政收入、对外贸易对石油产业的依赖较大。

尼日利亚长期经济增长具有确定性。近年来由于一些地缘政治因素，经济增长有所波动，2017年后开始实行积极的财政政策，GDP增长有所回暖。长期来看，尼日利亚仍处于发展的初期阶段，经济增长具有确定性。

人口红利将长期释放。尼日利亚目前人口为2.01亿人，全国的平均寿命55岁，人口结构也十分年轻，年龄结构呈现出正金字塔形。同时，尼日利亚人口增长率较高，预计到2050年，尼日利亚人口将增长至4.01亿人。

移动互联网飞速发展。目前，尼日利亚近9 750万人拥有手机，其中5 300万人拥有智能手机，预计到2025年智能手机用户将翻倍，可覆盖1.4亿人。普及的移动网络、低价的流量数据也为移动互联网提供了发展机遇。

金融科技正在兴起。移动支付方面，撒哈拉以南地区是移动钱包应用最为广泛的地区之一。根据GSMA的报告，世界上45.6%的移动钱包使用者来自于撒哈拉以南地区。不过，相比于其他国家，尼日利亚在该领域仍然落后。目前，尼日利亚已放开移动支付牌照，移动支付有望快速发展。电子商务方面同样发展迅猛，电商平台同样受到资本追逐。

消费信贷存在生长空间。尼日利亚银行体系不良贷款率为11.7%，银行体系对私人部门的信贷占比GDP为10.95%，这一数据不仅在近年没有出现上升，反而出现了一定下降。银行体系的服务难以下沉到广大民众，这也为消费信贷创造了一定的客观条件。

信用体系逐步建立。尼日中央银行于2012年开始推行无现金政策，Bank Verification Number的推行、信用管理局的建立以及手机渗透率的提高，为个人的消费信贷提供了支持。

考虑到尼日利亚人均GDP在全球范围仍较低，绝对购买力有限，叠加整个国家信用体系正处于初期建立，消费信贷的发展更多依托于实际应用场景，如消费分期、农业贷款、供应链金融等。

9.1 宏观经济

尼日利亚，全称“尼日利亚联邦共和国”，是处于西非东南部的国家，是非洲几内亚湾西岸的顶点，邻国接壤包括西边的贝宁、北边的尼日尔、东北方隔乍得湖与乍得接壤一小段国界，东和东南与喀麦隆毗连，南濒大西洋几内亚湾。

尼日利亚是非洲第一人口大国，总人口2.01亿，占非洲总人口的15%；同时也是非洲第一大经济体，2018年尼日利亚国内生产总值3 892亿美元。尼日利亚是非洲能源资源大国，是非洲第一大石油生产和出口大国。已探明天然气储量居非洲第一、世界第八，已探明的76种矿产中有34种具备商业开采价值。

近年来尼日利亚政局基本保持稳定，自实行民选政治以来社会发展总体平稳。

9.1.1 财政政策刺激经济复苏

截至2019年底，尼日利亚GDP为4 070亿美元，是非洲最大的经济体，同比增长2.21%，增速呈现触底反弹。2015年之前，尼日利亚GDP增速能够保持6%左右增长。2016年中期，尼日利亚重要的石油产区遭到武装分子袭击，导致主要的石油开采设备被毁，石油产量降至20年来最低水平。尼日利亚约70%的财政收入以及90%的出口收入都依赖于石油美元，加之全球市场油价走低，尼日利亚经济在2016年出现负增长。

2017年，尼日利亚财政预算规模达到7.3万亿奈拉（约合231.7亿美元）的新高，将资本支出提高了25%，通过政府财政刺激手段来尽快结束25年来的首次经济衰退。同时，2017～2018年，油价微涨、汇率稳定，尼日利亚服务业、制造业也均出现一定的复苏。GDP在2018年增长了1.9%，高于2017年的0.8%，2019年GDP增速已经小幅回暖至2.2%（见图9.1.1）。

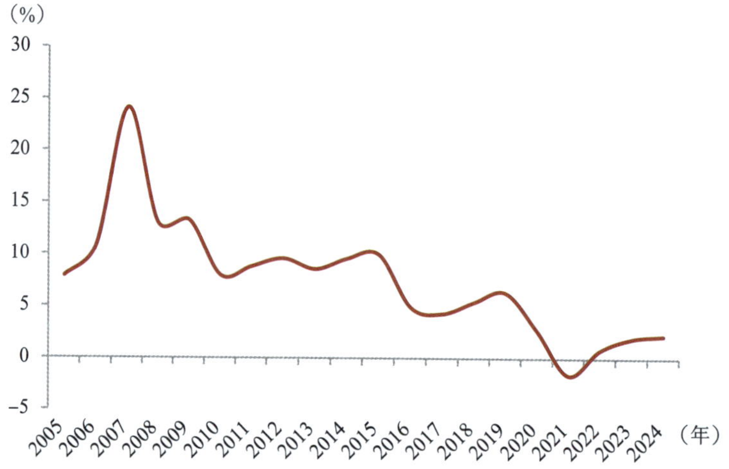

图9.1.1　2005～2024年尼日利亚GDP增速

积极的财政政策也带来了尼日利亚外债的提升。2016～2018年尼日利亚外债分别为312亿美元、404亿美元、470亿美元，占比GDP分别为7.7%、10.8%、11.8%，占比持续提升（见图9.1.2）。

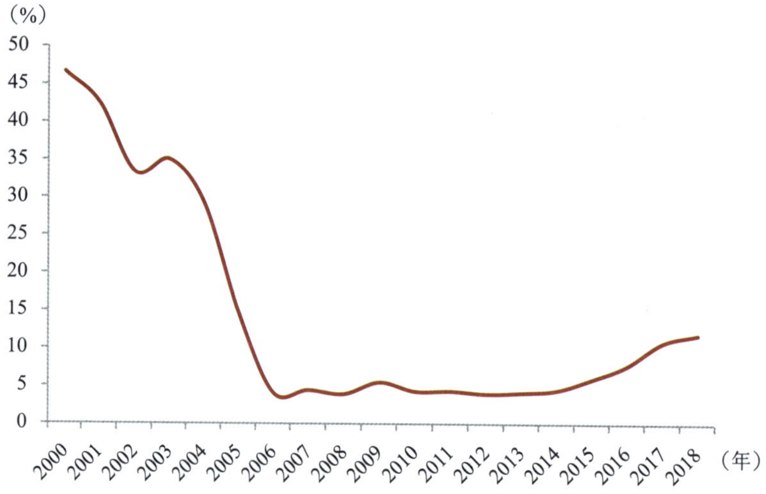

图9.1.2　2000～2018年尼日利亚外债占比GDP

货币政策方面，尼日利亚的货币政策利率持续保持在14%，直到2019年3月才下调50个BP至13.5%（见图9.1.3），刺激经济复苏的任务主要由财政政策刺激完成，货币政策方面则是保持了一定的定力。

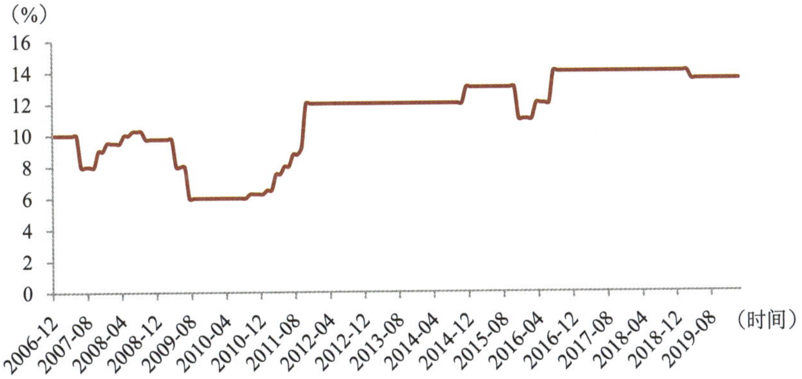

图9.1.3　2006～2019年尼日利亚货币政策利率

积极的财政政策叠加温和货币政策刺激了经济增长，但是短期供给不足因素也推升了尼日利亚的通货膨胀，2016～2019年通胀分别为15.6%、16.5%、12.1%、11.4%，处于较高水平（见图9.1.4）。

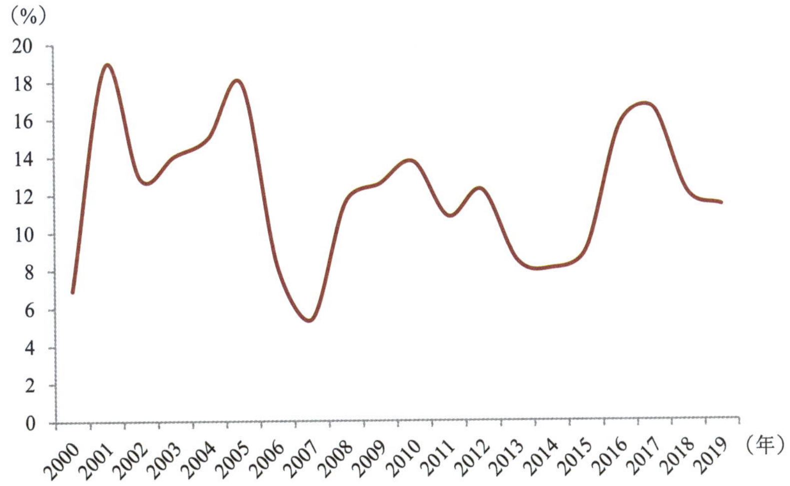

图9.1.4　2000～2019年尼日利亚通货膨胀率

9.1.2 非洲最大的产油国

尼日利亚是非洲最重要的产油国，石油也是该国的支柱产业，约占GDP总规模的10%。2018年尼日利亚出口原油为2.1万桶，近三年呈现缓慢回升（见图9.1.5）。但是近10年来，尼日利亚的原油部门面临着投资不足的挑战。由于国内腐败问题和地缘政治侵扰，外国原油公司都对尼日利亚的油田望而却步。

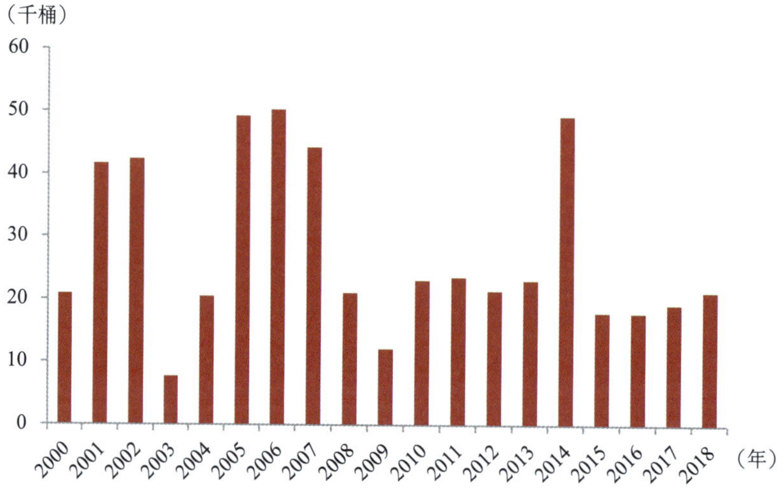

图9.1.5　2000～2018年尼日利亚出口原油

同时，我们可以看到，尼日利亚国际贸易中经常账户的盈亏与原油出口、国际油价高度相关。比如，2015～2016油价大幅下跌（见图9.1.6），国内出口不足，经常账户出现大幅逆差。2016年后，由于采取了“奖出限进”的贸易政策，在国际油价回升的背景下，尼日利亚扭转了贸易赤字、转为顺差。2017年、2018年经常账户顺差分别为104亿美元、53亿美元（见图9.1.7）。

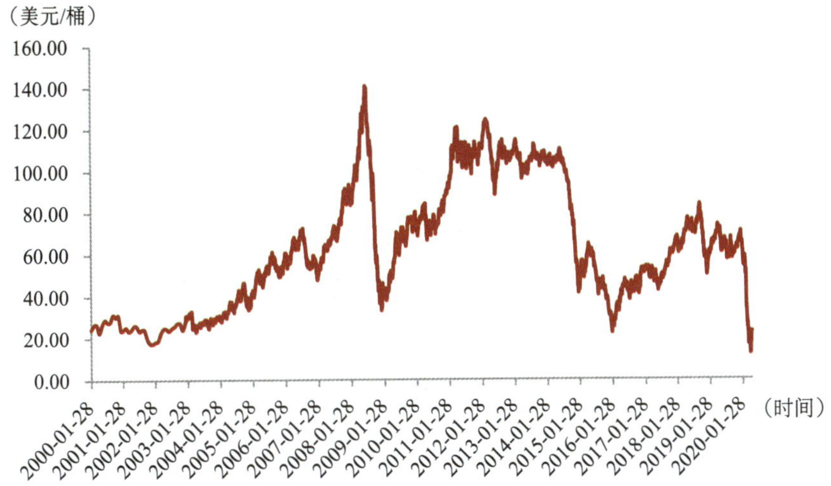

图 9.1.6　OPEC 一揽子原油价格

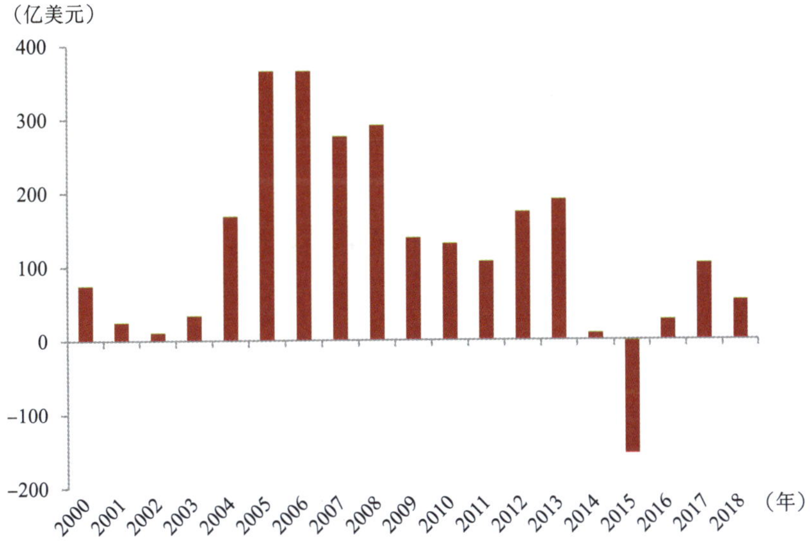

图 9.1.7　2000～2018 年尼日利亚经常账户贸易差额

·随着尼日利亚原油生产复苏、出口的回升，截至 2018 年年底，尼日利亚外汇储备（包括黄金）从 2016 年的 280 亿美元回升至 428 亿美元（见图 9.1.8）。

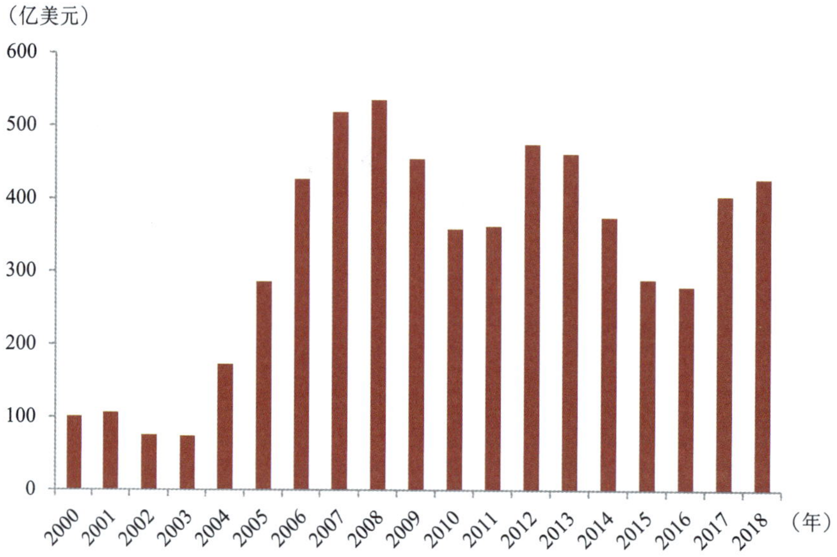

图 9.1.8　尼日利亚外汇储备

9.1.3　外商投资热度放缓

根据世界银行《2019 年营商环境报告》《世界纳税指数 2019》，在全球 190 个经济体中，尼日利亚营商环境排名第 146 位，较上年下滑 1 位；纳税便利度排名 157 位，较上年上升 14 位。近三年营商指数在全球排名未出现明显提升，分别为 145 位、146 位、131 位（见图 9.1.9）。

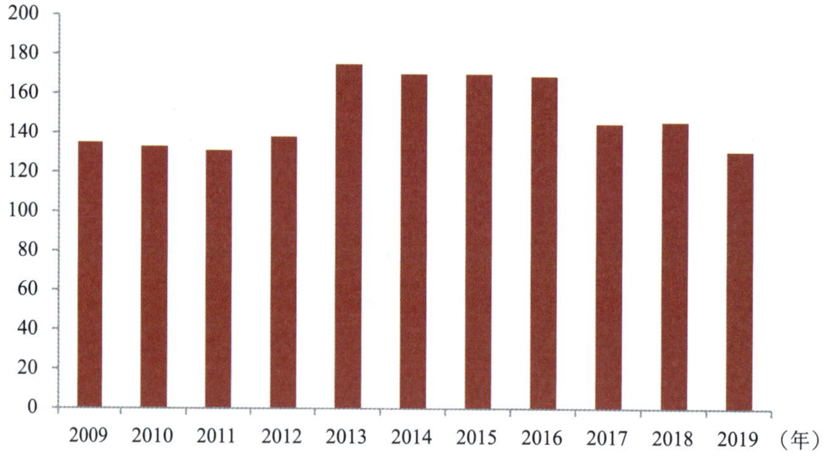

图 9.1.9　尼日利亚营商指数

尼日利亚外商直接投资持续放缓，2016～2018 年分别为 44 亿美元、35 亿美元、20 亿美元（见图 9.1.10）。与中国贸易往来方面，根据商务部数据，2019 年 1～12 月，我国与尼日利亚双边贸易额 192.8 亿美元，同比增长 26.2%。其中，中方出口 166.3 亿美元，增长 24%；进口 26.5 亿美元，增长 42.5%。

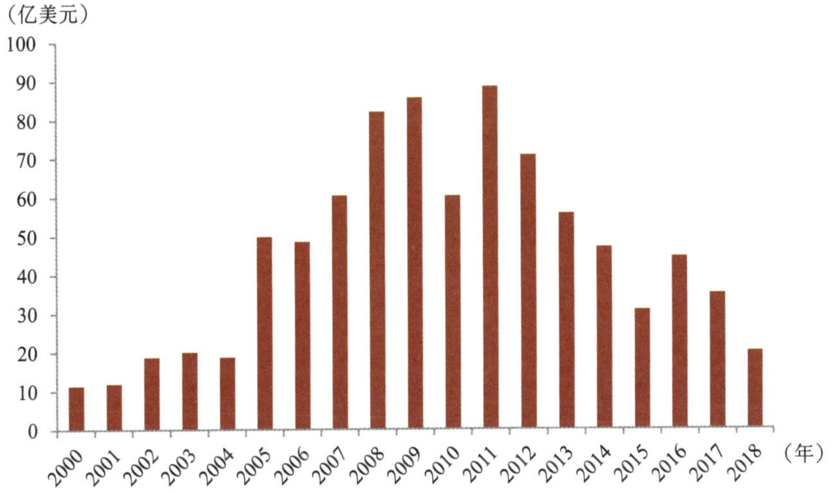

图 9.1.10　尼日利亚外商投资净流入

与中国往来方面，2019 年 1～12 月，中国企业对尼日利亚全行业直接投资额为 2.9 亿美元。承包工程方面，2019 年 1～12 月，中国在尼日利亚新签工程承包合同额 125.6 亿美元，同比下降 26.2%，完成营业额 50 亿美元，同比增长 13.5%。

9.2　人口结构

9.2.1　人口红利亟待释放

目前，尼日利亚人口 2.01 亿人，全国的平均寿命目前为 55 岁，人口识字率约 60%。预计到 2050 年，尼日利亚人口将增长至 4.01 亿人（见图 9.2.1），尼日利亚人口增长率较高。

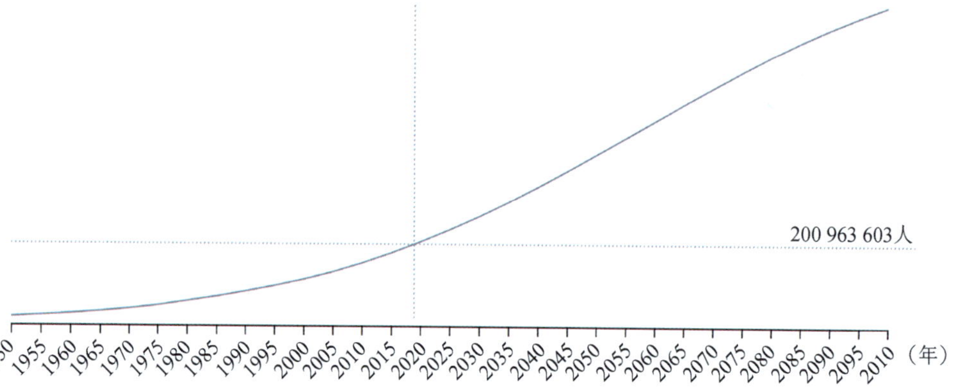

图 9.2.1　尼日利亚人口预测

尼日利亚人口结构也十分年轻，年龄结构呈现出正金字塔形。尼日利亚 0～15 岁人口占比为 44%，15～35 岁人口占比为 33%，35～65 岁人口占比为 21%，65 岁及以上人口占比仅为 3%（见图 9.2.2），这将在未来产生巨大的人口红利。

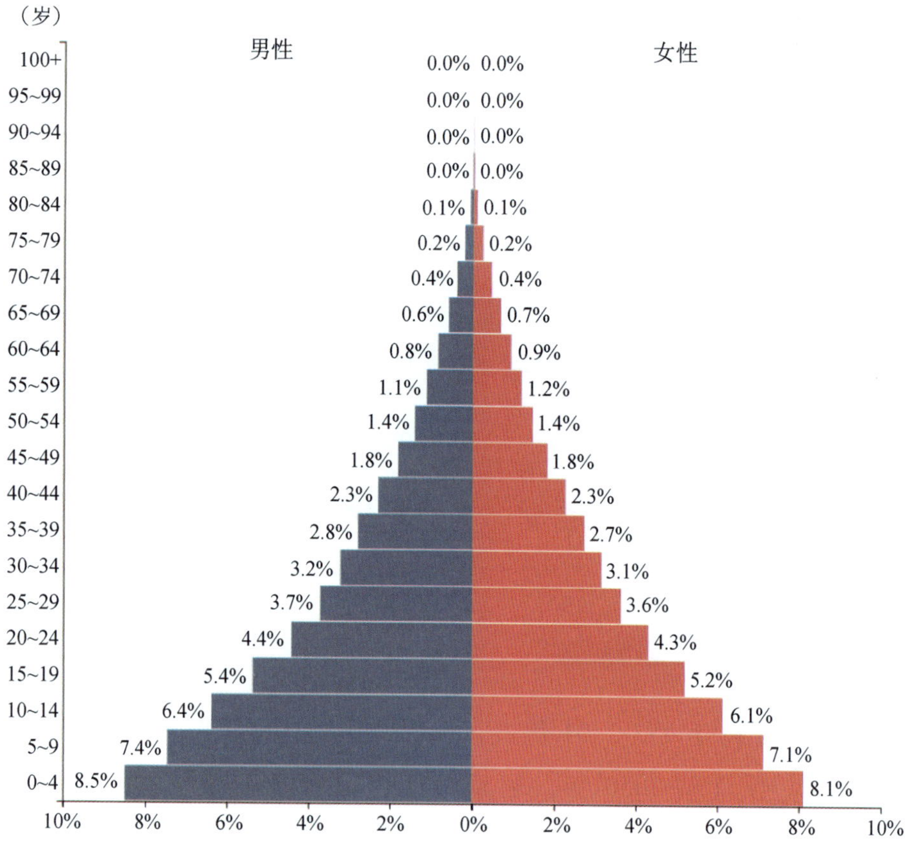

图 9.2.2　尼日利亚人口结构

9.2.2 人均 GDP 高于非洲平均

截至 2018 年尼日利亚人均 GDP 为 2 028 美元，远低于南非、阿尔及利亚等国家。但是连续 10 年高于非洲平均水平，在非洲整体处于中等偏上水平（见图 9.2.3）。

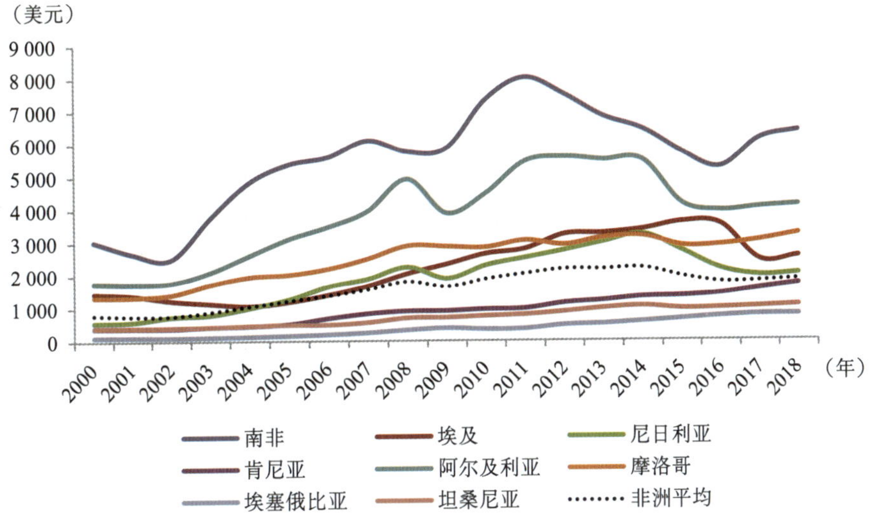

图 9.2.3　尼日利亚人均 GDP

尼日利亚贫富差距较大，同时有着严重的贫困问题。2018 年初，尼日利亚已经超过印度成为世界上贫困人口最多的国家。据尼日利亚国家统计局最新公布的数据显示，2019 年尼日利亚 40.1% 的人口生活在贫困线以下，即实际人均年支出低于 137 430 奈拉（约 35 美元），尼日利亚有 8 290 万贫困人口（该数字不包括博尔诺州）。

区域上来看，南北发展差距很悬殊，南方近海，石油资源丰富；北方内陆资源少，交通基础设施不好，长期经济发展落后南方。Boko Haram 以北部为基地的恐怖主义，更加加剧了北部地区的动乱和持久的贫困。

9.2.3 失业率较高

尼日利亚劳动人口持续提升，截至 2019 年尼日利亚劳动人口达 6 245

万人，同比提升2.9%。同时，近十余年来，尼日利亚的劳动参与率呈现出上行趋势，截至2019年底尼日利亚劳动参与率达到了55.18%（见图9.2.4）。

此外，尼日利亚就业市场男性和女性呈现明显的不平等待遇。截至2019年年底，尼日利亚女性劳动参与率为50.62%，男性劳动参与率为59.68%（见图9.2.5）。

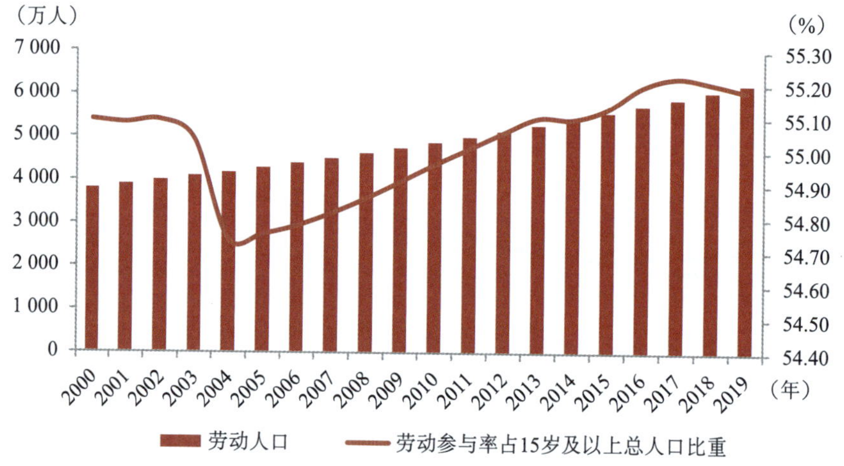

图9.2.4　尼日利亚人均劳动人口、劳动参与率

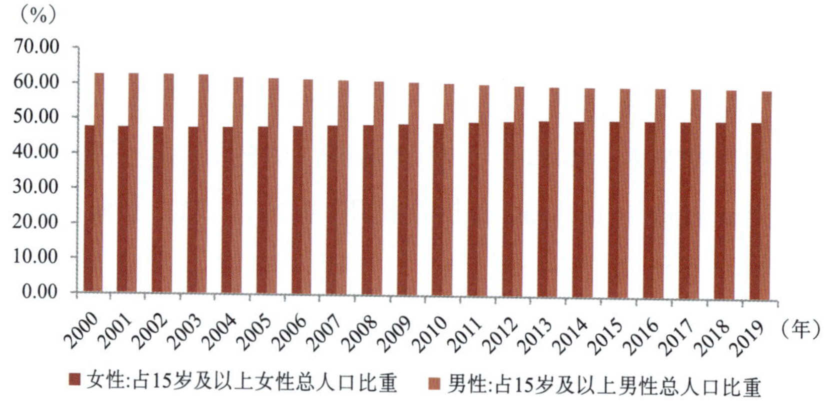

图9.2.5　尼日利亚劳动参与率男性、女性占比

失业率方面，油价的常年波动造成大量失业。失业率高是尼日利亚面临的一个突出问题，不仅会导致贫困问题加剧，而且大量未就业的年轻人还会成为社会的不安定因素。2010 年尼日利亚失业率为 5.12%，2015 年为 9%，截至 2018 年已提升至 22.6%。

9.3 基础设施建设及移动互联网

9.3.1 城市化进程逐步加快

目前尼日利亚已有七大城市人口超过 100 万（包括拉各斯、卡诺、伊巴丹、阿布贾等），其中拉各斯人口呈爆炸式增长，1960 年仅有约 76 万人，如今已增长为 1 300 万人。据尼尔森预测，2025 年尼日利亚城镇人口将高达 55%，2050 年拉各斯将会成为全球人口第六大城市，约 3 200 万人将会在拉各斯工作生活。

9.3.2 移动互联网飞速发展

2013 年，尼日利亚互联网普及率仅为 6%。得益于尼日利亚联邦政府出台的《国家宽带发展计划》（National Broadband Plan），截至 2019 年互联网普及率已跃升到 31.5%。预计到 2023 年，尼日利亚将有 1.8 亿网民，主要是由移动宽带互联网带动。目前，固定宽带互联网普及率仍然极低，只有 0.1%，且数据传输速度仅为每秒 11mb，排名全球第 145 名。

尼日利亚移动互联网平均数据传输速度为每秒 16mb，用户以 2G、3G 用户为主（各占 52% 和 44%），仅有 4% 的手机用户能使用 4G。预计到 2025 年，随着电信基础设施进一步提升，尼日利亚移动互联网普及率将增至 55%。3G 将取代 2G 成为主流，4G 用户数量扩展 4 倍（17%），更有小部分人群能够登上 5G 快车。

据 GSMA 统计，尼日利亚近 9 750 万人拥有手机，其中 5 300 万人拥有智能手机，预计到 2025 年智能手机用户将翻倍，可覆盖 1.4 亿人。此外，低价、广泛普及的移动数据也为移动互联网创新创业发展提供了良好基础。目前，30 天 1GB 移动数据流量包价格为 1 000 奈拉（约 2.8 美元），不到普通人平均月收入的 1.7%，为相比之下，固定互联网每月使用成本在 80 美元。

9.3.3 金融科技正在兴起

（1）移动支付牌照放开

撒哈拉以南地区是移动钱包应用最为广泛的地区之一。根据 GSMA 的报告，世界上 45.6% 的移动钱包使用者来自于撒哈拉以南地区。不过，相比于肯尼亚，尼日利亚在该领域远远落后，没有一家移动钱包占据统治性的地位，因为先前中央银行禁止向运营商授予 Mobile Money 的相应牌照。

2012 年，尼日利亚政府曾制定了“2020 年将普惠金融率达到 80%”的发展目标。为完成目标，尼日利亚央行于 2018 年 10 月出台了 Payment Service Banks 牌照，专门为移动运营商定制的移动支付牌照。然而目前还有一定差距。

在这种形势下，随着移动运营商以及海外资本的进场，海外资本对尼日利亚金融科技公司的投资明显加快，行业头部公司如 Paga、Paystack、Flutterwave 等均在 2018 年获得近千万美元的融资。

• Opay。2018 年 5 月中资背景的 Opera 收购了 PayCom，成为现在的 Opay。随后 Opay 在两轮融资中共计获得 1.7 亿美元，投资者包括美团、高榕、源码、软银亚洲、BAI、红点、IDG、红杉和金沙江创投。

目前 Opay 已招募了 3 000 名代理商，峰值日交易额超过 150 万美元。同时，旗下经营摩托车打车平台 ORide、食品配送平台 Ofood。

• Paystack。Paystack 旨在为中小卖家提供支付 API 服务，也是尼日利亚速度最快的支付接收平台之一，从注册到接受首笔汇款，整个过程可以在 15 分钟内完成，将资金从 Paystack 转入自己的银行卡账户，也只需要最多 24 小时的等待期。Paystack 在尼日利亚支付平台榜单中与 Jumia、Paypal 共同排名前列。

A 轮融资 800 万美元，投资人包括腾讯和 Visa，自 2016 年成立以来已筹集了 1 170 万美元。

（2）电子商务受资本关注

据 Disrupt Africa 报告，尼日利亚有三四成的创业融资流向了电商公司，共计约 1 200 万美元。这其中，出现了类似 Jumia 和 Konga 这样在经营规模和融资额度上都处于前列的巨头公司。根据预测，尼日利亚电商市场将在接下来的 10 年内增加至 500 亿美元。主要的电商公司有 Jumia、Konga、Cartdeals. ng 等。

- Jumia。Jumia 于 2012 年成立于尼日利亚首都拉各斯，是非洲最具影响力的在线交易平台，平台分类涵盖电子产品、服装、家居、母婴、汽配等各种品类。Jumia 和超过 50 000 家当地非洲公司和个人卖家合作，在非洲当地拥有广泛的受众群体和相对成熟的本地化运营条件。目前已经在超过 14 个非洲国家开展业务。

Jumia Group 是非洲第一个 10 亿美元级科技公司，员工超过 3 000 人，旗下拥有目前非洲最大的电商平台 Jumia E - commerce，在非洲 12 个国家及地区运营，埃及和尼日利亚为最大市场。商业模式上采取淘宝的平台模式，手机和婴儿用品销量最高。根据垂直品类的不同，商户支付平台 2.5% ~25% 的抽成。物流方面，为自建物流，有 500 多辆摩托和卡车，可运送至尼日利亚最大的 8 个城市，物流成本占运营成本 40% ~60%。支付方面，目前 55% 的订单为在线支付，1 500 奈拉以下的订单不接受货到付款。平台目前拥有 550 万活跃用户，每月 GMV 4 533 万美元，其中 40% 来源于尼日利亚市场。

9.4 消费信贷发展前景

9.4.1 银行体系服务能力有限

在尼日利亚，银行体系服务能力有限，金融普惠覆盖率低，很大一部分居民、企业仍然被排除在金融服务之外。根据尼日利亚中央银行的调查，大约有近六成的居民无法接触到充分的金融服务。

同时，尼日利亚银行体系不良贷款率较高，也在一定程度上影响了银行对于私人部门的贷款支持。截至 2018 年，尼日利亚银行体系不良贷款率为 11.7%，对私人部门的信贷占比 GDP 为 10.95%，这一数据不仅在近年没有出现上升，反而出现了一定下降（见图 9.4.1 和图 9.4.2）。银行体系的服务难以下沉到广大民众，这也为消费信贷创造了一定的客观条件。

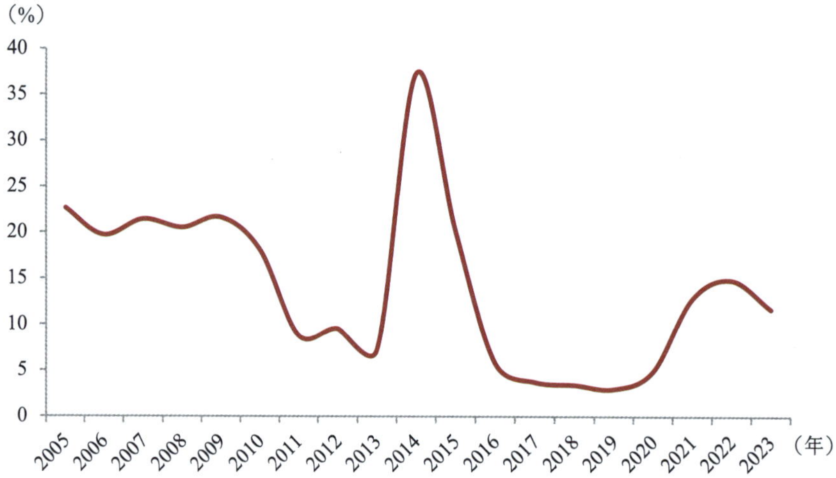

图 9.4.1　尼日利亚银行不良贷款率

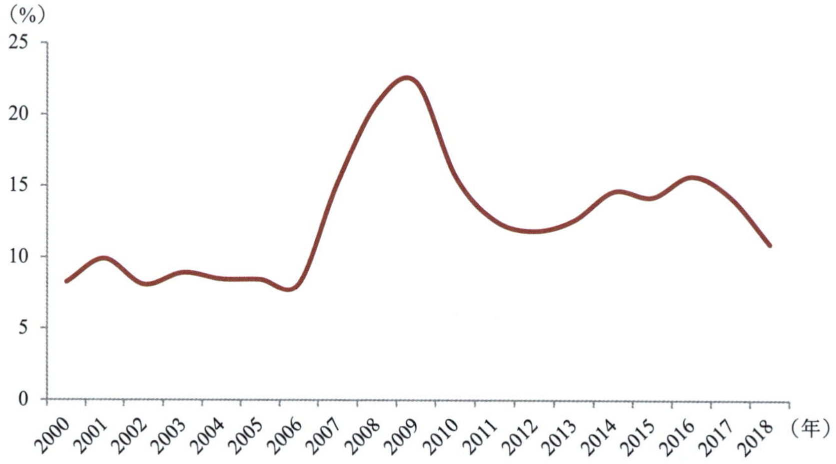

图 9.4.2　尼日利亚银行体系对私人部门的信贷占 GDP 比重

9.4.2　政策及牌照

目前，尼日利亚央行正在修改小额信贷银行（MicroFinancing Banks，MF-Bs）的牌照政策，MFBs 也是金融科技公司为持牌经营都需要的牌照。2020 年 3 月 3 日的征求意见稿中，央行规定了小额信贷银行新的最低资本要求。

小额信贷银行主要为非正规部门的企业提供信贷服务。借助小额信贷银行牌照，可以提供银行服务，如接受存款、提供贷款和转账。目前，按资本要求和经营地域，小额信贷银行分为三类：

- 全国性 MFBs，可以在全国任何地方运营，牌照费为 100 万奈拉（2 715美元），最低资本金要求为 20 亿奈拉（543 万美元）。
- 州 MFBs，允许在某一州运营，牌照费为 25 万奈拉（679 美元），最低资本金要求为 1 亿奈拉（27 万美元）的资本要求。
- 单一 MFBs，是第三个也是最有限的，只能拥有一个线下网点办公室，最低资本金要求为 2 000 万奈拉（54 291 美元）。

征信方面，信用体系逐步建立，利好消费信贷。中央银行于 2012 年开始推行无现金政策，随着市场信心的上涨、Bank Verification Number 的推行、三个信用管理局的建立以及手机渗透率的提高，面向个人的消费贷开始盛行。目前，由于信用机构的数据量仍然很少，仅仅覆盖百万级别的用户量，移动运营商的用户数据量则要显著优于第三方信用机构。

9.4.3 消费信贷格局

目前，尼日利亚消费贷款的场景有消费贷、农业贷款、供应链金融等。来自中国的传易互联旗下 Palmcredit 也是瞄准了这块业务。除此之外，主要的头部玩家包括：Paylater、Aella Credit、Lydia、Kiakia Credit 等（见图 9.4.3）。

图 9.4.3　尼日利亚消费信贷主要玩家

- Carbon。Paylater 在 2019 年正式更名为 Carbon。公司于 2016 年 3 月推出数字消费信贷，目前向个人客户以及中小企业提供贷款，允许其用户无须抵押或担保人即可申请贷款，贷款金额最高可达 100 万奈拉（约 2 715 美元）。同时，提供数字银行服务，允许用户通过其 Payvest 功能进行储蓄。

- Palmcredit。Palmcredit 是传易互联旗下的信贷产品，传易互联是网易和非洲最大的智能手机厂商传音共同成立的合资公司。公司提供的信贷额度在 2 000 奈拉～10 万奈拉之间（约 5～272 美元），贷款期限在 91～180 天，月利率为 4%～4.7%，对应的年化利率为 48%～56%。用户只需提供银行账户以及 BVN（Bank Verification Number）。

- Aella Credit。Aella Credit 是尼日利亚一家即时信贷解决方案提供商，服务于有合法工作及稳定收入的人群，通过与注册的公司合作，给这些公司的雇员提供短期信贷服务，贷款的偿还主要通过发薪时直接扣款完成。因为尼日利亚的信用发展不够完善，雇员想获得短期的信贷支持比较困难，而它的存在为借贷双方提供了便利，因为其与公司间的合作，使违约的概率大大降低。

Aella Credit 共进行了四轮融资，它于 2016 年 11 月种子轮融资获得 15 万美元，2017 年 3 月种子轮融资获得 12 万美元，2017 年 10 月进行种子轮融资，2020 年 2 月进行债权融资获得 1 000 万美元。

9.5 风险提示

9.5.1 宏观经济波动

尼日利亚经济体量在非洲最大，同时人口基数大，人口结构十分年轻，但是国家整体对于单一产业的依赖较大，国际原油市场的波动对于尼日利亚财政收入、外贸往来有较大影响，原油行业的波动对于尼日利亚的整体经济增长水平、外汇汇率都有一定的影响，进而也会影响制造业、服务业。尼日利亚长期保持较高的失业率也与其过度依赖周期性较强的石油行业有一定关系。

9.5.2 社会稳定性

社会治安状况普遍较差。主要体现在：虽然极端组织在尼日利亚东北部据点基本被清除，但是部分地区存在反政府武装活动；内部族群存在冲突，中部地带的暴力冲突较严重；绑架事件时有发生，边境和海域安全状况堪忧，需要考虑人身安全风险；医疗体系相对落后，主要传染疾病的扩散风险较高。

第 10 章　肯尼亚消费信贷研究报告

综　述

肯尼亚共和国位于非洲东部，赤道横贯其中部，东非大裂谷纵贯南北。肯尼亚东邻索马里，南接坦桑尼亚，西连乌干达，北与埃塞俄比亚、苏丹交界，东南濒临印度洋，海岸线长 536 公里。

肯尼亚是非洲经济基础较好的国家，也是东部非洲地区工业最发达的国家，其目前实行以私营经济为主、多种经济形式并存的混合经济体制，其中私营经济占整体经济的 70% 左右。农业、服务业和工业是国民经济三大支柱，对外贸易在肯尼亚整体经济中也扮演着十分重要的角色。

宏观经济方面：近年来，肯尼亚采取了一系列促进经济增长的政策，经济呈现较好的发展势头，2013～2018 年的 GDP 平均增长率为 5.7%，近年 GDP 年增长速率已恢复至 6% 左右水平。IMF 预计，2019 年肯尼亚 GDP 达到 9.9 万亿先令（约 990 亿美元），同比增长将超过 12%。[1]

人口方面，肯尼亚目前的人口年龄结构非常年轻，年轻的人口结构为肯尼亚提供了源源不断的社会劳动力以及广阔的消费市场空间。同时，伴随着肯尼亚的经济稳定增长，肯尼亚的中产阶级群体也不断壮大，肯尼亚的人均 GDP 为 1 710.51 美元，逐步接近人均 2 000 美元大关。此外，肯尼亚人口城市化进展显著。城市人口占比的提升对于肯尼亚中产阶级的崛起有着重要的作用。

移动互联网方面，肯尼亚共有注册手机用户 4 950 万，移动手机渗透率为 103.45%，一人拥有多部手机的现象比较普遍。同时，肯尼亚移动设备网速、4G 覆盖率均排名非洲大陆前列。移动互联网的使用场景在肯尼亚得

① 数据来源：IMF、世界银行。

到了迅猛发展。肯尼亚也是非洲地区移动钱包使用最频繁的国家之一。

消费信贷方面，非洲大陆整体传统银行服务业不发达，仅有约 1/4 非洲人使用银行金融服务。虽然肯尼亚金融体系在非洲处于较好水平，但银行体系服务力度也比较有限。信用体系的创设为消费信贷业务的健康发展提供了保障和支持。

10.1 宏观经济

肯尼亚境内多高原，平均海拔约 1 500 米。气候方面，肯尼亚全境位于热带季风区，沿海地区湿热，高原气候温和。

民族构成方面，肯尼亚全国共有 42 个民族，按照人口占比排序主要有基库尤族、卢希亚族、卢奥族、卡伦金族和康巴族等，同时还有少数印巴人、阿拉伯人和欧洲人。斯瓦希里语为肯尼亚母语，和英语同为官方语言。

政治方面，肯尼亚实行总统制政体。独立以来，肯盟长期一党执政，1991 年改为多党制。目前，肯尼亚有注册政党约 50 个，主要政党和政党联盟有朱比利党和全国超级联盟。2017 年 10 月，现任总统肯雅塔、副总统鲁托分别以朱比利党总统、副总统候选人身份赢得大选、获得连任。

肯尼亚作为东非的枢纽，也是东非联盟的重要成员。东非共同体是由肯尼亚、乌干达、坦桑尼亚、布隆迪、卢旺达和南苏丹六个东非国家组成的区域性国际组织，旨在加强成员国在经济、社会、文化、政治、科技、外交等领域的合作，协调产业发展战略，共同发展基础设施，实现成员国经济和社会可持续发展，逐步建立关税同盟、共同市场、货币联盟，并最终实现政治联盟。

10.1.1 整体经济增长保持稳定

肯尼亚是非洲经济基础较好的国家，也是东部非洲地区工业最发达的国家，目前实行着以私营经济为主、多种经济形式并存的混合经济体制，其中私营经济占整体经济的 70% 左右。农业、服务业和工业是国民经济三大支柱，对外贸易在肯尼亚整体经济中也扮演着十分重要的角色。近年来该国宏观 GDP 增长稳定，同时也是东非地区最大的经济体。肯尼亚在 2014 年就已经摆脱了低收入国家身份，成为中等偏下收入国家，在非洲属于较好水准。

近年来，肯尼亚采取了一系列促进经济增长的政策，经济呈现较好的发展势头，2007 年肯尼亚发布《2030 年远景规划》目标是 2030 年将肯尼亚建成新兴工业化国家，大力发展制造业是其重点之一。肯尼亚远期和中期发展规划均将能源、公路、铁路、港口和通讯等基础设施建设视作实现经济腾飞的基本要素，列为优先发展领域。2015 年出台了《国家工业化发展规划》和《经济特区法》，大力加强基础设施建设，重视油气资源以及地热、太阳能等新能源开发，积极推进工业化进程和经济转型。

2017 年，受政治不稳定、干旱气候影响，经济增速降至 4.9%；2013～2018 年 GDP 平均增长率为 5.7%，近年 GDP 年增长速率已恢复至 6% 左右的水平。IMF 预计，2019 年 GDP 达到 9.9 万亿先令（约 990 亿美元），同比增长将超过 12%（见图 10.1.1）。①

图 10.1.1　2000～2018 年肯尼亚 GDP 和增速

《国家工业化发展规划》和《经济特区法》出台后，财政政策逐渐成为经济增长的重要驱动力。鉴于肯尼亚对于基础设施的重视，肯尼亚公共部

① 数据来源：IMF、世界银行。

门支出占 GDP 的比重在 2014 年后逐渐上升，2017 年公共部门支出的 GDP 占比达到 26.2%，2018 年为 24.8%（见图 10.1.2）。

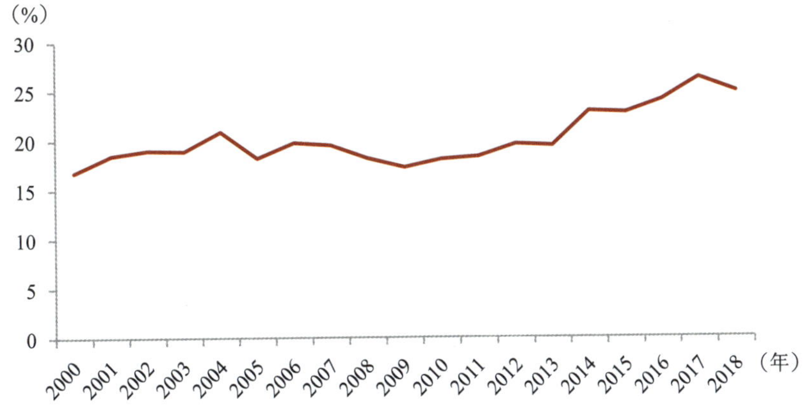

图 10.1.2　2000～2018 年肯尼亚公共部门支出占 GDP 比重

货币政策方面，肯尼亚货币政策相对稳健。2011 年通货膨胀一度超 10%，肯尼亚相应采取了加息政策，短暂的加息后货币政策持续保持稳健。2015 年，肯尼亚央行提升基准利率至 11.5%，此后至今基准利率缓慢下探。目前，肯尼亚央行基准利率处于 7% 的水平（见图 10.1.3）。

图 10.1.3　肯尼亚基准利率

肯尼亚近年来通货膨胀指数保持稳定（见图 10.1.4），CPI 保持在 5%～6%。财政政策和相对稳定的货币政策的配合一方面保持了经济的稳定增长，维持了通胀水平；另一方面，稳定的物价指数也利好居民消费。

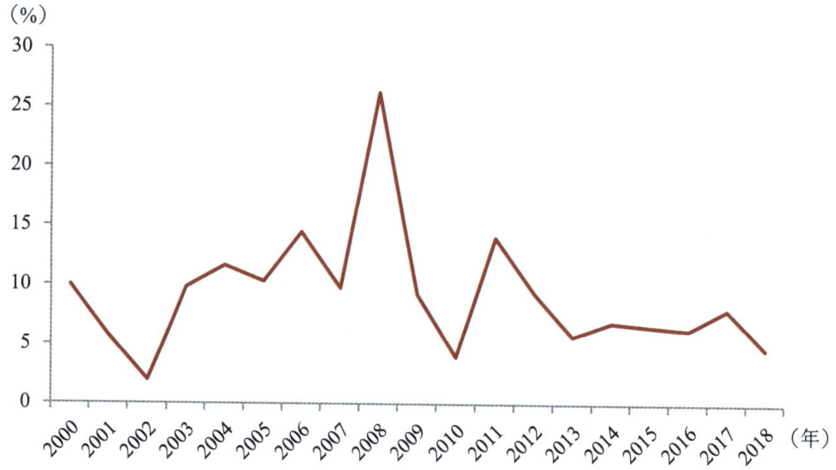

图 10.1.4　2000～2018 年肯尼亚通货膨胀率

10.1.2　对外贸易保持开放

肯尼亚是对外贸易较为开放的非洲国家，商品贸易额占 GDP 比重较高，截至 2018 年占比为 26.65%，历史上占比最高的时期曾一度达到近 50%（见图 10.1.5）。2018 年肯尼亚货物贸易总额约 234 亿美元，同比增加 2.3%，其中出口额 60 亿美元，进口额 174 亿美元。

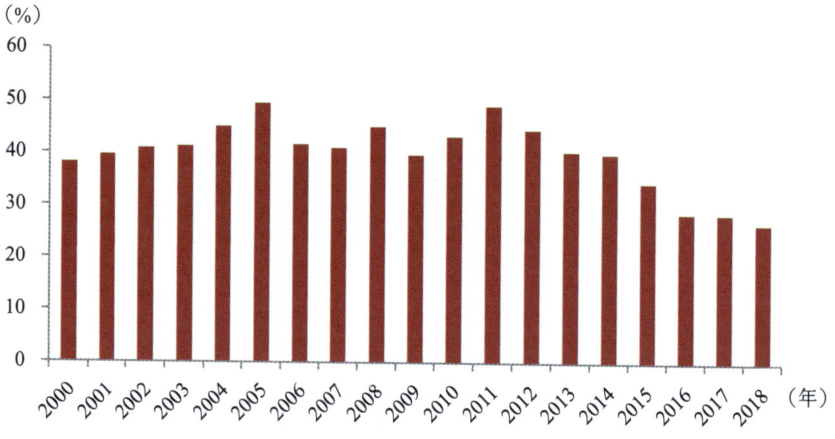

图 10.1.5　2000～2018 年肯尼亚商品贸易占 GDP 比重

虽然商品贸易在非洲国家中处于领先地位，但是其常年处于贸易逆差（见图 10.1.6）。主要原因在于其出口商品中茶叶、水果、蔬菜、纺织品、咖啡等占比较高；同时，自 2017 年起肯尼亚已经成为非洲最大的牛油果产品出口国。在进口商品中工业器械、石油制品以及钢铁等占比较高。

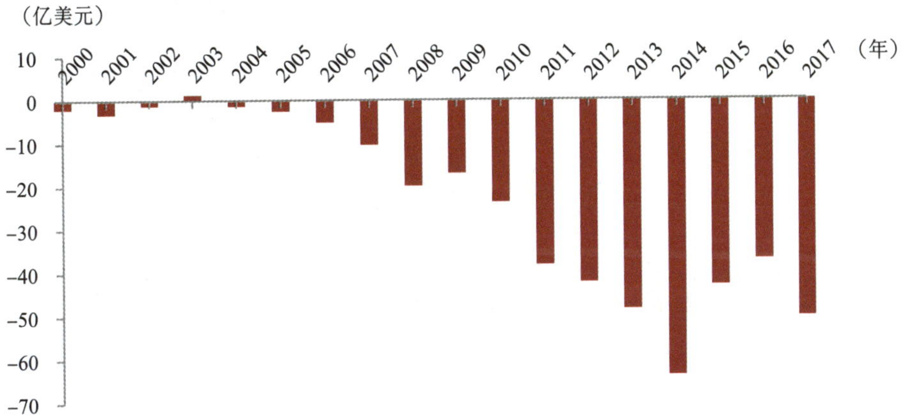

图 10.1.6　2000～2017 年肯尼亚经常项目差额

外债方面，近年来肯尼亚的外债余额保持了相对较高的增长速度，预计至 2023 年肯尼亚外债余额将达到 315 亿美元（见图 10.1.7）。

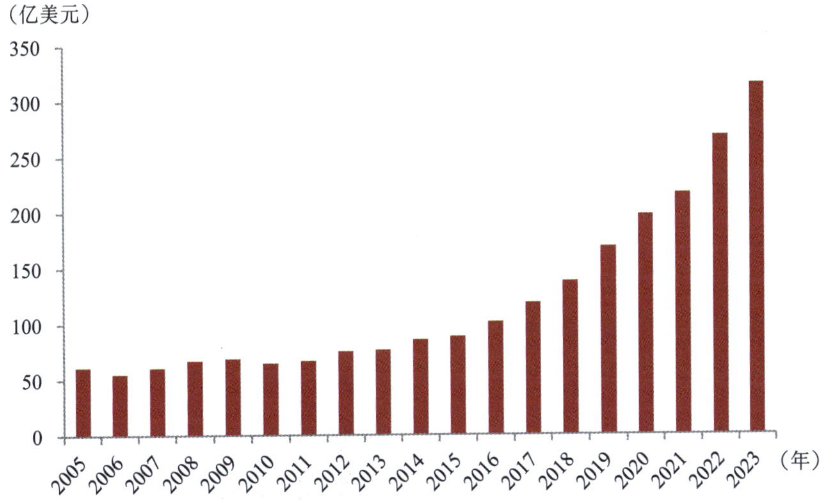

图 10.1.7　2005～2023 年肯尼亚外债余额

虽然在进出口方面肯尼亚经常账户常年保持着贸易逆差，但是肯尼亚积极吸引外资、外商投资，同时积极利用国家信用发行外债，其外汇储备持续稳步提升。2017 年外汇储备为 73.5 亿美元，2018 年为 82.0 亿美元（见图 10.1.8）。

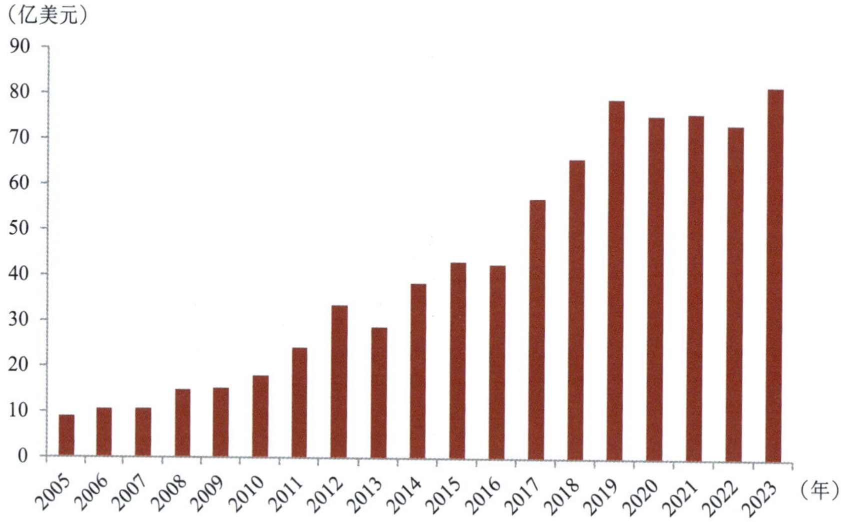

图 10.1.8　2005～2023 年肯尼亚外汇储备总额（包括黄金）

10.1.3　外商投资积极

2018 年肯尼亚外商直接投资净流入达 16.3 亿美元，较近年水平有大幅提升（见图 10.1.9）。长期来看，肯尼亚在国家治理、社会稳定性、人口结构、经济多元化、基础设施和物流的营商环境方面排名靠前，跨国公司也倾向于将肯尼亚作为区域总部，以利用东非共同体的市场优势。肯尼亚吸引外资总体前景向好。

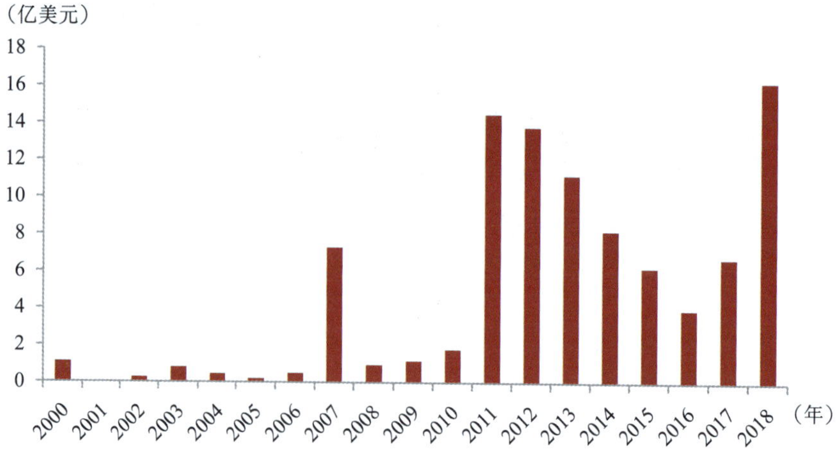

图 10.1.9　2000～2018 年肯尼亚外商直接投资净流入

在非洲大陆中，肯尼亚国内政局一直相对稳定，也是整个非洲地区政局稳定以及经济基础设施较为完善的国家之一。同时，肯尼亚相关外资投资法律规定完善，并且鼓励外国直接投资。对于外国投资人有着较多的便利措施，比如取消进出口许可证，降低进口关税税率，取消出口关税以及外汇管制，还有建设经济特区等。

据世界银行发布的2019年全球营商环境报告，肯尼亚在全球190个经济体中排名第56位（见图10.1.10）。2013年以来，肯尼亚的营商指数排名在全球持续提升。

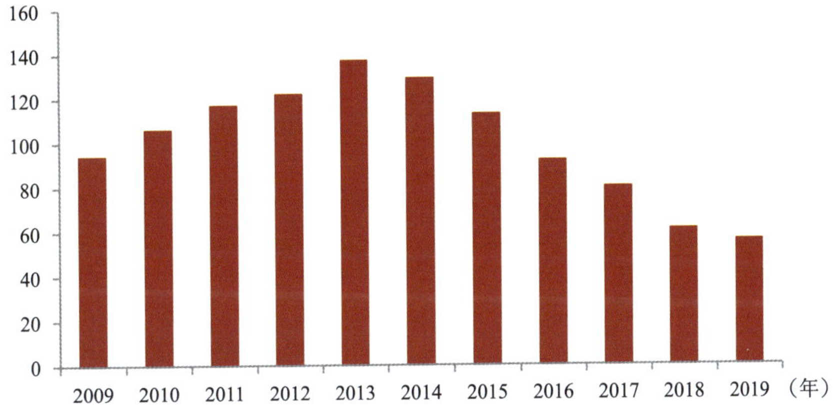

图10.1.10　肯尼亚营商指数排名

10.2　人口结构

10.2.1　人口结构年轻

肯尼亚近年来人口保持稳定增长，目前总共拥有人口5 257万人。同时，肯尼亚人口受教育程度在非洲处于较高水平，人口的平均识字率在81%～82%。预计到2030年肯尼亚人口将达到6 645万人，到2050年人口将达到9 158万人（见图10.2.1）。

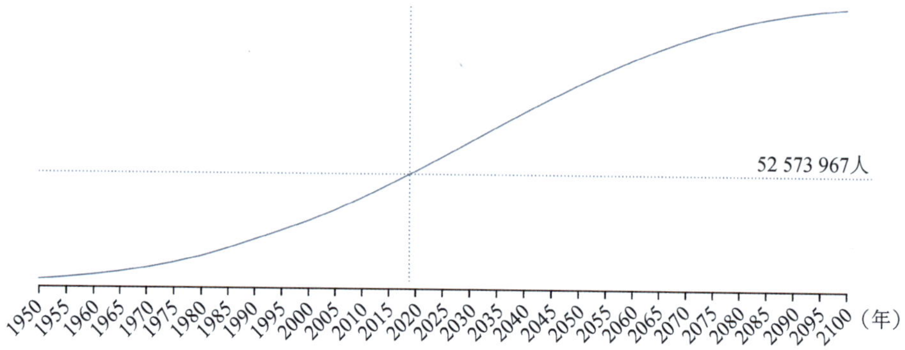

图 10.2.1　肯尼亚人口预测

目前肯尼亚人口年龄结构非常年轻。肯尼亚人口的预期寿命为 67 岁左右，0～14 岁人口占比为 39.2%，14～35 岁的人口占比为 36.4%，30～50 岁人口占比为 15.3%，50 岁及以上人口占比仅为 9.1%（见图 10.2.2）。年轻的人口结构将为肯尼亚提供源源不断的社会劳动力以及广阔的消费市场空间。

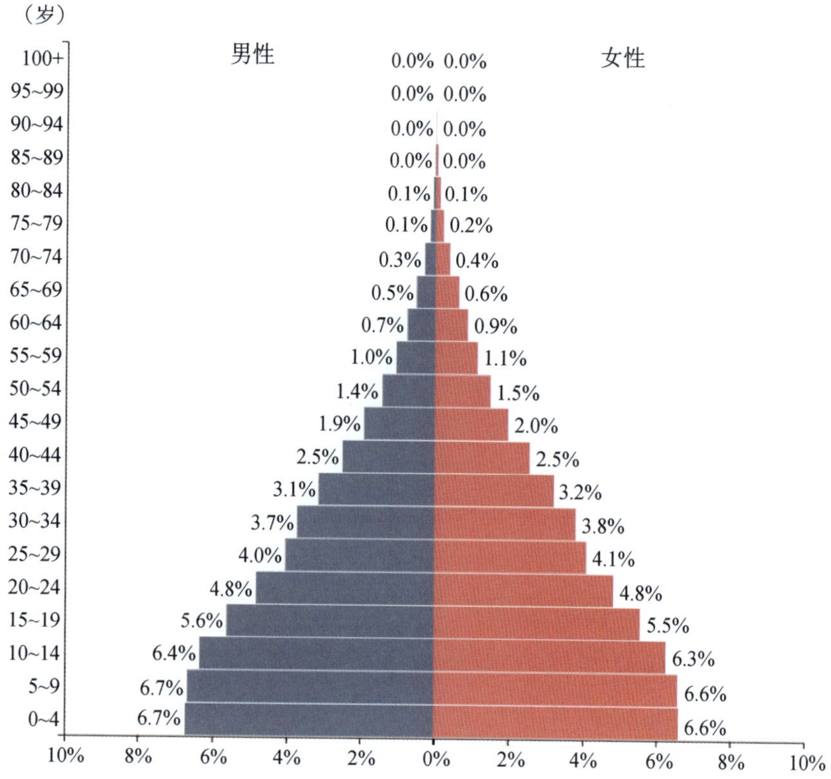

图 10.2.2　肯尼亚人口结构

10.2.2 人均 GDP 逐步提升

伴随着肯尼亚的经济稳定增长，肯尼亚的中产阶级群体也在不断壮大。截至 2018 年肯尼亚的人均 GDP 为 1 710.51 亿元，逐步接近人均 2 000 美元大关（见图 10.2.3）。

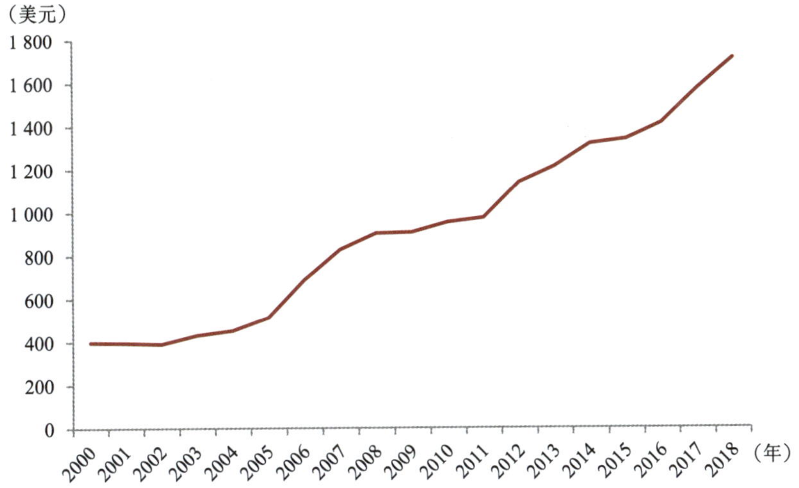

图 10.2.3 肯尼亚人均 GDP

另一方面，肯尼亚拥有超过 70% 的人口为农村人口，截至 2018 年农村人口占总人口的比重为 72.97%，这一数据在 2000 年以来持续下降（见图 10.2.4）。同时，人口数量超 100 万人的城市人口占总人口比重正在持续上升（见图 10.2.5），说明肯尼亚城市化进展显著，城市人口的集中对于肯尼亚中产阶级的崛起有着重要作用。

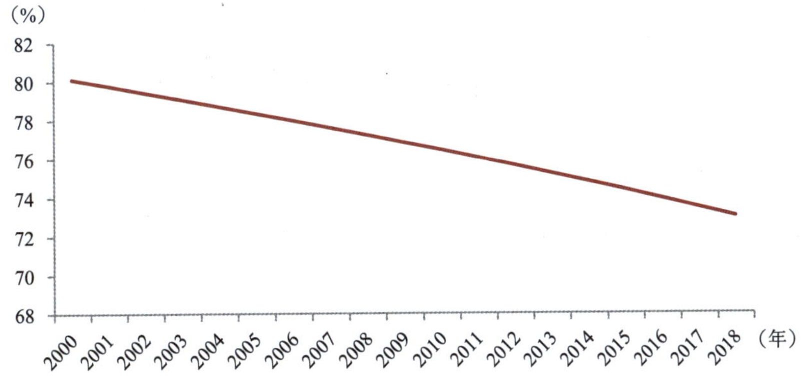

图 10.2.4 肯尼亚农村人口占总人口比重

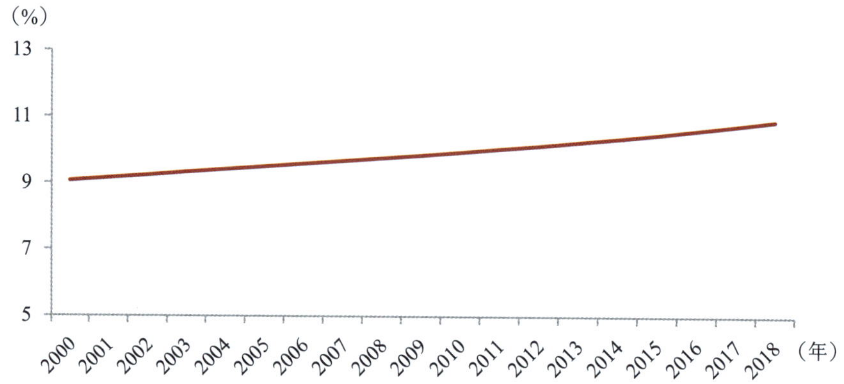

图 10.2.5 肯尼亚人口超过 100 万的城市群人口占总人口比重

10.2.3 失业水平较高、贫富差距较大

根据非洲 2018 财富报告，肯尼亚国家财富约 1 040 亿美元，居非洲第五；人均财富约 2 400 美元，居第九位。

肯尼亚人均 GDP、人均收入以及个人财富均稳定增长，但整体社会的失业水平较高。截至 2019 年肯尼亚共有劳动力 2 119 万人，劳动参与率为 66.29%，在近年有小幅下降的趋势（见图 10.2.6）。

图 10.2.6 肯尼亚劳动参与率

失业率方面，肯尼亚 2019 年官方失业率数据为 9.3%（见图 10.2.7），常年较高的失业率对于社会稳定性以及居民收入均有一定的负面影响。同

时，肯尼亚 20～24 岁年轻劳动力失业率达 19%，高于非洲其他国家平均水平；而已就业人群中，80% 集中在非正规经济。

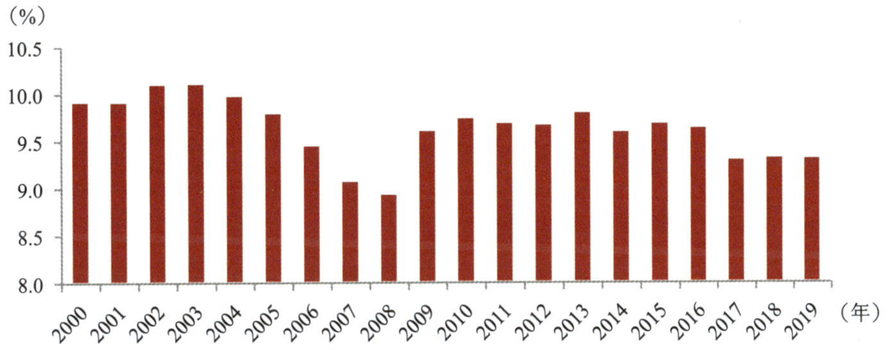

图 10.2.7　肯尼亚失业率

根据 Mercy Corps 研究显示，零工市场 2019 年规模达到 1.9 亿美元，出行平台和求职平台各占 41% 和 50%，并预计在接下来的 5 年内会以 33% 的年增长率持续发展，到 2023 年总体市场规模将达 3 亿美元。高失业率为零工经济发展提供机遇。

贫富差距方面，根据南非研究公司新世界财富调查，肯尼亚贫富差距进一步扩大，共约 8 500 名超级富豪控制其经济总量的 2/3，而肯尼亚有约 50% 人口仍生活在贫困线以下（日均消费低于 2 美元），普通民众的平均工资收入依然较低，食品、住房支出共计占据了家庭支出的 45% 左右。

10.3　基础设施及移动互联网

10.3.1　积极发展基础设施

肯尼亚所处东非地理位置优越，在非洲大陆发挥着向东非、中非辐射的重要作用。内罗毕有 40 多条国际航线，通达世界各地。蒙巴萨有东非最大的天然良港，货物转口至东、中非各国。肯尼亚的公路、铁路、空运、水运、通信、电力等在非洲均处于领先水平。

然而，肯尼亚大多数处于农村地区，基础设施建设尚未完全普及，城市化进程仍需继续推进。肯尼亚在早年发布的《2030 年远景规划》中，列出的重点基础设施建设项目包括：公路网扩建项目、蒙巴萨—内罗毕—马拉巴标准轨铁路项目、蒙巴萨港扩建项目、拉穆港—南苏丹—埃塞俄比亚交通走廊项目、乔莫·肯雅塔国际机场扩建现代化项目、基苏木机场升级扩建项目、孔扎科技城项目、23 000 兆瓦发电和送电项目，以及 24 座中型多功能水坝项目等。

10.3.2 移动互联网通信覆盖率高

传统通信方面，肯尼亚互联网普及率在非洲国家中名列前茅、发展迅猛。2017 年，肯尼亚互联网渗透率已经超越尼日利亚，跃居非洲国家之首。截至 2019 年，肯尼亚邮政公司拥有 639 个网点。固定电话方面，肯尼亚电信公司是该国固定电话服务的唯一提供商，约拥有 14 万固定电话用户。

移动网络方面，肯尼亚移动通信服务业发展迅速，手机拥有率高。其中，英国沃达丰集团控股的萨芬瑞公司是肯尼亚最大的移动通信运营商，印度巴蒂集团下属的阿尔特尔公司是肯尼亚第二大移动通信运营商，Telkom 是肯尼亚第三大移动通信运营商，三大运营商市场份额分别为 64%、22% 和 9% 左右。

肯尼亚移动下载速度在非洲排名靠前。根据 OPENSIGNAL 2019 年的统计数据，肯尼亚移动互联网下载速度排名非洲大陆第 4 名，下载速度达 10.1 兆每秒，2018 年同期统计数据为 8.9 兆每秒（见图 10.3.1）。

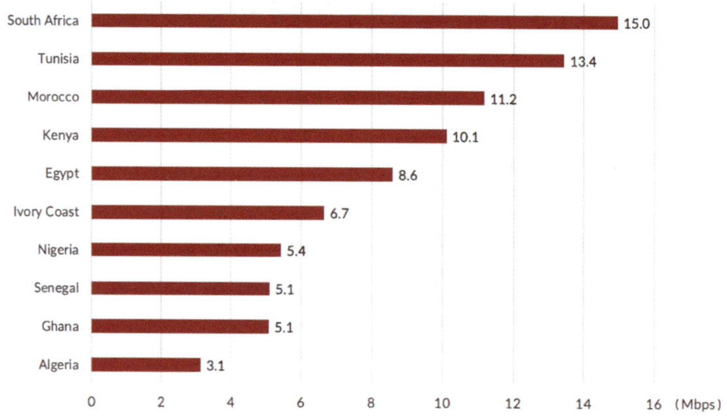

图 10.3.1 肯尼亚网速公司排名

同时，肯尼亚4G网络的覆盖率达到了74.2%，同样位居非洲大陆第4名。这一数据在2018年为67%，可见肯尼亚移动互联网升级速度较快（见图10.3.2）。

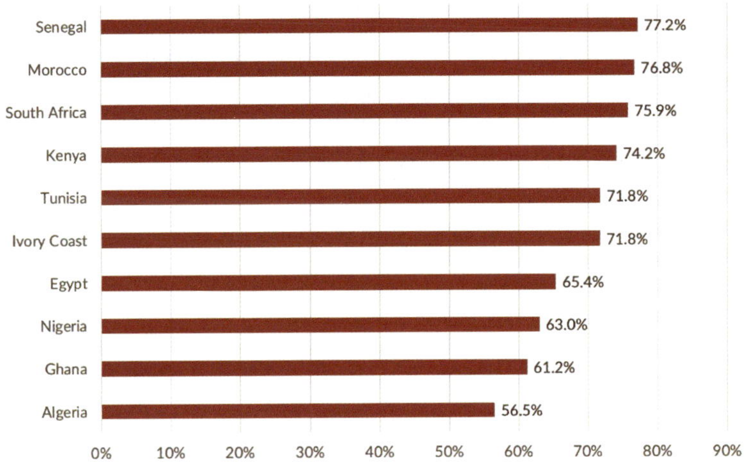

图10.3.2 肯尼亚4G网络公司覆盖率

同时，肯尼亚手机拥有率高。根据最新数据，共有注册手机用户4 950万，移动手机渗透率为103.45%，一人拥有多部手机的现象比较普遍。足够高的手机使用频率，叠加良好的移动互联网基础设施，也迅速培养了肯尼亚居民的移动互联网使用习惯，移动互联网的使用场景在肯尼亚得到了迅猛发展。

目前，肯尼亚约有800万居民每天在社交媒体账户上花费3个小时以上，Whatsapp、Facebook在肯尼亚十分流行。此外，由于传统银行体系不发达，银行网点设置较少，肯尼亚共计有4 700万左右的移动钱包账户，居民也逐渐习惯了使用移动电子钱包进行付款的商品交易模式。

10.4 消费信贷发展

10.4.1 传统金融体系

非洲大陆整体传统银行服务业不发达，仅有约1/4的人使用银行金融服务。但肯尼亚的金融体系在非洲较发达，肯尼亚首都内罗毕是非洲东部的金融中心，同时肯尼亚实行自由经济体制，开放程度较高，没有外汇管制。

为达到银行体系普惠金融的目的，非洲银行业均在贷款产品以及服务形式等方面做出了较大的努力，肯尼亚也不例外。但是，截至目前肯尼亚的银行体系对于企业私人部门的服务力度仍有提升空间。

2011 年以来，肯尼亚的银行体系坏账率持续升高，截至 2018 年坏账率达到了 11.7%。整体坏账率处于较高水平，这也在一定程度上限制了银行体系对于国家的私人部门和企业发放信贷（见图 10.4.1）。

图 10.4.1　肯尼亚银行体系坏账率

在肯尼亚，利用银行筹资的公司数占比仅为 31.6%，也就是说约七成左右的公司并没有主动或被动选择在银行体系内寻求信贷，银行体系在私人部门的覆盖比率则更低。

从占比的角度来看，肯尼亚银行体系对国内部门的服务能力也没有明显提升。截至 2018 年，肯尼亚银行部门提供的国内信用占 GDP 比重为 39.1%，肯尼亚银行对私人部门的信贷占 GDP 比重为 28.0%，这两组数据较 21 世纪初并无明显提升，同时在近些年甚至出现了一定下降（见图 10.4.2）。

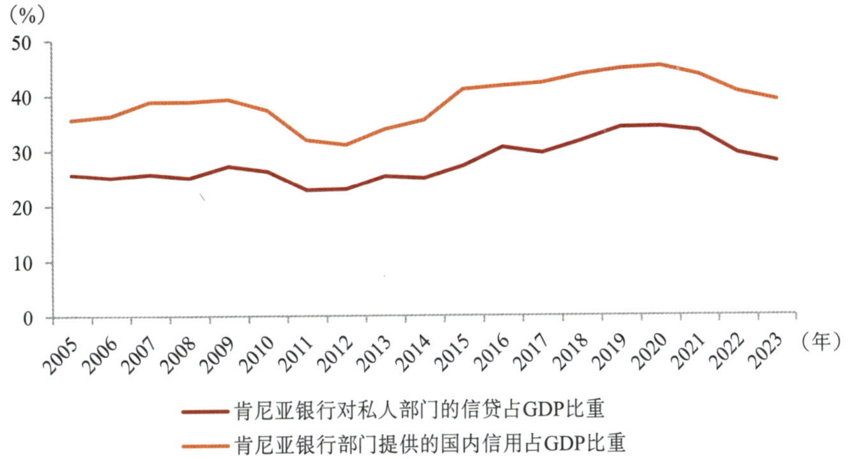

图 10.4.2 肯尼亚银行体系信用占比 GDP

10.4.2 信用体系

早先阶段，肯尼亚消费信贷市场的信用体系较为初级，市场发展也较为混乱无序。随着肯尼亚征信局（Credit Reference Bureau，CRB）的成立，情况已有好转。信用体系的创设也为消费信贷业务的健康发展提供了保障。

CRB 是肯尼亚央行授权的信用评估机构，如果消费者发生信贷违约，信贷公司将把该消费者的信息上报给 CRB，将其录入信用黑名单，此后将无法再从其他银行或信贷公司贷款。目前，肯尼亚多数信贷公司已经与 CRB 合作，信贷公司定期更新其用户的信息至 CRB。

10.4.3 消费信贷市场格局

受益于前文所述的肯尼亚较高的手机使用率和移动互联网基础设施素质，加之银行体系服务居民的力度仍有待提高，居民对于其他类型的信贷产品的需求度较高。消费信贷市场在肯尼亚已经发展到一定规模。在目前的监管体系下，现金贷平台并不属于金融机构，并且不受肯尼亚当前央行监管部门的监管约束，行业仍然处于粗糙发展的状态。

不过，随着越来越多的资本涌入，各类平台参差不齐，已经引发了肯尼亚当前监管机构和其他机构的注意。2019 年 9 月，为了减少小额贷的恶性贷款行为，谷歌商店出台政策，要求还款期限少于60天的快速个人贷不得上线，并且要求运行中的小额贷APP需符合所在国对金融行为的监管。同时，肯尼亚央行停止向超过60家政府监管之外的在线小额贷款公司提供肯尼亚征信局CRB的个人信用访问修改权限，包括Tala、Branch、Carbon、Opesa、Ocash等在内。

市场格局方面，主要玩家包含银行系产品如M-Shwari、Equitel，和非银行系产品Branch、Tala、Saida等平台。客户群方面，企业和正式雇员是信用贷的主要客户，临时工或没有正式工作的人占比逐年降低。此外，农村人口用户在2017年以来迅速增加，主要得益于手机在农村地区渗透率的提高。

- M-Shwari。M-Shwari是肯尼亚头部现金贷平台，属肯尼亚商业银行（Commercial Bank of Africa）旗下，为用户提供周期为30天、最高额度100万肯先令（约9 432.37美元）、月费率7.5%的信贷产品。M-Shwari与肯尼亚最大讯通运营商Safaricom合作，用户可在Safaricom旗下手机银行产品M-Pesa页面上直接申请。公开数据显示，M-Shwari 2012上线后，平均每天约30万份贷款申请，平均每天放款约7万~10万笔，平均信贷规模3 300肯先令（约31.13美元）。截至2019年，M-Shwari已支出40.6亿美元。

另外，M-Shwari还为客户提供储蓄服务，客户可开通储蓄账户进行小额存款，时间期限为1~6个月，存款利息为7%。此项服务适合希望存款1~6个月且寻求高利率的客户。截至2019年，已有450 000位客户使用这一服务。

- Branch。Branch International是一家总部位于旧金山的小贷公司，面向金融尚不发达的非洲、印尼、墨西哥等新兴市场国家提供基于手机信息评估的现金贷业务，其在非洲的业务主要集中在肯尼亚和尼日利亚两个国家。Branch可为用户提供周期为4~48周、利息为13%~29%、最高额度7万肯先令（约660.31美元）的信贷产品。Branch成立于2015年，根据公司统计，它有超过300万客户，已发放超过1 500万笔贷款，并且支出超过 3.5 亿美元。该公司应用算法模型通过客户的手机来确定信用度，建立信用状况。

Branch 于 2015 年 9 月进行种子轮融资，之后于 2016 年 3 月 A 轮融资 920 万美元，2017 年 9 月债权融资 200 万美元，2018 年 3 月 B 轮融资 7 000 万美元，同年 7 月债权融资 330 万美元，同年 12 月债权融资 500 万美元，2019 年 4 月 C 轮融资 1.7 亿美元，同年 7 月债权融资 500 万美元。

- Tala。Tala 创立于 2012 年，总部位于美国，致力于为全球 20 亿没有信用评分、无法获得银行贷款的人提供小微金额服务。Tala 开发了一套基于个人综合信息的信贷评分系统，通过算法采集用户手机中的数据点，并以此为基础为用户创建定制化的信用评分并提供金融服务。Tala 的信贷月利率在 15% 左右，贷款周期为 21 ~ 30 天，首次可贷 1 000 ~ 5 000 肯先令（约 9.43 ~ 47.16 美元），最高可贷款 3 万肯先令（约 282.99 美元）。如果用户逾期还款，那么逾期费用最高可至 8%，且会限制未来的贷款。根据 Tala 的统计，该公司已为 250 万肯尼亚客户提供贷款。

Tala 于 2012 年 12 月和 2013 年 8 月进行了种子轮融资，金额分别为 23.97 万美元和 120 万美元，2015 年 A 轮融资 1 000 万美元，2016 年可转债融资 300 万美元，2017 年 2 月 B 轮融资 3 000 万美元，2018 年 4 月 C 轮融资 5 000 万美元，2019 年 8 月 D 轮融资 1.1 亿美元。

10.5 风险提示

20 世纪 90 年代初以来，肯尼亚国内安全形势有所恶化，社会治安总体不佳，武装抢劫及恶性犯罪较多。主要原因是索马里、苏丹等周边邻国局势长期动荡，大批非法武器及难民流入肯尼亚；贫困率和失业率居高不下；部族间因土地、牧场、水源争端常引发冲突；邻国间大规模跨境偷盗牲口引发冲突；道路状况差，重大交通事故频发。此外，肯尼亚社会治安案件多发，中国企业项目和公民遭抢劫、盗窃案件时有发生。

肯尼亚除了面临恐怖袭击风险外，非法组织对肯尼亚的社会危害也较大。

另外，肯尼亚虽然整体经济增长稳定，整个国家基础设施、法治程度，包括人均财富均处于较好水准，但是肯尼亚地区总体人口基数仍然有限，短期内难以快速增长。同时，国内面临着高失业率、高贫富差距的结构问题，某种程度上制约了整个肯尼亚地区的市场空间。

若想进入肯尼亚或附近市场，可以考虑将肯尼亚为支点继续向东非甚至西部非洲辐射。

第11章　坦桑尼亚消费信贷研究报告

综　述

坦桑尼亚被联合国列为最不发达的国家之一，但其整体宏观经济发展稳定，人口持续增长并呈现年轻化趋势，通货膨胀率稳定，国内政局稳定，对外来投资保持友好和开放的态度，近年来营商指数有所上升。

2018 年整个非洲的 GDP 为 2.37 万亿美元。坦桑尼亚在非洲所有国家的 GDP 总量排名第七，GDP 为 580 亿美元，增长率为 8.8%，人均 GDP 约为 1 050美元，低于非洲平均水平，相比于邻国肯尼亚均有一定差距。根据全球每天 1.9 美元的贫困线，坦桑尼亚全国约有 47% 的人口处于贫困状态。尽管近些年贫困率在下降，但是由于人口增长率较快，贫困人口数量却没有减少。

坦桑尼亚人口结构十分年轻。坦桑尼亚总人口约为 5 900 万人，截至 2019 年底，0～14 岁人口占比为 43.8%，15～64 岁人口占比为 53.5%，65 岁及以上人口占比仅为 2.6%。坦桑尼亚超过 60% 的人口为农村人口，虽然近年农村人口占比降低，但是还是有相当一部分居民属于农村低收入人口。

移动互联网发展迅速。坦桑尼亚移动端覆盖率从 2005 年的不到 10% 逐年增长，截至 2018 年底已经达到 77%，在非洲国家中与南非和肯尼亚同属移动手机端覆盖率较高的国家。

移动支付发达为消费信贷提供支持。坦桑尼亚仅有约 10% 的成年人能够享受传统银行的基本金融服务，然而其高达 77% 的手机移动端覆盖率，再加上采用银行或其他金融机构与移动网络运营商合作的模式，移动运营商同时向用户提供在线信贷服务，用于个人和小型商农业发展的小额、短期的贷款服务，使得约 62% 的成年人可以享受到移动支付和电子钱包的服务。

在坦桑尼亚政府和银行对于实名注册 SIM 卡和促进移动网络运营商发展的政策要求下，坦桑尼亚在线信贷服务市场迅速发展。目前，坦桑尼亚的前三大借贷平台 M－Pawa、Airtel Timiza 和 Tigo Nivushe 均是和移动服务商合作的平台。

坦桑尼亚经济增长的稳定性一般，在 2015 年经济出现了负增长；同时，政府政策的稳定性低。马古富力总统自 2015 年 11 月上任以来，大量削减公共支出，包括从商业银行中提取 5 000 亿先令（约 2.3 亿美元）储备金，限制公共机构的业务范围并提高税收减免门槛，减少公费旅游、研讨和会议等。政府很大程度上不同意银行发放贷款来缓解金融部门的流动性危机，商业银行对制造业、农业、交通等经济生产部门的贷款下降，个人贷款也受到很大限制。

坦桑尼亚风险投资联盟发布的数据显示，2012～2017 年东非地区从域外国家共获得 24 亿美元的风险投资，其中 17% 流入坦桑尼亚，而高达 60% 进入肯尼亚市场。风险投资者对坦桑市场不太感兴趣的主要原因是坦桑尼亚的投资风险和法律障碍，比如投资面临过多审查以及当地法律对外国投资者和当地公司进行合资的有关要求过于苛刻等。

坦桑尼亚市场优势与劣势都极为明显。优势在于坦桑尼亚人口相对庞大且年轻化，年轻人消费意愿更强。同时，非洲地区仍处于低生活水平状态，长期来看，未来国家 GDP、人口基数、居民消费意愿均会有质的增长。在移动互联网方面，坦桑尼亚直接跨越了有线互联网，移动端覆盖率已近八成。更加令人欣喜的是，由于传统银行网点不发达，银行与移动运营商紧密合作，移动支付在坦桑尼亚的普及率很高，处于全球前列，也为消费信贷提供了必要支持。

劣势在于，短期坦桑尼亚人口多为农村贫困人口，消费能力有限，对于改善型消费的需求短期难以释放。同时，政府政策的稳定性不强，金融体系存在一定流动性问题，以及整个国家信用传导机制的不通畅某种程度上限制了国家经济的发展。同时，投资面临过多的审查，当地法律对外国投资者和当地公司进行合资的有关要求也过于苛刻。目前，在坦桑尼亚进行消费信贷的平台多为与本地移动运营商有战略合作的平台。在本就不大的新兴市场，国外资本介入的空间已十分有限。

11.1 宏观环境

坦桑尼亚联合共和国位于非洲东部，赤道以南，由坦噶尼喀（大陆）

和桑给巴尔（岛）两部分组成，本土地处维多利亚湖和印度洋之间，北邻乌干达和肯尼亚，西与刚果民主共和国、卢旺达和布隆迪交界，南与马拉维和莫桑比克毗连，西南与赞比亚接壤。坦桑尼亚面积94.5万平方公里，2019年总人口约为5 900万人，共有31个省，133个县。

多多马（Dodoma）是坦桑尼亚首都。多多马人口约20万，位于国境中部高原上，接近国土几何中心，东距坦桑尼亚前首都达累斯萨拉姆400千米。该城市原为中部地区农产品和牲畜贸易中心，有面粉、碾米等工业，同时也是全国交通枢纽，是中央铁路和著名的非洲国际公路干线大北公路的交汇点。

达累斯萨拉姆曾经是坦桑尼亚的首都，坦桑尼亚议会在1974年决议迁都，近半数的政府机构已迁往多多马。1996年2月，坦桑尼亚国民议会迁至多多马，但大部分政府机关仍留在达累斯萨拉姆。

多多马的政治地位在坦桑尼亚较高，在坦桑尼亚人的心目中也是首都，政府部门一直努力向多多马搬迁，但由于经济落后，道路和市政建设尚未完善，所以还未搬迁完毕。近年来多多马也在加速发展，基础设施逐步完善，市政管道、大学城建设等基本完成。交通方面，坦桑尼亚伊林加—多多马高速公路项目于2013年5月22日建成，并在项目终点端多多马市举行了隆重工程庆典。公路项目全长70.9公里，是连接坦桑尼亚北方通道和中央通道的重要交通干线。公路的建成大大加快了东非共同体各国的区域一体化进程。此外，多多马机场也设有飞往达累斯萨拉姆、阿鲁沙和姆万扎的航班。

11.1.1 政治环境

近年来，坦桑尼亚国内政局稳定，大力发展睦邻友好关系，是非洲少有的内政稳定的国家之一。坦桑尼亚共有126个部（种）族，从来没有发生过部族冲突；坦桑尼亚境内的基督教徒和伊斯兰教徒总体和睦，民主制度发展较为健全，被西方赞为非洲国家民主化的样板，政局发生动荡的可能性较小。整个国家长期保持政治和社会稳定，法制相对完备。在世界货币基金组织和世界银行的支持下，坦桑尼亚颁布了一些促进和保护投资的法律法规。2013年3月，中坦两国正式签署中坦投资保护协定，并已生效。坦桑尼亚政府将其鼓励投资的领域分为最惠领域和优先领域。金融行业的投资属于最惠领域，其资本货物免缴进口关税。

11.1.2　经济指标

坦桑尼亚整体宏观经济状况稳定，经济持续发展前景好。坦桑尼亚以农牧业为主，结构单一、基础薄弱、发展水平低下，是联合国公布的47个世界上最不发达国家之一。2018年，坦桑尼亚农业、工业、制造业和服务业对GDP的贡献率分别为29%、25%、8%和37.9%。

非洲整体经济相对落后，2018年整个非洲的GDP为2.37万亿美元。坦桑尼亚在非洲所有国家的GDP总量排名第7，总GDP为580亿美元，增长率为8.8%（见图11.1.1）。近年来，坦桑尼亚始终保持着高于非洲平均水准的GDP增长率。

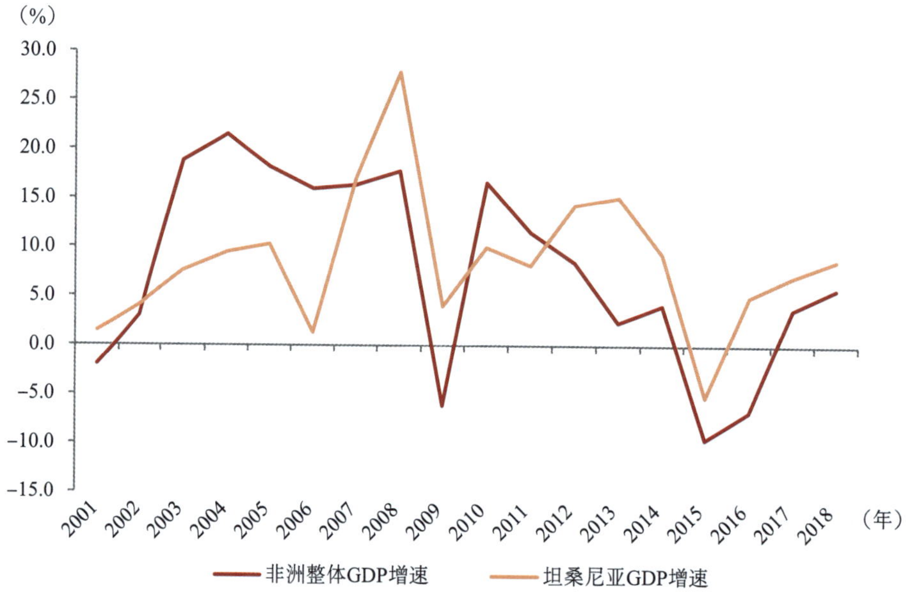

图11.1.1　坦桑尼亚GDP增速

人均GDP方面，坦桑尼亚人均GDP约为1 050美元，低于非洲平均水平，相比于非洲平均水平及邻国肯尼亚均有一定差距（见图11.1.2）。纵向比较，近年来坦桑尼亚人均GDP还是保持了稳定的增长趋势。同时，坦桑尼亚通胀水平温和，波动率也相对稳定。2018年坦桑尼亚全国通货膨胀率为3.5%，相比2016年和2017年约5.3%的通货膨胀率有显著降低，相比尼日利亚、肯尼亚，坦桑尼亚的通胀水平也保持了低位。

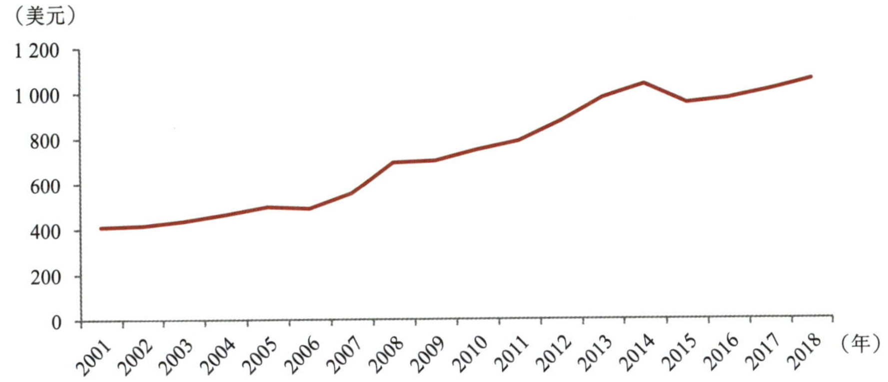

图 11.1.2　坦桑尼亚人均 GDP

11.1.3　居民人口结构

如前所述，坦桑尼亚的人均 GDP 很低，居民整体收入不高。根据全球每天 1.9 美元的贫困线，坦桑尼亚全国约有 47% 的人口处于贫困状态。尽管近些年贫困率在下降，但是由于人口增长率较快，贫困人口数量却没有减少。同时，坦桑尼亚超过 60% 的人口为农村人口，虽然近年农村人口占比降低，但是还是有相当一部分居民属于农村低收入人口（见图 11.1.3）。

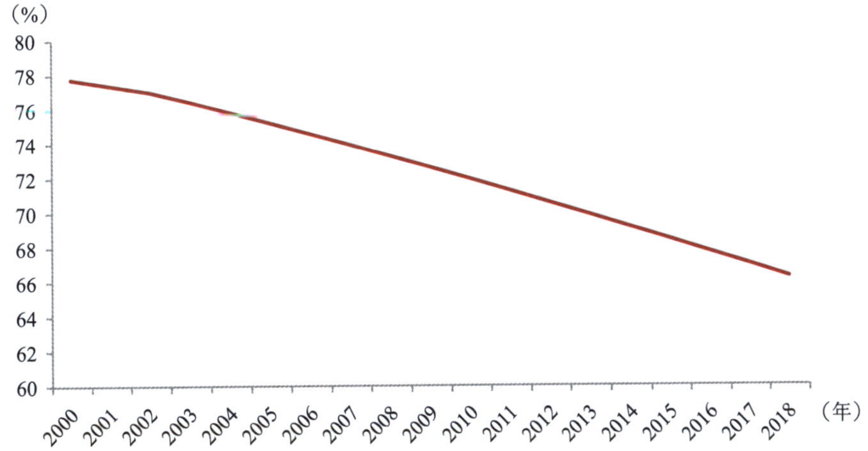

图 11.1.3　坦桑尼亚农村人口占比

根据 2018 年统计，坦桑尼亚人口总量 5 900 万，人口主要集中在青少年和中年。联合国发布的世界人口报告显示，到 2050 年坦桑人口量将会达到 1.29 亿（见图 11.1.4）。坦桑尼亚人口结构十分年轻，截至 2019 年底，

0～14 岁人口占比为 43.8%，15～64 岁人口占比为 53.5%，65 岁及以上人口仅占比为 2.6%（见图 11.1.5）。

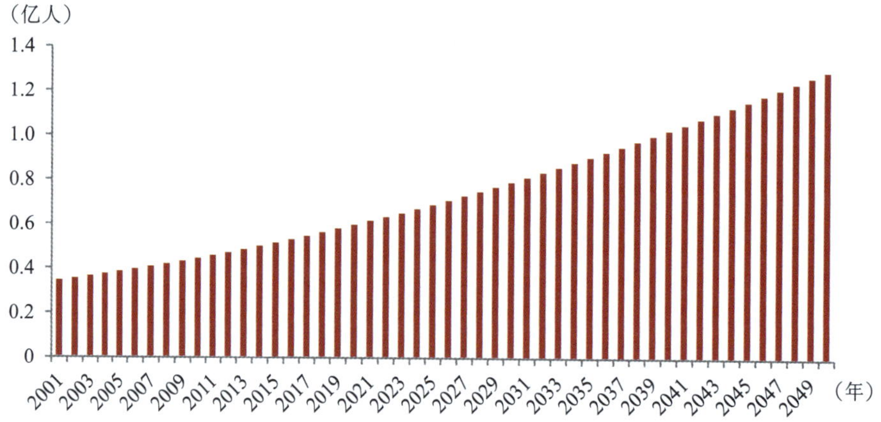

图 11.1.4　坦桑尼亚人口预计

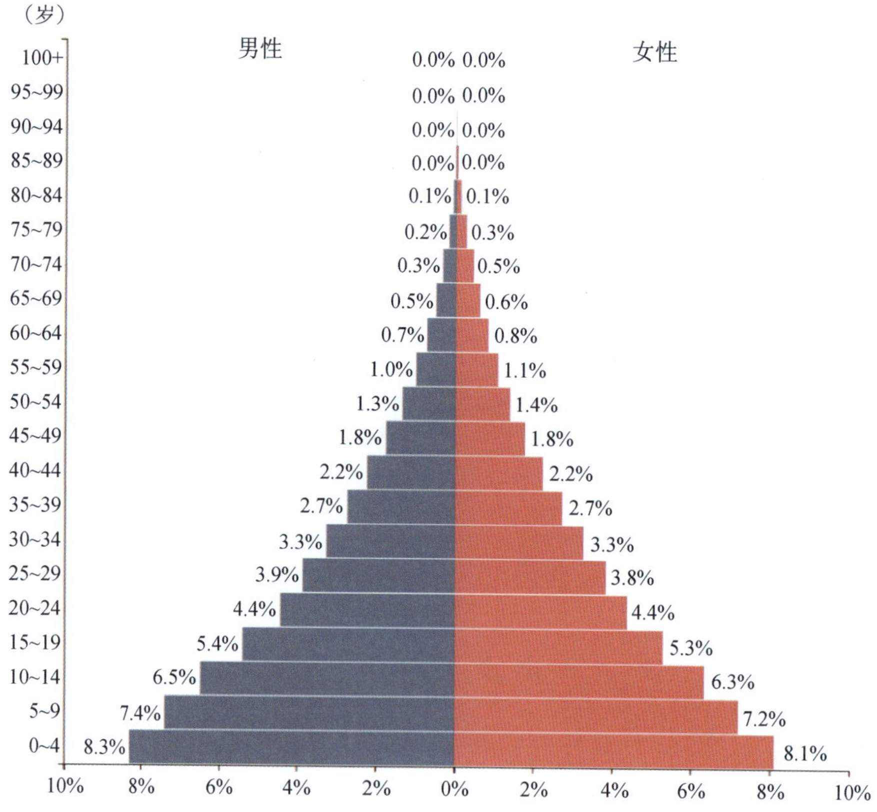

图 11.1.5　坦桑尼亚人口结构

11.1.4 外商外资

坦桑尼亚位于非洲东部、赤道以南，矿产和旅游资源丰富。坦桑尼亚政局长期稳定，法制相对完备。目前中国已经成为其外商投资最大来源国。外来投资项目主要集中在农业、建筑、通讯、金融服务、技能资本、制造、自然资源、旅游、能源和服务等领域。通信是坦桑尼亚增长最快的领域，来自中国、印度、阿联酋、卢森堡、英国和越南的公司在该领域大量投资。近年来，坦桑尼亚外资净流入在10亿美元左右，2019年为10.6亿美元（见图11.1.6）。

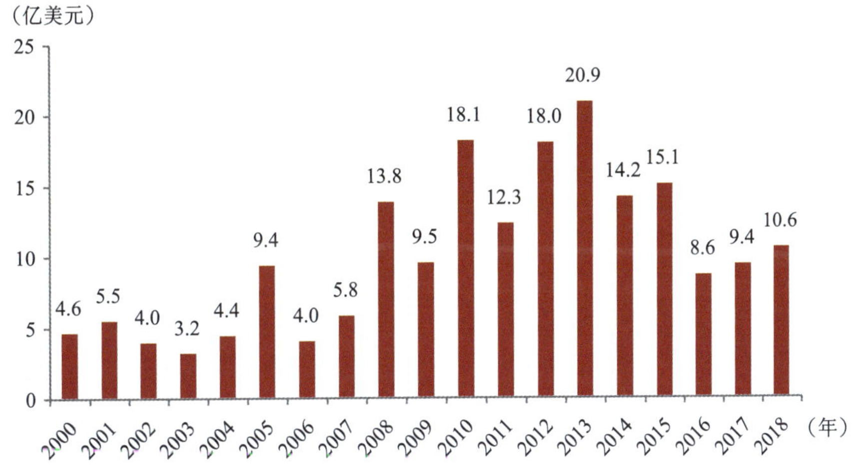

图 11.1.6 坦桑尼亚外商投资净流入

在2019年世界银行的营商便利程度排名中，坦桑尼亚在190个国家中排名第144位，仍有上升空间。2019年，坦桑尼亚通过引入在线公司注册使开办企业变得更容易，税务当局的工作人员减少了边境合规的时间。

近年来，中坦经济关系更加紧密，在贸易、基础设施及投资领域的合作更加多元。两国之间经济、金融和技术领域的合作已经超越政府层面，越来越多的私营公司与个体贸易商参与进来。据中国驻坦桑尼亚大使馆提供的数据，目前，中国是坦桑尼亚第一大贸易伙伴，一大批中国援建或中坦合作项目为坦桑尼亚国家建设和中坦互利共赢做出巨大贡献。2019年，中坦双边贸易额达到 41.79 亿美元，同比增长 5.09%，其中，中方出口 38.11 亿美元，进口 3.67 亿美元。①

11.2 移动互联网快速发展

11.2.1 移动端覆盖率快速增长

坦桑尼亚移动端覆盖率逐年增长，从 2005 年的不足 10% 发展至 2018 年的 77%，与南非和肯尼亚同属于移动端覆盖率较高的国家（见图 11.2.1）。其中，2016 年与 2017 年移动端覆盖率下降归因于坦桑尼亚通讯监管局（TCRA）颁布的一系列监管措施，禁止伪造手机和禁止未满足坦桑尼亚制造标准的手机。同时，TCRA 加强标准管理化，用户需要使用官方身份证明类文件来注册手机 SIM 卡，未注册的 SIM 卡将失效。

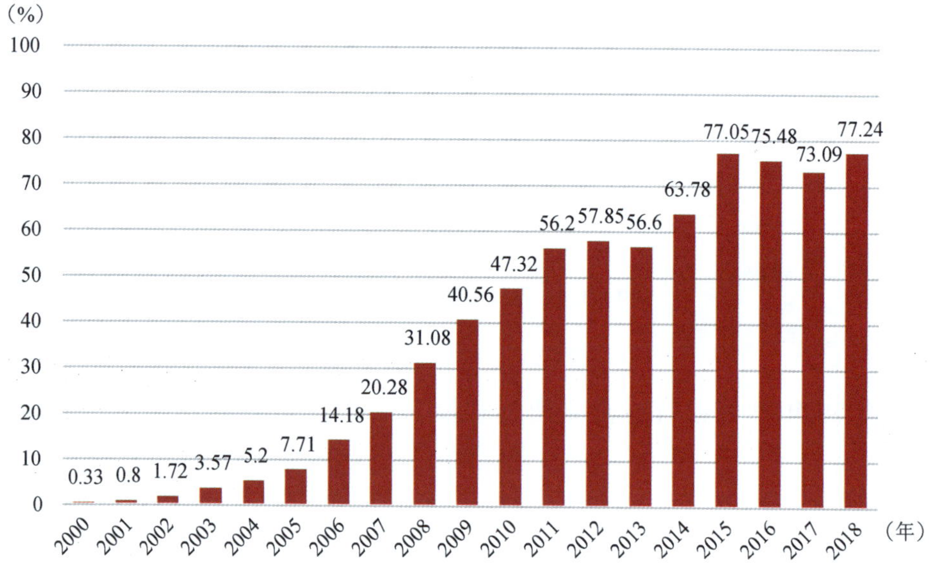

图 11.2.1 坦桑尼亚移动端覆盖率

资料来源：Statista. com。

① 资料来源：中国商务部。

11.2.2 移动支付服务普及率高

坦桑尼亚政府大力发行官方电子版身份证给居民，虽然由于腐败等原因导致这一项目被拖延，但持续发放 ID 也促进了移动端银行账号的申请和手机 SIM 卡的注册。约 62% 的成年人可以享受移动支付钱包的服务，相比于 77% 的移动手机覆盖率，几乎大多数拥有手机成年人都在使用移动支付服务。

坦桑尼亚银行（BOT）也在大力引导移动支付与普惠金融（Financial Inclusion）的发展，让更多的偏远地区居民能够享受金融服务，尤其是在移动支付互通性方面更为突出。坦桑尼亚移动支付已经成为全球的领先者，是全球第一个实行所有移动支付服务完全互通、采用统一的行业标准的国家。移动支付服务的互通性能够让用户可以方便地在不同移动支付服务商之间自由转账，并且用户和服务商之间都不收取任何费用，但坦桑尼亚政府会对移动手机端转账收取 10% 的税。

坦桑尼亚五大主要移动网络运营商 MNOs、Airtel、Tigo、Vodacom 和 Zantel 在 2016 年 2 月就已经实现互通，其他另外两家移动网络运营商 Halotel 和 SMART 尚未加入。强大的用户使用量也为移动运营服务商推出在线信贷服务产品奠定了良好的客户基础。

移动支付的成功得益于移动网络运营商和金融机构（尤其是银行）合作的成功，使金融机构提供的储蓄、贷款和其他服务能够嫁接在移动技术端，让更多的居民享受到基本的金融服务。

此外，其他移动支付创新还包括：

- Ecobank Tanzania 与 Visa 和 Mastercard 达成合作协议，在 2017 年 9 月已经颁布了两种线下移动支付方案：mVisa 和 Masterpass QR 二维码。用户可通过智能手机下载 APP 客户端，通过链接个人银行账户，线下扫码的方式支付线下购买。
- Halotel 与 FINCA Microfinance Bank 在 2017 年 9 月推出 Halo Yako，帮助用户在使用移动支付的同时合理支出节省开销。

坦桑尼亚政府与银行合作大力推进普惠金融服务，让更多的居民能够享受基本的银行服务，同时完善法规管理移动网络与移动支付，促进公私合作。坦桑尼亚移动支付发展前景良好。

11.3 消费信贷市场

11.3.1 发展背景

坦桑尼亚信贷市场与世界和OECD平均水平相比，仍处于非常落后的阶段。2018年，坦桑私营部门信贷占GDP比例为13.1%，世界平均水平为129.7%，OECD平均水平为141.8%。同时，坦桑尼亚的传统金融服务行业也相对落后，仅有约10%的成年人可以享受到传统的银行金融服务，约7%的成年人可以享受到非银行金融机构的金融服务，约62%的成年人使用移动支付的金融服务。

由于银行业的普遍落后，分布网点少，连居民最基本的储蓄、转账等服务都无法提供，坦桑尼亚的移动支付行业得以大力发展。相对而言，坦桑移动钱包支付能够为更多的成年人提供电子钱包和移动银行的服务，是非洲移动支付发展的先驱。

11.3.2 信贷平台格局

依托于移动支付的大力发展，在线信贷服务也快速发展。截至目前，坦桑尼亚20%的手机用户申请了在线贷款。其中，大约一半的贷款申请者出现了延后还款的情况。出现延期还款会加收额外的费用或者减低未来申请贷款的额度，估计近1/3的贷款申请者会无法偿还。

（1）主要在线信贷服务商介绍

在线信贷服务最早于2014年开始在坦桑尼亚出现，现在信贷服务市场主要有三大借贷平台：M-Pawa（大约48%的在线借款人使用过）、Airtel Timiza（大约39%的在线借款人使用过）和Tigo Nivushe（大约29%的在线借款人使用过）。以上数字加起来超过100%是因为存在借款人使用多个在线信贷服务商的信贷服务的情况。

● M－Pawa。M－Pawa 是移动运营商 Vodacom Tanzania 和非洲商业银行（CBA）于 2014 年合作发布的一个移动端支付和借贷产品。截止目前M－Pawa 总共约 500 万注册用户。M－Pawa 仅提供一个贷款选项，即贷款期限 30 天、9% 的利率，通常借款金额为 0.44～220 美元。大部分借款人将款项用于小型农商业发展使用，很少借款人申请贷款用于应急。

● Airtel Timiza。Airtel Timiza 是 Airtel Tanzania 与金融服务公司 AFB 合作推出的小额贷款服务。贷款期限 7～28 天，服务面向消费者和中小企业，用户仅需拨打电话，按照电话和手机上的菜单指示即可完成贷款，申请流程极为方便。

● Tigo Nivushe。Tigo Nivushe 是移动运营商 Tigo 和 Jumo 合作向用户提供小额无抵押贷款的平台，贷款额度从 5 美元开始，同样采用用户拨打电话的方式申请贷款，只需几分钟就可以实现贷款发放。

以上三家为主要占领在线信贷服务（Digital Credit）的服务商，其他在线借款服务商包括 M－Kopa（占 0.5% 的市场份额）、Branch（0.3%）、L－Pesa（0.2%）和 Tala（0.1%）等。

（2）主要监管政策

坦桑尼亚政府尚未针对在线信贷服务出台有针对性的管理条例以及牌照要求，唯一涉及的法规是 2014 年颁布的消费者合同标准协议。该法规规定了商品或服务提供者与消费者之间必须包含在合同中的信息类型，企业对企业的合同则不受此法规的监管。

坦桑尼亚的竞争管理机构公平竞争委员会，依照此法规监管并调查任何不公平的条款或消费者投诉。此法规规定需要向借款人披露基本的借贷产品信息，例如贷款利率、其他费用和贷款期等。

对当地金融业进行监管的主要机构为坦桑尼亚中央银行（Bank of Tanzania）。中央银行通过银行监管局对金融机构进行监管、现场检查和非现场监督，确保银行业遵守法律法规。坦桑尼亚反洗钱监管机构为财政部下属的金融情报中心。

11.4 风险提示

11.4.1 宏观经济

近年来，坦桑尼亚宏观 GDP 增速较好。2018 年整个非洲的 GDP 为 2.37 万亿美元。坦桑尼亚在非洲所有国家的 GDP 总量排名第 7，GDP 为 580 亿美元，增长率为 8.8%，人均 GDP 约为 1 050 美元，低于非洲平均水平，相比于邻国肯尼亚均有一定差距。

坦桑尼亚经济增长的稳定性一般，在 2015 年经济出现了负增长。同时，政府政策的稳定性低，自马古富力总统 2015 年 11 月上任以来，大量削减公共支出，包括从商业银行中提取 5 000 亿先令（约 2.3 亿美元）储备金，限制公共机构的业务范围并提高税收减免门槛，减少公费旅游、研讨和会议等。政府很大程度上不同意银行发放贷款来缓解金融部门的流动性危机，商业银行对制造业、农业、交通等经济生产部门的贷款下降、个人贷款也受到很大限制。

11.4.2 法律法规

坦桑尼亚风险投资联盟发布的数据显示，2012～2017 年东非地区从域外国家共获得 24 亿美元的风险投资，其中 17% 流入坦桑尼亚，而高达 60% 则进入肯尼亚市场。风险投资者对坦桑尼亚市场不太感兴趣的主要原因是坦桑尼亚的投资风险和法律障碍，比如投资面临过多的审查以及当地法律对外国投资者和当地公司进行合资的有关要求过于苛刻。

第三部分

拉丁美洲新兴市场消费信贷

CHAPTER 3

第 12 章　拉丁美洲信贷市场研究报告

综　述

宏观经济方面，自受到 2018 年金融危机影响以来，拉美地区持续处于经济恢复期，GDP 出现小幅下降。2020 年受到新冠肺炎疫情冲击，预计跌幅将达到 3.8% 左右，但在未来将进入快速修复期，呈现逐年上涨趋势。拉美各国 GDP 差距较大，巴西和墨西哥明显优于其他国家。人均 GDP 方面，除巴西和阿根廷在近年来出现明显下降外，其他国家基本保持上升趋势。拉美地区整体通货膨胀率于 2019 年达到峰值 7.22%，但在各国政府均加强管控的情况下，预计未来将出现显著下降。人口层面，拉美目前总人口仍持续上涨，人口结构也相对健康，没有出现严重的老龄化情况，但拉美裔青壮年劳动力流失的情况需要引起注意。

受益于拉美地区经济逐步发展的积极带动，互联网覆盖率持续飙升。截至 2020 年初，移动互联网用户已达总人口的 53%，显著高于亚太、中东及非洲等地区。互联网的迅速发展也为手机市场的兴盛奠定了基础，其智能手机覆盖率已达 68%（2011 年），并预计将于 2025 年达到 79%。此外，电商市场也逐步繁荣，销售额最高的国家分别为巴西和墨西哥，阿根廷和哥伦比亚的数据也相对可观。

拉美经济的迅速发展催生了消费信贷市场的巨大需求，大批金融科技公司看好这片新兴的蓝海市场并开始迅速布局，数字银行和 P2P 业务出现迅速发展。目前，拉美地区较大的金融科技机构有 Afluenta、Cumplo、Konfio 和 Nubank 等。巴西消费信贷市场属拉美最大、潜力最高的市场，在市场容量和相关表现方面远超其他国家。

目前拉美各国针对金融科技公司主要实施“监管沙箱”和“开放银行”政策，为公司提供了足够的自由环境和成长空间，预计未来将逐步贬劣择优，保持良好的市场环境。

12.1 宏观环境

南亚美利加洲简称“南美洲”（South America），位于西半球、南半球，东临大西洋，西临太平洋，北临加勒比海。北部和北美洲以巴拿马运河为界，南部和南极洲隔德雷克海峡相望。

南美洲是陆地面积第四大的大洲，陆地面积 1 784 万平方千米。安第斯山脉几乎纵贯整个南美洲西部，拥有美洲最高的山峰——阿空加瓜山。安第斯山脉东部就是面积广大的亚马逊河盆地，占地超过 700 万平方千米，大部分地区都是热带雨林。

巴西是南美洲面积最大也是实力最强的国家。

12.1.1 拉美宏观经济

（1）经济增长状况

拉丁美洲地区经济增长在 2017 年前呈现下降趋势，主要由于前期经济增长迅速导致基数较高，同时还受到了经济危机的影响。2018 年该地区各个国家再次受到经济危机冲击，整体 GDP 出现小幅下行，随后开始回升。2020 年，受新冠疫情的影响，高盛预计拉美地区 GDP 将下跌近 3.8%，但随着经济形势的逐渐好转，将逐步转回上升趋势（见图 12.1.1）。

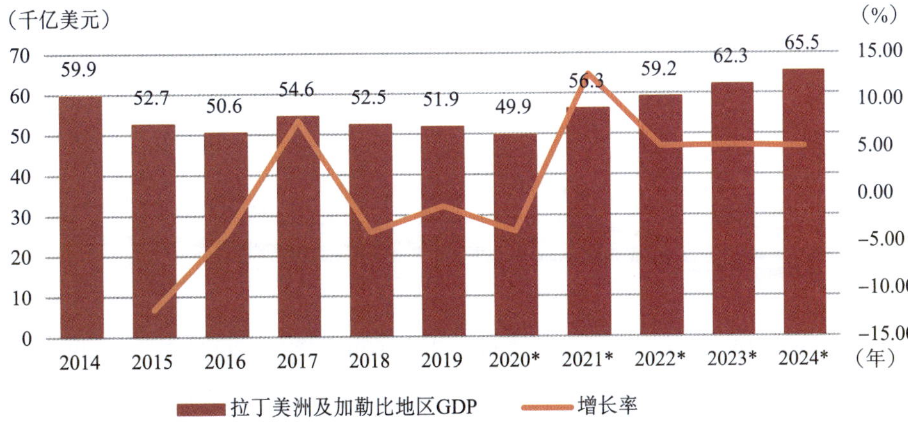

图 12.1.1 拉丁美洲及加勒比地区 GDP（2014 ~ 2024 年）

拉美地区各国按照 GDP 排名，前三分别为巴西、墨西哥和阿根廷（见图 12.1.2）。其中，巴西 GDP 显著高于其他国家，2019 年达 1.84 万亿美元，其波动相对较大，主要受 2015 年政局动荡影响；墨西哥紧随其后，达 1.24 万亿美元；阿根廷为 0.47 万亿美元，与其他国家差别相对较小。目前，以上三国 GDP 走势基本处于稳中带升状态。整体来看，拉美地区经济发展潜力相对较大，在疫情过后会迅速进入经济复苏期。

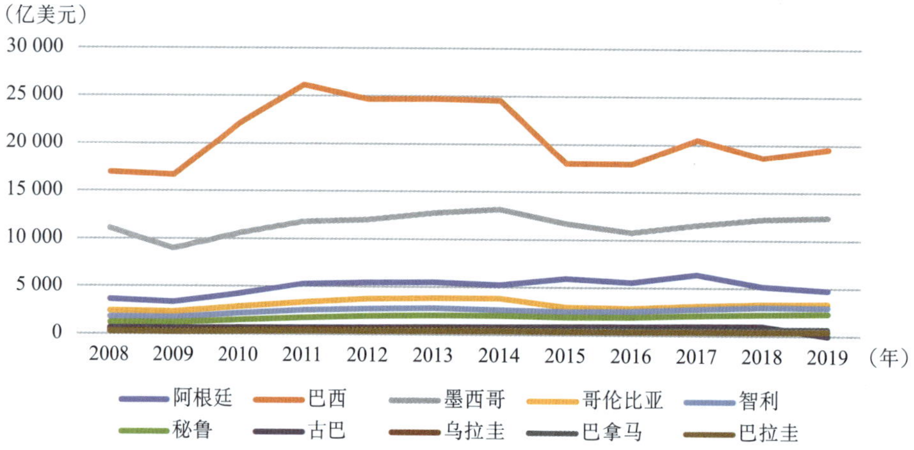

图 12.1.2　拉美部分国家 GDP 走势（2008～2019 年）

人均 GDP 方面，除巴西和阿根廷在走势上表现相对较差之外，其他国家基本都保持了一定的上升趋势（见图 12.1.3）。乌拉圭、巴拿马和智利的人均 GDP 走势明显好于其他国家，主要受益于面积较小、人口较少及旅游业发达等因素。

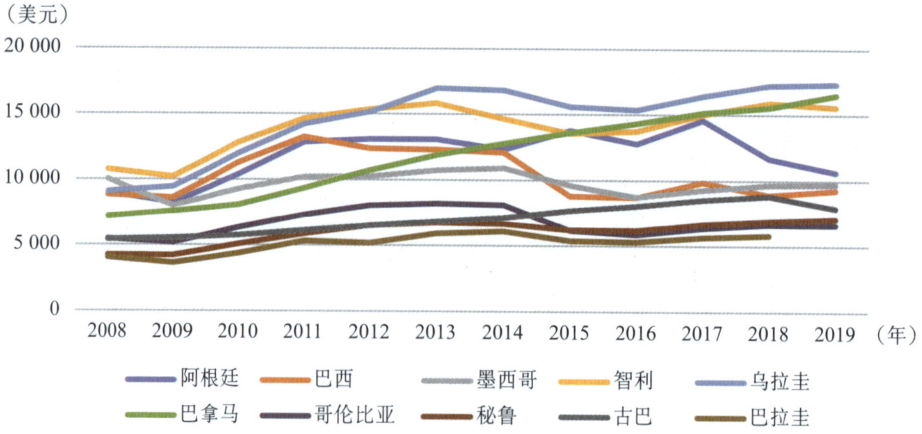

图 12.1.3　拉美部分国家人均 GDP 走势（2008～2019 年）

（2）通货膨胀率

拉美地区通货膨胀率自2014年一直处于持续上涨趋势，于2019年达到峰值7.22%（见图12.1.4）。各个国家中，通胀控制较好的为巴西，政府长期管控致力于确保货币购买力，即使在2015年、2016年经济负增长超过3.5%的严重衰退期间，巴西央行仍以遏制通胀为目标，坚持基准利率高于通胀率的做法。控制较差的代表国家为阿根廷。阿根廷央行在21世纪的多数年份都采取了明显宽松的货币政策，特别是在2008年国际金融危机爆发和2011年大宗商品价格下跌这两个节点之后，阿根廷央行更注重促进就业和增长，忽视了对货币稳定的追求。从2011年至今，阿根廷的通胀率每年都超过20%。进入2019年，巴西暂时控制住了通胀，当前的低通胀率为下一步央行采取宽松货币政策提供了空间；而阿根廷政府通过不断努力，使过去遗留的通胀压力得到了较大释放，未来有望走上比较健康的增长道路。

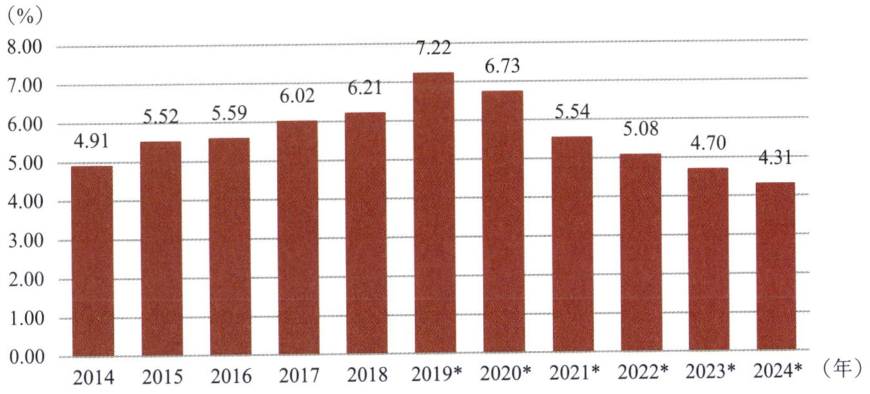

图12.1.4 拉美及加勒比地区通货膨胀率（2014～2024年）

12.1.2 人口情况

拉美地区人口位于持续增长阶段，尽管近年来增长率出现一定下降趋势，但并未出现负增长态势（见图12.1.5）。

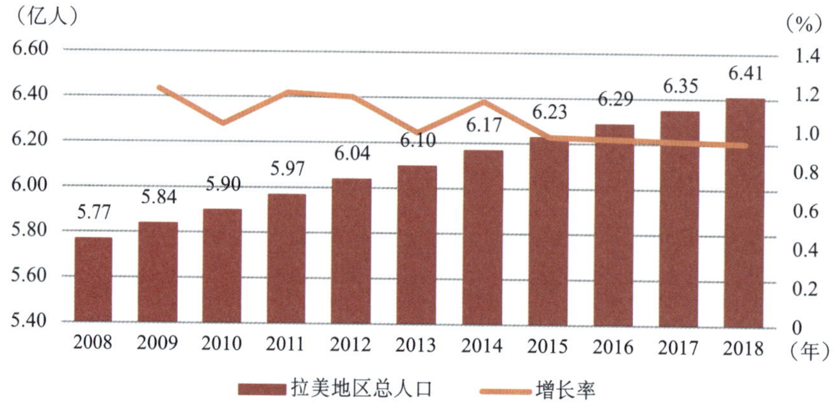

图 12.1.5　拉美地区总人口及增长率（2008～2018 年）

拉美人口年龄结构相对较为年轻，0～14 岁人口占比约 25%，中青年人口（15～64 岁）占比为 65% 左右，老龄人口（65 岁及以上）占比持续低于 10%。需要注意的是，尽管截至 2018 年底拉美地区的人口结构并未出现巨大变化，但 0～14 岁人口占比正以缓慢速度下行，而 65 岁及以上人口则逐年出现小幅提升，拉美裔青壮年人口外流也是导致当地老龄化进程加快的重要原因之一（见图 12.1.6）。目前，数据层面来看老龄化情况不严重，但老龄化加快的趋势需得到及时控制。

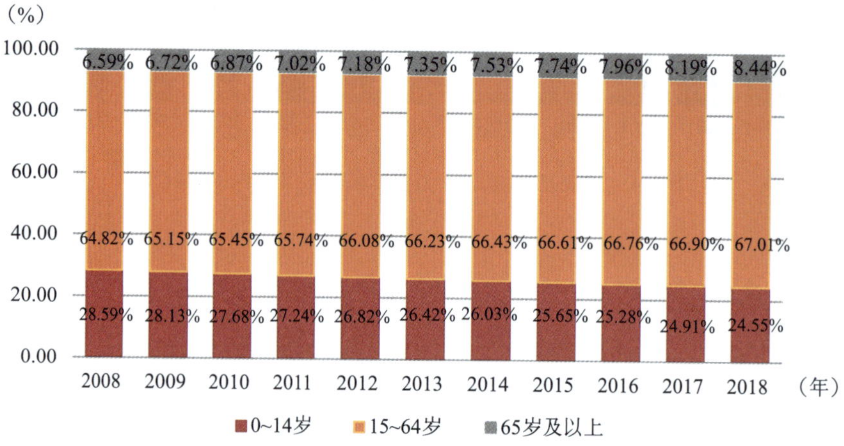

图 12.1.6　拉美地区人口年龄分布（2008～2018 年）

12.2 移动互联网

12.2.1 互联网使用情况

拉美地区互联网近年来发展十分迅速，相比亚太、中东和非洲等地区，拉美互联网覆盖程度和接入程度均相对较高。[①] 截至2020年初，其移动互联网用户已达总人口的53%，预期未来该比例将持续增长（见图12.2.1）。

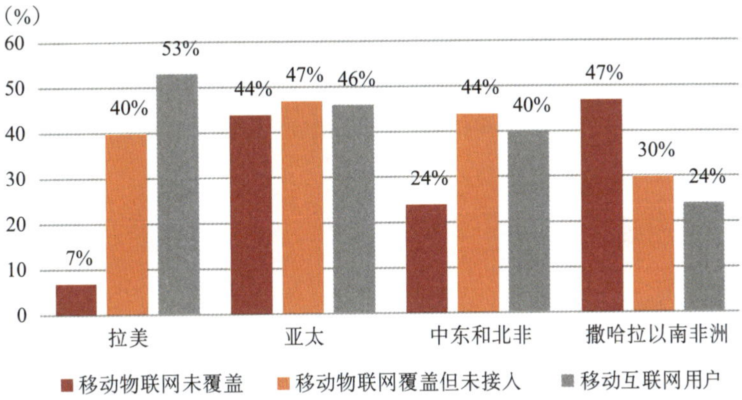

图12.2.1 全球部分地区移动互联网渗透率（2019年底）

从拉美各个国家数据来看，巴西和墨西哥在互联网使用普及方面一马当先，使用人数分别达到1.5亿人、8 900万人；阿根廷和哥伦比亚的使用人数也相对较多，均为3 500万人（见图12.2.2）。其他国家人口基数较小，但覆盖率依旧保持地区平均水平。

预计到2023年，拉美各国将持续受益于日渐增长的移动服务以及随之带来的生产力和效率的提高，移动互联网对拉丁美洲经济的贡献预计将超过3 000亿美元。

在持续的网络投资和即将到来的频谱分配推动下，未来几年，拉丁美洲将加速4G普及，到2025年覆盖率将达到67%，并为5G铺平道路。两种技术将并存较长时间，5G将于2020年在该地区首次商用。

---

① 资料来源：GSMA Global Outlook。

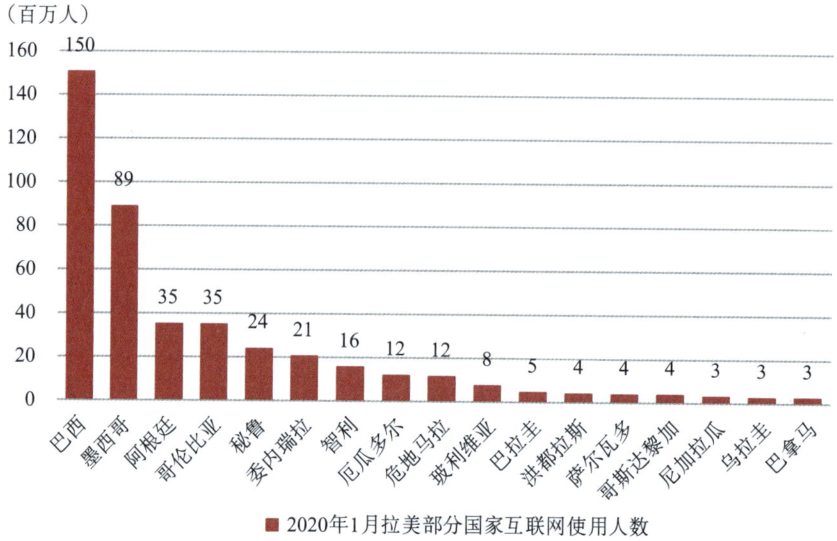

图 12.2.2　拉美部分国家互联网使用人数（2020 年）

12.2.2　手机使用情况

（1）手机品牌分析

在连续 4 个季度下降之后，拉美智能手机市场在 2019 年第 3 季度同比增长 3.7%，除秘鲁外，几乎所有主要市场的出货量都有一定程度的增长。在品牌方面，三星、华为和中兴的增长最为明显。

据分析，手机市场复兴主要是由于部分旧型号手机的价格暴跌，以及新型号的推出，吸引了拉美消费者加速其智能手机的更换。同时，市场的集中度也有所提高，排名前三的品牌 2019 年市场份额合计占比 69%，高于 2018 年的 65%（见表 12.2.1）。其中，最受欢迎的品牌是三星。

表 12.2.1　拉美手机品牌市场份额

拉美手机品牌市场份额	2018 年（%）	2019 年（%）
三星	36.6	40.0
摩托罗拉	14.9	15.1
华为	13.2	14.0
LG	5.7	4.1
ZTE	1.1	3.0

续表

拉美手机品牌市场份额	2018 年（%）	2019 年（%）
阿尔卡特	2.9	3.0
其他	25.6	20.9
总计	100	100

研究表明，在 2019 年 5 月贸易禁令结束后，华为迅速布局拉美市场。华为在墨西哥和哥伦比亚的业务拓展都取得了积极的成果，传统产品的销售将使华为在 2020 年的拉美市场上继续保持较强的竞争力。

（2）手机使用人数及渗透率

拉美地区智能手机使用渗透率于 2019 年已达到 68% 左右，预计未来将仍保持快速增长趋势，并于 2025 年达到 79%（见图 12.2.3）。

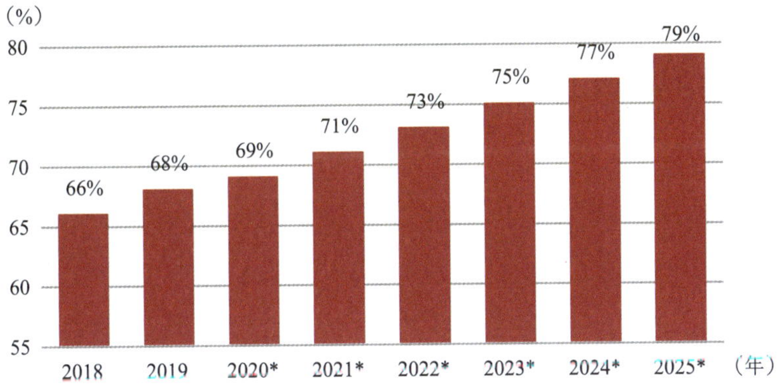

图 12.2.3　拉美地区智能手机渗透率（2018～2025 年）

横向对比世界部分国家的相关数据，在拉美国家中，阿根廷手机普及率最高，达到 84%（见图 12.2.4）。其中，智能手机普及率与中国持平（68%），但无手机人群明显高于中国。居于第二位的是巴西，2018 年手机使用人群占比达 83%，智能手机普及率与南非持平（60%）。随后是墨西哥，手机普及率达 76%，智能手机普及率达 52%。三个国家目前智能手机普及率都显著高于发展中国家中位数（45%），表明其互联网已经出现相对迅速的发展，并将逐步向发达国家的数据进发。

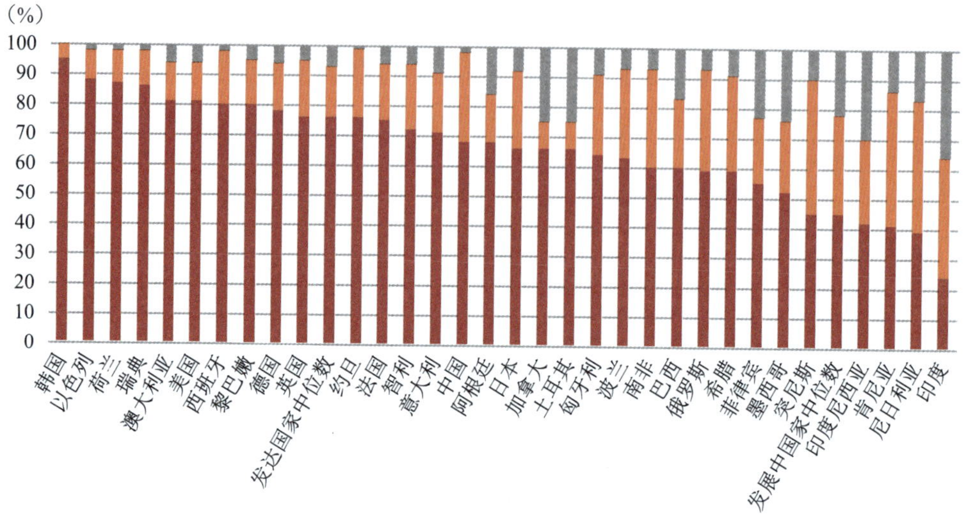

图 12.2.4　部分国家智能手机使用情况（2018 年）

12.2.3　电商市场

拉丁美洲的电子商务正在稳步增长。2019 年，拉美地区的销售增长率为 21.3%，略高于全球平均水平 20.7%。其中，增速较好的为墨西哥，达到 35%；其次为阿根廷，增速为 18.8%（见图 12.2.5）。

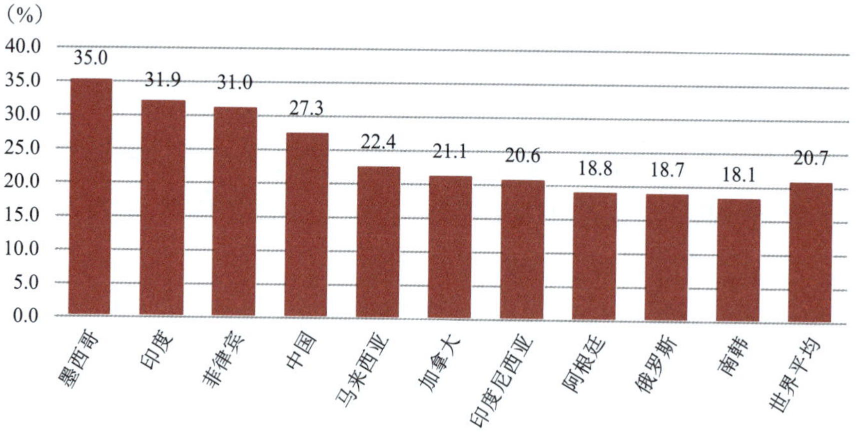

图 12.2.5　电商销售额增长率世界前十国家（2019 年）

据预计，拉美电商市场将在未来几年继续保持增长趋势，2020年和2021年电商销售额占零售总额的比率将达到3.1%和3.3%，国内外的销售额都将出现明显提升（见表12.2.2）。[①]

表12.2.2　　拉美电商零售额及销售额情况

年份	2019年	2020年*	2021年*
电商销售额占零售总额比例	2.9%	3.1%	3.3%
电商零售额	615.5亿美元	687.1亿美元	755.3亿美元
国内电商销售额	380亿美元	540亿美元	780亿美元
跨境电商销售额	970亿美元	1 140亿美元	1 340亿美元

注：商品销售额，是指厂家给经销商的价格形成的销售；零售额，是经销商在进货额的基础上加价后进行销售形成的销售额；销售额中包含了零售额。

拉美地区电商销售额最多的国家主要为巴西和墨西哥，分别达到158.93亿美元和94.41亿美元，远高于其他国家，这主要得益于两个国家庞大的互联网使用人数。社交媒体渗透率方面，各个国家相差不多，除巴拉圭外，基本位于60%~80%之间（见表12.2.3）。

表12.2.3　　拉美部分国家互联网发展及电商数据对比（2019年）

2019年拉美各国情况	互联网使用人数（百万）	社交媒体渗透率（%）	电商销售额（百万美元）	真实GDP（十亿美元）
巴西	149.10	66	15 893	1 302.5
墨西哥	88.00	67	9 441	1 405.2
阿根廷	41.59	76	3 543	237.6
哥伦比亚	34.00	68	3 807	251.3
秘鲁	24.00	73	2 375	178.3
智利	15.04	77	4 248	320.5
巴拉圭	6.18	53	369	17.8

① 数据来源：Statista。

12.3 消费信贷市场

12.3.1 发展背景

拉美传统的借贷产业条件严苛，传统银行为了防范风险，通常会设定极高的利息。拉美很多国家银行数量较少，市场缺乏竞争，成本居高不下，缺乏服务低收入人群的驱动力。同时，出于风控考虑，银行也不愿意为个人或微小企业提供小额信贷。部分消费者只好寻求月利息高达2%～10%的私人借贷。

由于现有的金融服务已经难以满足人们对贷款、储蓄、支付的巨大需求，拉美正在兴起一股金融科技创业潮。目前，部分顶尖金融科技公司传统银行的地位已经逐步动摇了。

拉美的信用借贷在逐步改善，但各国之间存在巨大差距。墨西哥在借贷容易度上排名世界第8，而巴西排名第99。几乎每个拉美国家都有一个借贷初创公司在尝试解决现有系统的难题，然而由于各国管制不同，这些初创公司很少也很难走出国门。

12.3.2 各类金融科技公司

（1）数字银行兴起

巴西消费贷和信用卡的平均年利率为190%，当出现了年利率只有35%的数字信用卡发行公司Nubank后，就有超过2 500万巴西人注册。该公司开通了借记卡服务，客户可以通过手机APP直接从ATM机取款。此类数字银行正在拉美各国涌现，脱离了传统银行的限制，为用户提供友好的借贷和金融服务。

阿根廷的Uala由Pierpaolo Barbieri创立，为阿根廷用户提供无手续费、全球可用、全数字化的万事达信用卡。阿根廷用户使用该卡可以实现轻松海淘。Uala在开始信用卡业务前，已经为阿根廷各省提供了便捷的借记卡服务。在墨西哥，数字银行Albo（Magma基金投资组合公司之一）也使用相同的商业模型。

表 12.3.1 是拉美几大国家的平均信用卡利率与美国的对比。

表 12.3.1　　拉美部分国家信用卡平均利率及持卡比例与美国的对比

国家	平均信用卡利率（%）	持卡人口比例（%）
阿根廷	60	26.6
巴西	190	27
智利	25～30	28.1
哥伦比亚	33	13.72
墨西哥	41.8	17.83
美国	13.6	78

由统计数据可知，相比于信贷业务发达的美国，拉美各国的信用卡覆盖率仍具有非常大的发展空间，而在信用体系逐步构建完成后，信用卡利率将更加趋于合理。

（2）P2P 借贷

由于金融服务短缺，75% 的拉美人认为银行放出的贷款不足以支撑正常的借贷需求，人们在急需用钱时只能求助于亲朋好友。然而，随着科技的发展和智能手机的推广，P2P 应运而生并开始迅速发展。

近年来，几乎每个拉美国家都有一些顶尖 P2P 初创企业，这些平台很好地弥补了传统银行难以匹配的信贷需求缺口。在 P2P 平台上，用户可以方便快捷地进行小额借贷申请，供款人可获得小额利息，借贷行为直接在平台上完成，无须经过银行即可匹配资金。

以下是拉美地区几个顶尖的 P2P 企业：

- Afluenta。

所处国家：阿根廷；累计融资：2 550 万美元。

Afluenta 为个人和公司提供小额贷款服务。公司根据个人信用评估为其提供贷款额度，放贷金额主要来源为投资人，与银行业务没有交集。目前，公司管理规模为 2.2 亿比索（合 307 万美元），自成立以来已经为投资人实现了 21.6% 的收益率。

- Cumplo。

所处国家：智利。

Cumplo 是拉丁美洲最大的中小企业合作贷款网络。公司通过网络平台将申请贷款的公司与投资者进行撮合。截至目前，Cumplo 已经累计提供了超过 3.3 亿美元的贷款。

- Konfio。

所处国家：墨西哥；累计融资：4.028 亿美元。

Konfio 为中小企业提供无担保的运营资金。公司平台使用专有算法分析信贷行为，对公司的贷款申请响应迅速，并能在 24 小时内付款。

- Nubank。

所处国家：巴西；累计融资：11 亿美元。

Nubank 是一个信用卡发行及管理机构，同时可以处理汇款、支付和股权交易。作为拉美最大的金融科技公司，其已经拥有了 2 000 万用户和 1 500 名雇员，估值 100 亿美元。

12.3.3 消费信贷规模

拉美地区各国家中，巴西的消费信贷发展最为迅速，近三年每季度的市场规模都接近 5 000 亿美元，并呈现一定的季节性（见图 12.3.1）。以巴西雷亚尔计价的走势来看，该国家电商持续保持上涨态势，但由于汇率波动影响，以美元计价的结果显示市场规模在 2018 年出现小幅降低，但后期仍保持上涨趋势。其他如墨西哥、哥伦比亚和智利等国家在消费信贷的规模上和巴西有明显差距，但也呈现出逐年上涨的发展趋势，展现了拉美地区消费信贷市场的勃勃生机。

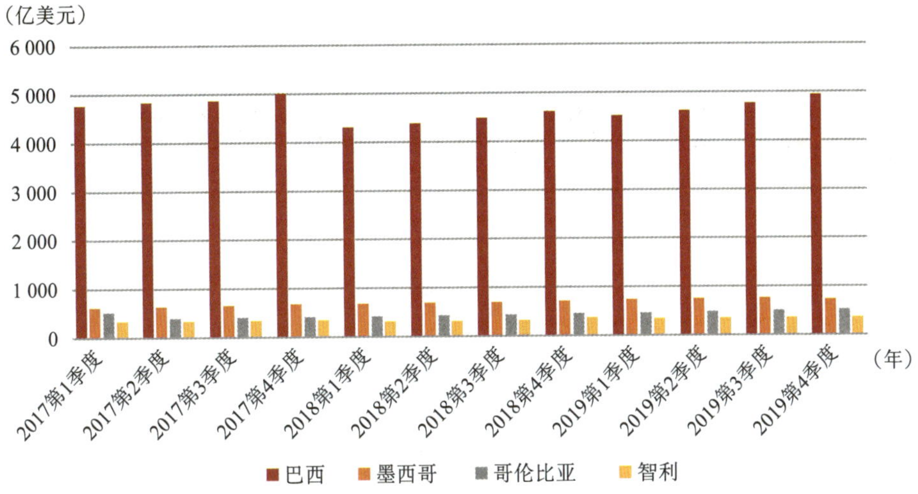

图 12.3.1　拉美部分国家消费信贷规模

12.3.4　政策及牌照

拉美拥有完善的监管框架和负责任的金融规范，小额贷款商业环境最好的前 20 个国家中有 11 个为拉美国家，受监管的银行、小贷公司等机构在拉美的小额信贷产业中占有主导地位，覆盖了 79% 的信贷资产以及 67% 的借款人。

“监管沙箱”（Regulatory Sandbox）是一项巴西、墨西哥、哥伦比亚等许多拉美国家都在推行的政策工具，为金融创新提供市场化的空间，类似于中国“先试水，后监管”的概念。这项工具给银行和其他非传统金融机构提供在真实但受控的环境中测试新技术和商业模型的机会，并给予监管机构制定法规所需的时间。Fintech 初创公司可以直接向监管部门申请加入“沙箱”，获批后即可开展市场化试验。

“开放银行”（Open Banking）是另一项政策创新，主要是通过开放 API，共享金融数据，让用户有更流畅的金融服务体验；同时，让不同类型的金融机构都能够获取所需的数据从而有效评估客户的风险和所适合的金融产品。这项政策对于 Fintech 公司来说是非常利好的，可以帮助其获取被大银行垄断的用户信息和数据。这意味着 Fintech 产品不仅能够服务于未被银行覆盖的人群，也能够在已被银行覆盖的中高收入客群中，与传统金融机构平等竞争。

第13章 墨西哥信贷市场研究报告

综 述

墨西哥是美洲文明古国，是印第安古文化的摇篮，孕育了驰名世界的玛雅文化、奥尔梅克托尔特克文化和阿兹特克文化。目前，墨西哥是拉美地区第一贸易大国和重要的外国直接投资目的地，也是发展中国家中经济较为发达的国家之一，经济发展水平在拉丁美洲居领先地位。此外，墨西哥还是经济合作与发展组织（OECD）、二十国集团（G20）和亚太经合组织（APEC）成员，被认为是具有发展前途的新兴工业国家之一。

墨西哥领土面积1 964 375平方公里，是拉美第三大国，仅次于巴西和阿根廷。墨西哥位于北美洲南部、拉丁美洲西北端，是南美洲、北美洲陆路交通的必经之路。北邻美国，南临危地马拉和伯利兹，东接墨西哥湾和加勒比海，西邻太平洋和加利福尼亚湾。首都为墨西哥城（Ciudad De Mexico），全国划分为32个州（包括墨西哥城），主要城市包括墨西哥城、瓜达拉哈拉、蒙特雷、韦拉克鲁斯等。

墨西哥已经同46个国家签订了贸易协定，对于外资投资与贸易往来持开放且包容的态度。虽然近年受全球经济放缓和国际金融市场的大幅波动等外部环境恶化的影响，墨西哥GDP增速放缓，但是整体经济发展情况在新兴国家中属于较好的，从人均GDP值来看当地人消费能力也比较强。增长型人口结构随之带来的年轻人口与中产阶级人口数量增加会带动消费市场的发展。

由于现金消费方式深入墨西哥人的消费理念中，电子钱包与移动支付的发展较为缓慢，国内信用卡渗透率较低，而且主要在城市人口与工薪阶层中普及。目前，各大电商纷纷入驻墨西哥市场，采取“线上下单，线下支付”的本地化商业模式逐步开拓市场。传统金融业提供的信贷服务人口范围非常有限，使得 Fintech 行业在墨西哥迅速发展，其中 40% 的 Fintech Startup 通过在线借贷或 P2P 借贷方式为个人和小型商业提供小额信贷服务。虽然市场规模与中国无法相比，但也保持着年平均 30% 的增长率，信贷行业处于早期阶段，值得关注。

风险方面，目前墨西哥经济面临较大下行压力；同时，受全球疫情扩散及经济持续低迷的影响，未来短时间内难以出现明显好转。汇率同样受疫情冲击，尽管政府已经积极采取救市措施，但市场恐慌情绪依旧持续蔓延。政治方面，洛佩斯的上任为墨西哥经济及政治带来一丝曙光，洛佩斯表示将大力整治贪腐及暴力问题，改善民生，推动经济改革。如疫情后续得到缓解及有效控制，预期经济将逐步转好并出现稳定发展趋势。

综上，墨西哥历史文化悠久，人口结构年轻，且国内信用卡渗透率较低，消费信贷发展潜力巨大。目前市场参与玩家较少，除国际机构外剩余玩家规模相对较小，竞争仍较为激烈。同时，投资需关注经济下行的宏观风险。

13.1 宏观经济

墨西哥合众国，简称墨西哥，是北美洲的一个联邦共和制国家，北部同美国接壤，南侧和西侧濒临太平洋，东南濒临加勒比海，与伯利兹、危地马拉接壤，东部则为墨西哥湾。面积 1 964 375 平方公里，为美洲面积第五大和世界面积第十四大的国家。墨西哥为联邦国家，包括 32 个州，其首都和最大城市墨西哥城亦为一州。墨西哥人口总计 1.30 亿（2020 年初），为世界第十人口大国，拉丁美洲第二人口大国，印欧混血人和印第安人占总人口的 90% 以上。

墨西哥是美洲大陆印第安人古文化中心之一。这里曾孕育出闻名世界的奥尔梅克文化、托尔特克文化、特奥蒂瓦坎文化、萨波特克文化、玛雅文化和阿兹特克文化，后者更是成为前哥伦布时期北美洲最大的国家阿兹特克帝国。

13.1.1 拉美经济大国

（1）经济增长状况

墨西哥作为拉美经济大国，是世界上最开放的经济体之一，已经同46个国家签署了自由贸易协定。近年，受全球经济放缓和国际金融市场的大幅波动等外部环境恶化影响，尤其是受制于美国经济增长动力不足、国际市场石油价格下跌等影响，墨西哥经济增长速率有所减缓。

2010年以来，墨西哥GDP一直保持在1万亿美元以上，但是每年增速波动较大（见图13.1.1）。墨西哥的GDP增速从2015年经济发展放缓开始，出现负增长，直至2017年有所缓解，2019年又开始呈现负增长。

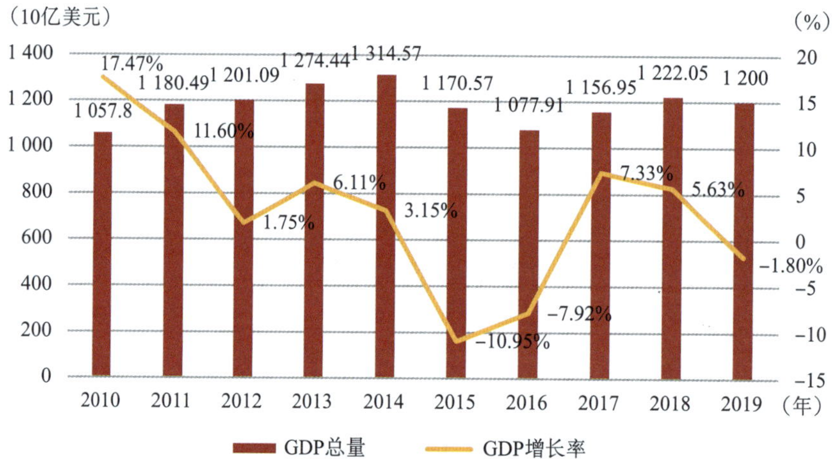

图 13.1.1　墨西哥GDP总量及增长率

（2）通货膨胀率

2018年末，墨西哥通货膨胀虽然较2017年高位的6.04%有所回落，但依然处于较高水平（见图13.1.2）。截至2019年12月，最新的通胀数据为3.64%，意味着墨西哥央行未来将有可能将通胀率控制在3%以内。

13.1.2 人口情况

截至2020年4月，墨西哥的人口总量约为1.30亿，世界人口排名第10位，人口结构呈增长型人口结构，主要年龄段集中在0～14岁、25～54岁这两个阶段（见图13.1.3）。

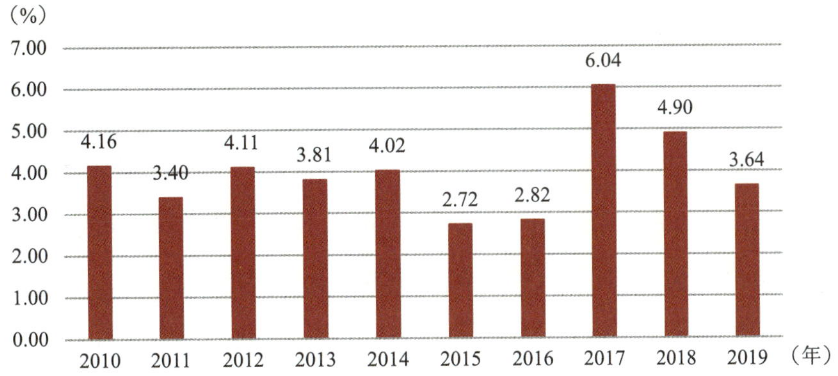

图 13.1.2 墨西哥通货膨胀率

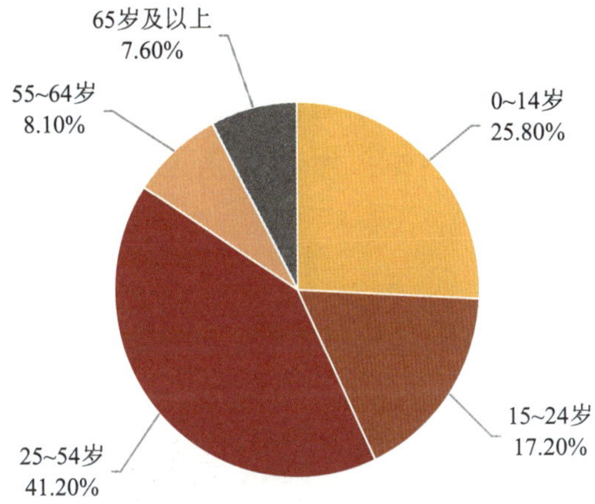

图 13.1.3 2019 年墨西哥人口年龄分布

近年来墨西哥人口增速虽出现下降，但仍保持正增长（见图 13.1.4）。

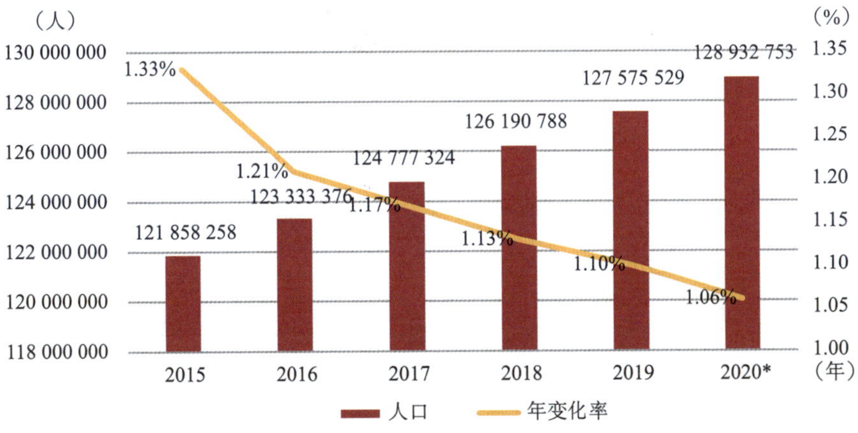

图 13.1.4 墨西哥人口增长及变化率

13.1.3 外资投资状况

墨西哥经济部2020年2月发布通告称，2019年墨西哥吸引外国直接投资329.21亿美元，较上年增长4.2%。2019年，墨西哥外国资本流入419.01亿美元，外国资本流出89.8亿美元。其中，外国直接投资资金来源53.1%为利润再投资，39%为新投资，7.9%为公司间往来。

吸引外资比例最大的行业为制造业，占比接近50%，其他行业占比相对较小（见图13.1.5）。墨西哥作为全世界最重要的家电生产国之一，冰箱及冷冻库类出口量常年占据全球第二，仅次于中国。墨西哥凭借其机械制造业运营成本低，临近北美的物流地理位置，以及相关材料制造业发达等优势成为家电生产行业的重要国家。美国一直以来占据墨西哥最大外国投资来源国的地位，投资平占比36.8%。西班牙占12.1%，加拿大占9.7%，德国占9.2%，意大利占4.5%。[①]

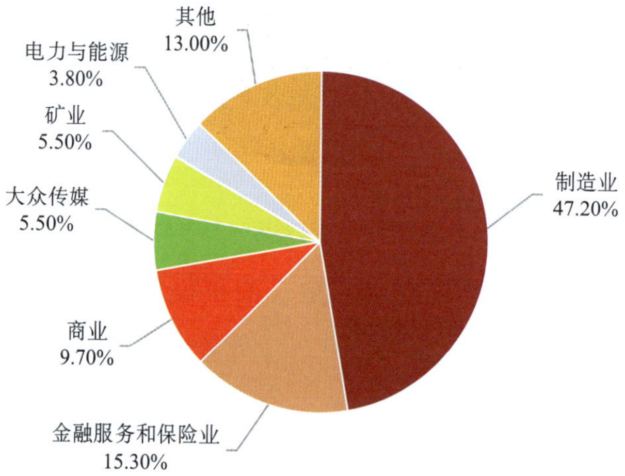

图13.1.5 墨西哥2019年外资投资比例（按行业分）

墨西哥对外国投资者有一些优惠促进政策，除了联邦政府给予政策优惠外，各州政府还在自身职权范围内给外资提供多种优惠措施。墨西哥外国投资法允许外国投资者在墨西哥境内从事绝大多数行业，甚至是能源、电信等敏感行业，可100%参与经营，个别保留及特殊规定例外。对外商投资的优惠政策

① 资料来源：墨西哥经济部。

主要涉及客户工业、电机电子等部分产业促进政策和员工培训促进政策等。

13.1.4 政治社会环境

（1）墨西哥政治社会环境

墨西哥内政政局稳定性较高，长期的议会民主制发展使得墨西哥成为拉丁美洲政局稳定性较高的国家之一，但仍有不确定性。2012 年，革命制度党时隔 12 年后重新执政，任期 6 年。2018 年 7 月 1 日的大选，左翼的国家复兴运动党总统候选人洛佩斯获得选举，成为墨西哥新一届总统，打破了长期以来墨西哥政坛由革命制度党和国家行动党主导的局面。

总统洛佩斯于 2020 年 4 月 5 日宣布，将启动一系列措施重振经济，应对新冠病毒疫情冲击。他表示，墨西哥政府将增加投资，保障就业，削减政府部门预算，相关措施预计将创造约 200 万个就业岗位。政府拟增加 250 亿比索（约 10 亿美元）用于住宅修缮等民生工程，招募数万名医务人员及军人，扩大农民直接补助发放群体规模，削减政府高层官员奖金和补贴。政府将开展财政刺激计划，保障北部边境地区能源低价供应，承诺不新增税费和税目，并继续推动墨西哥城新首都机场、玛雅铁路等基础设施项目建设。

（2）中墨关系

中墨在 2013 年建立了全面的战略合作伙伴关系，双方贸易合作往来频繁。2016 年，中海油中标墨西哥两个深水石油区块，未来 35 年里投资总额将达 80 亿美元，标志着中墨双方经贸投资合作有了突破性的发展。此后中墨两国企业在汽车制造、风力和太阳能、电信共享网络、可再生能源、工业园区等领域也开展了很好的合作。中国银行和中国工商银行在墨西哥设立分支机构，为两国企业的投资合作提供了新的融资渠道。中墨合作的未来潜力巨大。

13.2 移动互联网

13.2.1 互联网使用情况

截至 2018 年底，墨西哥总计有超过 7 501 万的活跃互联网用户，超过

50%的墨西哥居民可以享受到互联网服务。预计2023年，墨西哥互联网用户总量将会达到1.02亿人（见图13.2.1）。

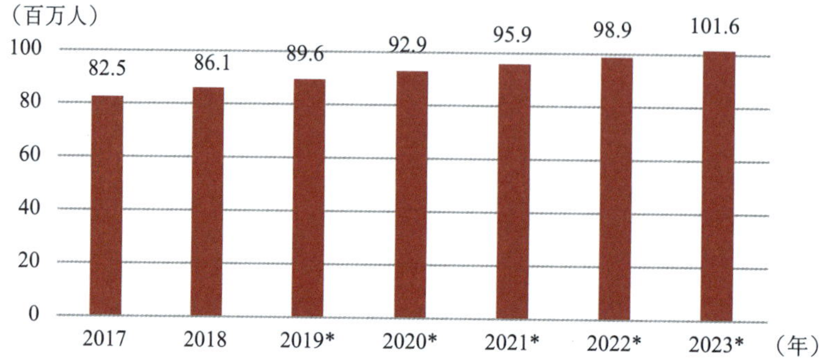

图13.2.1　2017～2023年墨西哥互联网使用人数

自2016年6月起，墨西哥就已经是全世界排名第十的互联网用户人数最多的国家。所有的互联网用户中，有81%会每天主动使用互联网并且活跃在社交网络上。移动互联网用户为7 980万人，约占墨西哥总人口的63.8%，即约有63.8%可以通过手机享受移动互联网服务。墨西哥互联网覆盖以及社交网络活跃度较为发达，据Statista预测，其互联网普及率将保持持续上升趋势，2023年将达到69.1%（见图13.2.2）。

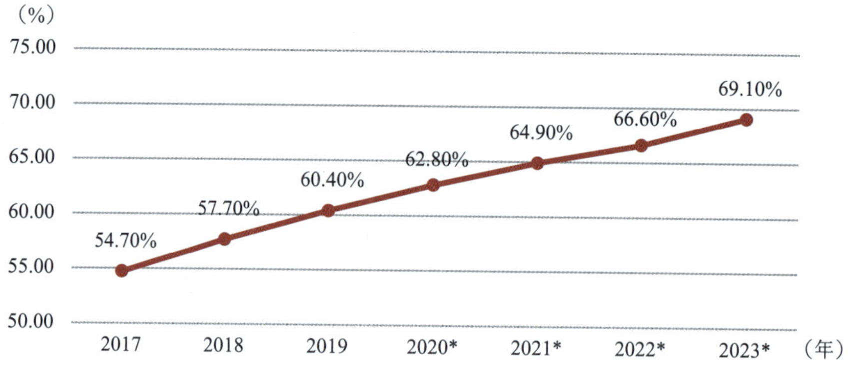

图13.2.2　2017～2023年墨西哥互联网普及率

13.2.2　手机使用情况

截至2019年，在使用手机的用户中，有89.1%使用智能手机。Telcel、

AT&T 和 Movistar 三大运营商几乎瓜分了整个墨西哥手机销售渠道，其中尤以 Telcel 占比最大。但从智能手机品牌销售来讲，2020 年，三星的市场份额约为 28.26%，位列第一；中国品牌包括［华为、联想（摩托罗拉）、Alcatel、中兴、海信、小米等］总共占市场份额 45.06%（见图 13.2.3）。在智能手机的市场份额前 10 位的品牌中，中国品牌非常受欢迎。①

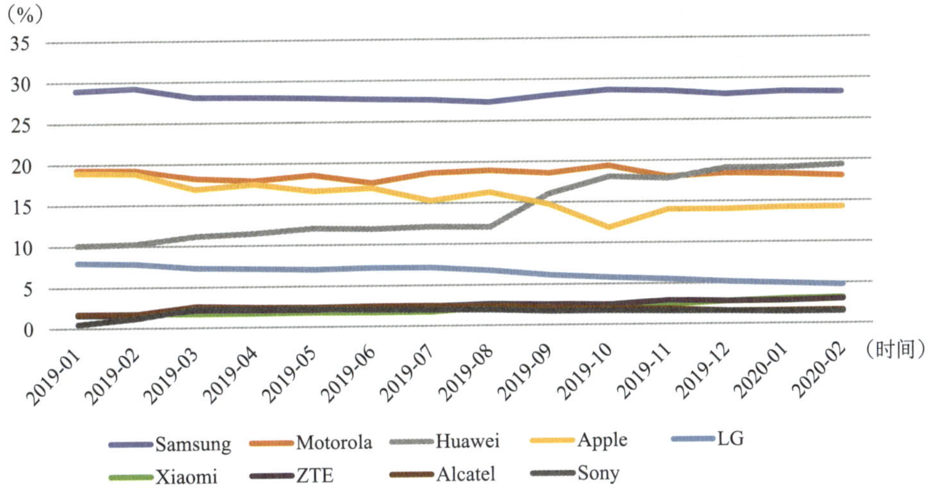

图 13.2.3　墨西哥智能手机品牌市场占比

近年来，墨西哥政府大力推进移动互联网的发展，4G 网络已快速普及。全球互联网状况数据公司 Signal 发布的报告显示，墨西哥在美洲拥有最快的 4G 网络速度，其 LTE 速度击败了阿根廷、智利和巴西，其下载速度超过美国，可达到平均 22.4Mbps。

13.2.3　电商市场

（1）墨西哥电商市场规模

2019 年，拉丁美洲约有 1.56 亿人倾向于网上购物，相比于 2016 年的 1.27 亿人呈显著上升趋势。墨西哥的电商市场是其中增速最快的市场之一，并且是拉丁美洲电商市场最重要的组成部分之一，2018 年成交量已达 210

① 资料来源：Statista。

亿美元，占拉美市场的 38%（见图 13.2.4）。

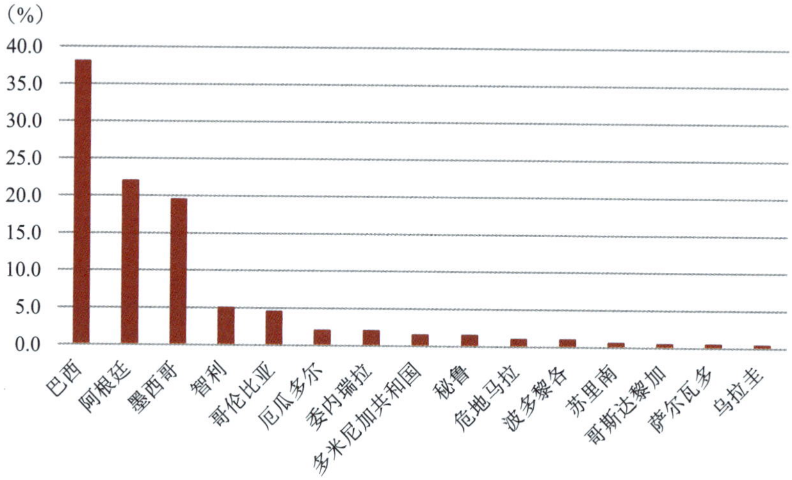

图 13.2.4　2017 年拉丁美洲电子商务市场分布情况

资料来源：Statista。

互联网的飞速发展和智能手机的广泛普及推动了电子商务的发展。2018 年电商零售额最大的产品为电器和媒体类，金额为 22.22 亿美元。其中，3C 类的电子产品包括电脑、电子游戏、手机及其配件在墨西哥都极受欢迎。2018 年电商市场渗透率为 45.9%，预计 2020 年将达到 51.3%。据统计，2018 年墨西哥电子商务交易额达 210.3 亿美元，较上年增长 16.19%，预计未来将继续保持上涨趋势。墨西哥的互联网和电子商务领域已经成功吸引了数千万用户，但它还远未成熟，截至 2019 年，墨西哥互联网用户仅占总人口的 60.40%。①

据 Statista 统计，截至 2017 年，墨西哥拥有 3 700 万线上购物用户，其中 51.4% 为男性，66% 以上用户年龄位于 25～54 岁，86% 以上为城市用户，30% 以上用户最常使用的支付方式为信用卡支付。电商销售额表现出明显的季节性，2017 年 92% 以上的销售额增长来源于圣诞节和全球性的购物节 El Buen Fin（类似中国的“双十一”）。

① 资料来源：网经社《2019 年全球电子商务数据报告》。

在墨西哥，在线购物最受欢迎的产品品类为线上预约和购票，其次为购买移动设备和软件。电子产品在 2017 年零售额达到 288 亿墨西哥比索（近 15 亿美元），是 2017 年零售额最高的品类。绝大部分用户在线购物的首选设备是台式电脑，但是近年来用户偏好已逐步向移动设备转移，预计移动领域线上购物收入将增长 3 倍左右，由 2017 年的 80 亿美元增长至 2021 年的 210 亿美元。[①]

由图 13.2.5 可见，墨西哥 2019～2023 年电子销售复合增长率约为 9%，增速显著高于部分发展中国家和发达国家，其未来电商行业仍具有极大的发展潜力。

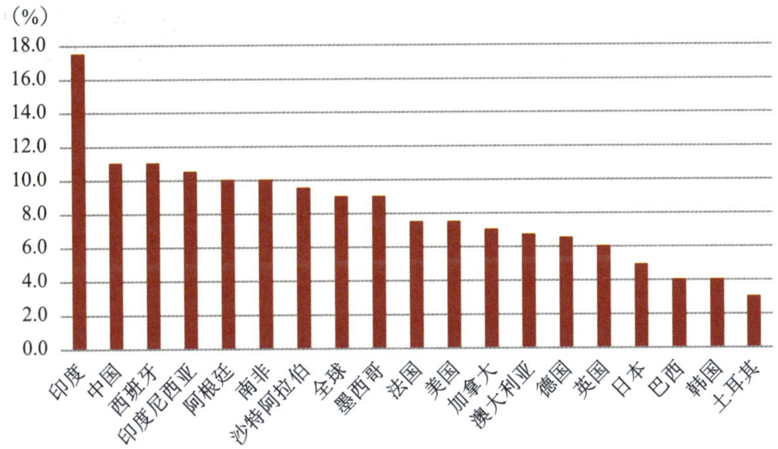

图 13.2.5　2019～2023 年典型国家电子商务销售复合年增长率预测

资料来源：Statista。

（2）墨西哥电商市场竞争

随着墨西哥市场的逐渐成熟以及参与者的日渐增多，当前竞争已经非常激烈，本土和境外玩家都在争抢市场份额。未来虽然仍有一定发展空间，但增长潜力有限。来自美国的传统大型百货商店在电子商务市场占据了一席之地，但非美国百货商店也成功地通过市场的发展成熟成为其稳固的竞争对手，特别是来源于阿根廷的 Mercado Libre de Mexico 和电

① 2017 年年底汇率为 19.871。

商巨头亚马逊。尽管各大电商平台发展迅速，墨西哥电子商务市场似乎仍被传统的百货商店占据，比如墨西哥沃尔玛、墨西哥连锁店 Liverpool 和 Coppel。①

- Mercado Libre。墨西哥的 Mercado Libre 是由阿根廷电子商务和电子支付公司 Mercado Libre 开发的平台，它击败了美国巨头，成为墨西哥电子商务领导者。该平台允许用户和企业在线销售各类产品，从电子产品和家用电器到汽车和配件，从时尚到玩具和家具，应有尽有。Mercado Libre 拥有 1.7 亿客户，目前已成为拉丁美洲电子商务网站的领导者（网站：mercadolibre. com. mx，预计每月访问流量 1.085 亿次）。

- Amazon。亚马逊于 1994 年在美国成立，最初是一家网上书店，随后产品逐渐多元化，产品类别囊括媒体、电子产品、服装、家具、食品、玩具和珠宝等。亚马逊已经扩展到包括墨西哥在内的许多国家，成为美国和全球电子商务无可争议的领导者。亚马逊通过收购 Whole Foods Market 以及业务涉及出版、电子、云计算、视频流和制作的各类优质公司，已进一步发展为实体零售商（网站：amazon. com. mx，预计每月访问流量 4 130 万次）。

- Coppel。Coppel 于 1941 年在墨西哥成立，是一家百货连锁店，主要销售电子产品、家居装饰、电器、服装、配件、汽车零件、体育用品和旅行用品等。Coppel 通过 20 多家实体店及其在线电子商务平台实现运营（网站：coppel. com，估计每月访问流量 1 760 万次）。

- Walmart。沃尔玛（Walmart）是世界上最大的零售公司，在全球范围内经营大型超市、百货商店和杂货店。作为美国和其他国家的零售企业领导者，沃尔玛还通过其子公司 Walmart de Mexico（也称为 Walmex，为

---

① 资料来源：网经社。

墨西哥最大的公司之一）在墨西哥开发业务。其在线商店销售各种产品，从食品到电子产品，从时尚到药房，从家用设备到汽车零部件（网站：walmart. com. mx，预计每月访问流量 1 570 万次）。

• Liverpool。Liverpool 是一家零售公司，在墨西哥经营连锁百货商店，由 El Putero de Liverpool Limited 经营。Liverpool 通过其商店和在线平台，主要在墨西哥各地销售服装和配饰、电子产品、家居装饰、家具、玩具和特色食品（网站：liverpool. com. mx，预计每月访问流量 980 万次）。

13. 2. 4 市场需求

墨西哥消费能力保持较强水平，拥有较好的互联网普及率和基础设施，并且绝大部分居民具备网购意愿。截至 2018 年底，墨西哥国内支付方式仍以现金/便利店支付为主，居民对银行卡支付信任度低，且此类支付方式成本相对偏高。第三方支付机构 PayPal 虽然是全球最大的电子支付机构之一，但在墨西哥本土的发展仍然相对滞后。目前，其他第三方支付主要是对便利店支付和国际支付的整合。

（1）墨西哥主流支付方式

• 银行系统。目前，有 48 家银行在墨西哥经营业务，其中七家银行（Bancomer、Banamex、Santander、Banorte、汇丰银行、Inbursa 和 Scotia 银行）控制了 78% 的市场份额。除 Banorte 外，几乎所有主要银行都在外资银行的控制之下。Banorte 除储蓄业务外，也是现金支付网购付款的终端，用户在网购后可在 Banorte 各银行网点以现金方式缴纳款项。近期墨西哥已经出现以 Bankaool 为代表的“无网点银行”的新型银行业模式。除传统银行业务外，跨行电子支付系统（SPEI）也是常用支付转账工具。此工具由墨西哥银行开发，目标是实现实时安全的网银转账。

• 银行卡。墨西哥的借记卡跨行取现手续费很高（约 2 美元/次）。墨西哥信用卡渗透率相对较低，现金是主要支付方式，约有 80% 的墨西哥消费交易以现金形式进行。同时，拉美信用卡的批准率非常低。统计显示，全拉美地区只有 3 000 万注册信用卡用户，信用卡普及率远低于全球平均值。由于渗透率低，虚假推广情况较为严重，墨西哥有超过 50% 的银行卡用户遭遇过信用卡欺诈。此外，墨西哥信用卡过期违约利率非常高（最高可达 94.8%），信用卡年费也很高。

- 便利店/药店支付。墨西哥拥有 4 家主要的线下支付终端品牌，包括 Oxxo（2016 年 1.4 万家商店）、7 - eleven（2017 年 1 800 家商店）、Farmacias del Ahorro（2017 年约 1 500 家药店）、Farmacias Benavides（2017 年约 1 200 家药店）。日常消费中，超过 75% 的消费额是由便利店现金支付的。

（2）墨西哥电子支付

电子支付方面的市场领先者包括 PayPal（Traffic 统计在线支付渗透率为 70%）和 Mercado Pago（Traffic 统计在线支付渗透率 24%）。BBVB 银行支持的 OpenPay 以及 Conekta 发展势头也较好。PayPal 和 Stripe 的主要问题在于，其并不专注于新兴市场，只接受国际信用卡付款。由于拉丁美洲国际信用卡的持有率很低，两家公司难以迅速开拓本地业务。目前，Mercado Pago 已经开始在墨西哥市场推行条形码扫码支付。其余第三方支付平台大部分致力于线下终端现金支付的渠道整合，在线上支付领域少有作为。墨西哥财政部 2018 年 11 月 9 日发布公告，表示将继续积极推进电子支付的发展，这一举措也将在一定程度上刺激信用卡的使用和消费。[①]

综上所述，墨西哥移动设备和互联网覆盖率已经出现显著提升，随着电商平台的迅速发展，线上购物意愿近年来也明显增长，这些都催生了本土人民对移动支付和消费信贷的需求。由于其信用卡持有率相对较低，线上支付发展空间相对较大，预期未来在消费信贷方面将可能出现迅猛发展。

---

① 资料来源：中华人民共和国驻墨西哥合众国大使馆经济商务处。

- Mercado Pago。Mercado Pago 于 2004 年推出，为 eBay 旗下的支付公司，是拉丁美洲最大的电子商务平台 Mercado Libre 的在线支付方式，后者被称为 eBay 的拉丁美洲版本，在拉美的电子商务市场份额高于 eBay 和亚马逊。Mercado Pago 是拉丁美洲领先的在线支付解决方案提供商。2015 年，阿里巴巴旗下“速卖通”与公司达成合作，墨西哥的买家将可以使用 Mercado Pago 支付方式在速卖通上购物。

Mercado Pago 作为一个网上支付平台，可以方便地网上支付收发，在阿根廷、巴西、智利、哥伦比亚、墨西哥和委内瑞拉都有业务。该平台支持多种支付方式，包括现金、网上银行和其他本地支付方式，也包括流行的本地信用卡和预付卡，用户可以在线购物或支付生活费（电话、电、水、煤气费等）。

- Openpay。Openpay 作为支付服务处理商，支持用户在一个平台上使用信用卡、现金、忠诚度积分和银行转账等功能。该平台是基于移动销售点 POS 网络的，可以实现在线购买和现金支付。2017 年，该公司被墨西哥最大的金融机构 BBVA Bancomer（墨西哥外贸银行）收购。2018 年 3 月，支付宝宣布与 Openpay 签署合作协议，支付宝用户可以借助 Openpay 的网络体系在墨西哥轻松预订机票、预约租车或者订购演出票务等。

- Conekta。Conekta 于 2012 年在墨西哥成立，业务覆盖在线商店收付款/转账服务、付款链接（支持通过邮件/Whats App 收费，无须拥有网站和在线商店），以及根据业务特点利用自有 API 和 SDK 定制专属付款服务等。公司拥有拉美区域较少见的高级的特性，包括重复周期的付款、储存银行卡为联系人、防欺诈工具等。

13.3 消费信贷市场

13.3.1 发展背景

墨西哥银行对办理信用卡要求较高，非当地居民一般只能申请办理借记卡。当地信用卡过期违约和诈骗较多，违约利率水平非常高，甚至超过了美国、加拿大和欧洲各国。目前中国银联与当地大部分银行建立合作关系，在当地可以使用中国银联标识卡付款，且汇率较为优惠。

墨西哥的资金流动性较差，数百万人正受其影响。调查显示，在墨西哥，75%的居民只能靠每月薪水度日，基本没有紧急存款；33%的居民仅能靠从家人、朋友或互助贷款机构获取的借款或贷款维持生活；71%的居民认为财务负担已经成为其日常生活的最大负担。截至2019上半年末，只有35%的成年人有银行储蓄账户，现金交易在墨西哥市场占据主导地位，而超过50%的银行卡用户受到过信用卡欺诈。

13.3.2 消费信贷支出情况

截至2019年第4季度，墨西哥消费信贷规模为737.30亿美元[①]，较前几季度有所降低（见图13.3.1）。尽管近期消费者信心指数略有下降，但统计数据仍展现出本地市场拥有极大的发展潜力。

消费支出方面，2020年第1季度数据表现可能较2019年第4季度较差，主要由于墨西哥消费支出呈现明显的季节性（见图13.3.2）。信贷类消费也受此规律影响，但后三个季度仍具有上涨潜力。

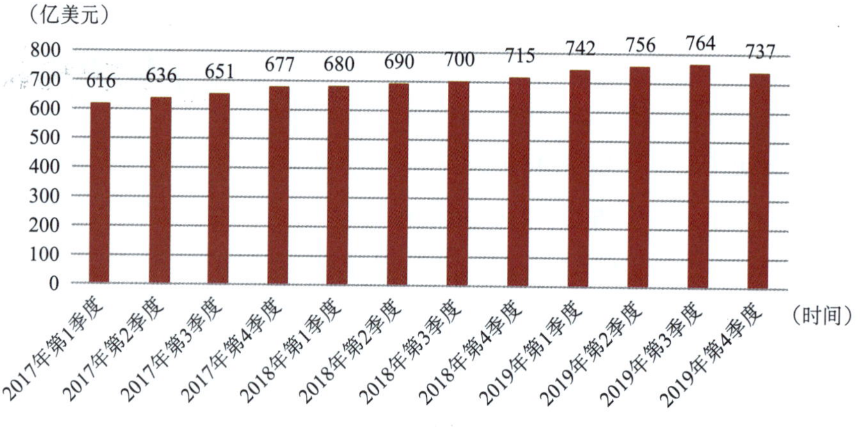

图13.3.1 墨西哥消费信贷规模

注：原单位为墨西哥比索，各季度使用当年年末汇率数据计算。

① 以2020年1月30日汇率18.79554 Mexican Peso/USD计算。

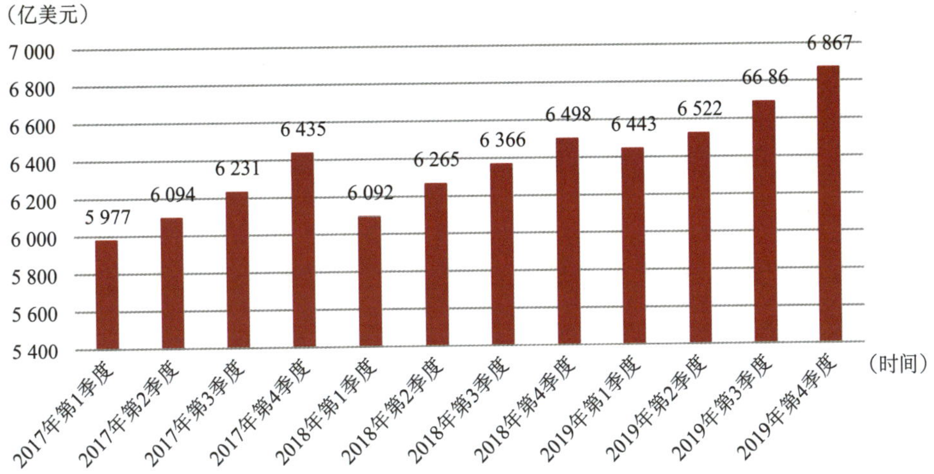

图 13.3.2 墨西哥消费支出

注：原单位为墨西哥比索，各季度使用当年年末汇率数据计算。

13.3.3 政策及牌照

墨西哥金融领域监管机构主要包括：墨西哥银行和证券监管局①，负责对金融机构进行监管和处罚；墨西哥全国保护和维护金融机构服务用户委员会②，受理针对金融机构（银行、保险公司等机构）服务中出现的各类问题。

墨西哥金融机构实行分层监管制度。2001 年颁布的联邦《储蓄和公共信贷法》将银行机构分为两类：第一类是商业银行；第二类是“公共信贷机构”（Public Financial Institute）。其中，第二类又根据规模大小分为四个档次，其最高档次和商业银行类似。两类机构都由联邦银行和证券监管局实施审慎监管。两类机构都可以吸收公共储蓄，都可经营信贷业务，都可代理保险，都可经营汇款业务。

2018 年 3 月 1 日，墨西哥国会完成并通过《金融科技法》（FinTech）的立法程序。该项新法案使墨西哥在金融服务监管领域置于世界领先地位，为该行业健康发展制定了必要监管工具，为金融服务提供更优质的竞争条

① 墨西哥银行和证券监管局（CNBV），http：//www. cnbv. gob. mx/Paginas/default. aspx。

② 墨西哥全国保护和维护金融机构服务用户委员会，http：//www. condusef. gob. mx/。

件。新法案是对金融科技行业的众筹和电子货币公司进行监管。监管部门后续将制定二级法律，明确行业中公司行为的关键细节。

小额贷款监管方面，墨西哥政府不直接开办小额信贷业务，不与私营部门挤占市场，也不提供税收优惠。政府对贷款利率没有任何限制，完全实行市场定价。

相关支持措施主要是通过政府出资建立的各种基金和信托机构为小额信贷机构提供批发资金，包括国家财政银行、农村银行、与农业相关的信托基金等。但这些基金也实行商业化运作，收取商业批发利率。

13.3.4 信贷平台

墨西哥主要的信贷平台包括数字银行和小额信贷两种类型。数字银行中，规模最大、最具代表性的是康帕图银行（Compartamos Banco），除信贷业务外还提供保险等服务。企业小额贷款中，比较有名的是 Konfio 和 Credi-justo，均已获得上亿美元投资。其他平台还有依托于电商系统的 MercadoCrédito、金融科技创企 minu、Stori 和 Nubank 等。

- Compartamos Banco。康帕图银行（Compartamos Banco）是一家墨西哥银行。该银行是拉丁美洲最大的小额信贷银行，为超过 250 万客户提供服务。康帕图银行于 1990 年成立，总部位于墨西哥城，主要从事信贷及保险业务。公司起初只是作为一家非政府组织，旨在为小微企业和妇女提供小额贷款。2000 年，公司开始以营利为目的，并在 2006 年获得商业银行执照。2007 年，康帕图银行从安信永国际和世界银行首次公开招股筹得 4.67 亿美元。2011 年，公司将银行业务扩展到危地马拉，并在秘鲁收购 Financiero Crear 公司。

Compartamos
Banco

在信贷部门，康帕图银行提供一系列的贷款，包括女性信用卡、家居装修信用卡、集体信用卡和个人信用卡，并在保险部门提供人寿保险和积分保险。它在墨西哥国内市场拥有 352 个服务办事处。[①]

① Compartamos 官网：https：//www. compartamos. com. mx/。

- Konfio。Konfio 成立于 2013 年，专注于中小企业贷款。公司在获得高盛（Goldman Sachs）1 亿美元借款后，于 2019 年 12 月又获得软银 1 亿美元投资，成为墨西哥获投最多的金融科技公司之一。

在墨西哥，传统银行不愿意给中小企业贷款，Konfio 的信贷承销服务很好地弥补了这一市场空白。它利用数据技术快速评估一家公司的信用，可以在一天之内发放贷款。相比之下，传统银行的贷款审批流程长达数月，通常还需要抵押品。

Konfio 可根据个人/中小企业的信用记录为用户提供贷款，审核流程迅速，可帮助个人/中小企业获得充足流动性。针对中小企业信贷和商业贷款，Konfio 根据借款人业务进行每个阶段的个性化商业信用评估，可发放从 10 万到 600 万美元不等的贷款。整个审批流程由后台调取信用数据，无须个人提供信用额纸质证明。同时，Konfio 可为企业办理商业信用卡，通过动态信用额度增强企业信用历史记录，为企业的所有购买行为提供国际保护。此外，Konfio 还可帮助公司改善财务管理，建立可视化文档展示企业的支出、销售和利润，可按客户或供应商过滤发票，识别用户接收到的欺诈账单和来自欺诈发送者和接收者的账单并自动警报。[①]

- Credijusto。Credijusto 成立于 2015 年，主要为墨西哥中小企业提供资产抵押贷款和设备租赁。2019 年 9 月，墨西哥金融科技创企 Credijusto 宣布获得 4 200 万美元 B 轮融资，由高盛旗下专注科技投资的 Goldman Sachs PSI 与 Point72 Ventures 共同领投。

目前，Credijusto 累计获得了 1.53 亿美元风险和债务融资。据统计，墨西哥中小企业占企业总数的 99%，提供了该国 74% 的就业岗位，但是信贷支持比率只有 15%，市场前景广阔。而本次投资也是高盛集团与 Point72 Ventures 首次进军墨西哥市场。

Credijusto 表示，对于高于 1 000 万美元的贷款申请，传统银行审核流程

---

① Konfio 官网：https：//konfio. mx/。

冗长且拒绝率过高，企业很难在短时间内得到流动性补充。同时，由于针对贷款客户的审批条件过于苛刻，个人用户也对银行服务有诸多不满。而 Credijusto 可提供 20 万至 3 000 万美元不等的贷款服务，期限不超过 4 年（特殊情况可申请延长至 8 年）。此外，Credijusto 审批流程迅速，用户申请后基本可在 48 小时内得到审批结果，并在两周内收到款项，极大地提高了贷款效率，充分满足用户需求。[①]

- MercadoCrédito。MercadoCrédito 成立于 2016 年，隶属于 Mercado Libre Inc.，旨在向其母公司用户及支付平台 Mercado Pago 在巴西、阿根廷、墨西哥的用户提供信贷服务。MercadoCrédito 类似于中国的蚂蚁花呗和京东白条，用户在 Mercado Libre 电商平台上消费时，可以选择 MercadoCrédito 作为付款方式并选择分期付款期限（可选 1 期、3 期、6 期、9 期或 12 期付款），随后再使用借记卡或现金进行贷款的偿付。[②]

2019 年 12 月 2 日，高盛集团宣布将向金融科技创企 MercadoCrédito 提供 1.25 亿美元贷款。这是高盛 2019 年第三次向这家拉美金融科技创企提供贷款，也创下了墨西哥国内的贷款记录。Mercado Libre 明确表示，本次高盛的贷款将完全用于墨西哥市场。据统计，目前该公司已经向拉美地区的 27 万家企业提供了超过 6.1 亿美元的运营资金贷款，个人消费贷款发放额也达到了约 2 亿美元。

- Minu。2019 年 9 月，墨西哥金融科技创企 Minu 完成了 650 万美元的种子轮融资。本次融资由 QED Investors、Village Global、Next Billion Ventures 和 Mountain Nazca 以及 PayU 和 Cornershop 创始人等多个天使投资者共同投资。

Minu 创始人 Nima Pourshasb 表示，Minu 采取与企业人力部门合作的方式，由企业自主决定员工可支取的薪资比例、支取周期和最低取款额。Minu 的目标就是通过 7 × 24 小时已得薪资支付服务解决居民的资金需求，

① Credijusto 官网：https：//credijusto. com/。
② MercadoCrédito 官网：https：//www. mercadolibre. com. ar/mercado - credito/cuotas - sin - tarjeta/。

让他们无须负担发薪日贷款等资金渠道的高昂成本。Minu 将与客户所就职的企业人力部门达成合作，获悉其信用水平以及还付能力，并以此作为依据拟定其可提前预支的贷款金额，且不收取资金成本，以此来解决普通居民资金获取困难的普遍状况。

Minu 表示此类薪资支取不属于贷款，也不收取利息，用户只需在 ATM 取款时缴纳 2 美元/笔的取款手续费。此服务不仅可以改善员工自身财务状况，也可帮助企业保留优秀员工和改善生产效率。使用 Minu 无须改变工资核算流程，无须融资或更改发薪日期；申请提取的薪资将直接打入正常收取工资的账户中，无须开立新账户；Minu 可以与任何薪资系统集成，企业也可选择使用 Minu 自带的管理门户。[①]

• Stori。Stori 成立于 2018 年，是墨西哥一家专注“普惠金融”服务的数字银行。业务布局方面，Stori 旗下的实体信用卡与万事达卡（Mastercard）已达成合作，Stori 的实体信用卡能够被万事达卡全球网络使用，包括 3 800 余万家商户和数百万 ATM 机，还有众多的企业、互联网和线上的商户。此外，Stori 推出的数字信用卡在实体信用卡的基础上增加了全部线上申请和使用的产品体验，为持有信用卡的用户提供在线实时开卡和关卡的功能，并且可以在保持开卡的状态下单独开关某类交易。此功能可以有效控制风险，也可以在一定程度上防止盗刷、欺诈等情况，实时开关的功能也便于用户操作。[②]

数字信用卡在墨西哥还是“较新的概念”。目前墨西哥市场中能够提供数字信用卡服务的机构不超过两家，除 Stori 外，还有腾讯投资的独角兽 Nubank。而大部分玩家，像已完成千万美元融资的 Albo 或已经上线两款信贷产品的 Mibo 等，更多的是做借记卡和预付卡的生意。

• Nubank。Nubank，2013 年成立于巴西，主营业务是虚拟信用卡。2018 年初，Nubank 获得由 DST Global 领投的 1.5 亿美元 E 轮融资，晋

① Minu 官网：https：//minu. mx/。

② Stori 官网：https：//www. storicard. com/。

级为独角兽；同年 10 月，腾讯以 40 亿美元的估值，向公司注资约 2 亿美元，获得了 5% 的股份。成立初期，巴西大多数金融机构的信用卡不但申请极为繁杂，而且年利率达到了 400%；而 Nubank 直接通过手机就能申请，年利率仅为 145%，而且不收年费，所以很快就发展壮大。

Nubank 采用 Datomic 技术，构建了十几个数据库，将数据审查维度从传统银行的数十个维度提升到上千个维度。依托于信息技术的不断提高，Nubank 对申请人的资料审核工作变得更加高效，这也是其开展业务的基础。在手机客户端上，Nubank 为用户提供了三大服务：一是消费实时提醒；二是建立消费分类列表、信用卡远程控制；三是金融交易税、汇率及分期付款。Nubank 已和万事达推出联名信用卡，用户的消费积分可以在万事达官网上进行积分兑换，同时享有万事达卡的相关活动优惠。Nubank 取消了信用卡纸质账单，客户的信用卡账单也只通过电子邮件来发送。客户持卡可在国际购物中心消费，可以提取现金，期间需要缴纳一部分的保证金和交易费。

截至 2018 年 9 月，Nubank 已经拥有 500 万虚拟信用卡客户，成为巴西五大信用卡发行商之一。此外，约有 250 万人注册了 Nubank 于 2017 年推出的数字银行账户。[①]

13.4　风险提示

13.4.1　经济

目前，墨西哥经济面临较大下行压力。世界银行公布的数据显示，墨西哥经济近几年增长相对疲弱，经济增长率基本在 2% ~3%。据国际货币基金组织在 2020 年 1 月公布的世界经济展望报告显示，墨西哥的经济增速从 2018 年的 2.1% 降至 2019 年的接近零增长，考虑到新冠疫情的影响，国际货币基金组织在 4 月 14 日公布的世界经济展望报告中再次下调墨西哥的

① Nubank 官网：https：//nubank.com.br/。

经济增长预期，表明2019年墨西哥经济很可能面临负增长。

美国银行全球研究部在2020年4月初再次把全球经济增长预期从此前的0.3%下调为-2.7%，各个主要经济体的经济增速均被下调。其中，墨西哥的经济增速从此前的-4.5%被下调为-8%。主要是由于美国经济增幅从-0.8%下调为-6%，将对墨西哥带来负面影响；油价下跌将对墨西哥政府财政和墨西哥国家石油公司带来负面影响；墨西哥医疗卫生进入紧急状态，全国处于非强制的停工停业将对经济带来负面影响。

美国银行全球研究部认为，评级机构将继续下调墨西哥和墨西哥国家石油公司的评级，穆迪可能在2020年连续两次下调评级。不过，墨西哥经济增速预计在2021年出现反弹，达到4.5%。

13.4.2 汇率

2019年，墨西哥比索兑美元汇率表现相对稳定，但受2020年2月底全球疫情暴发的影响出现大幅下跌，并且于2020年3月23日跌破25关口，一度跌至25.3606，创历史新低（见图13.4.1）。墨西哥政府当天宣布启动一项20亿美元的救市计划，墨西哥外汇委员会发布公告宣布，政府将在本地市场开展20亿美元外汇拍卖，以加强货币流通性。

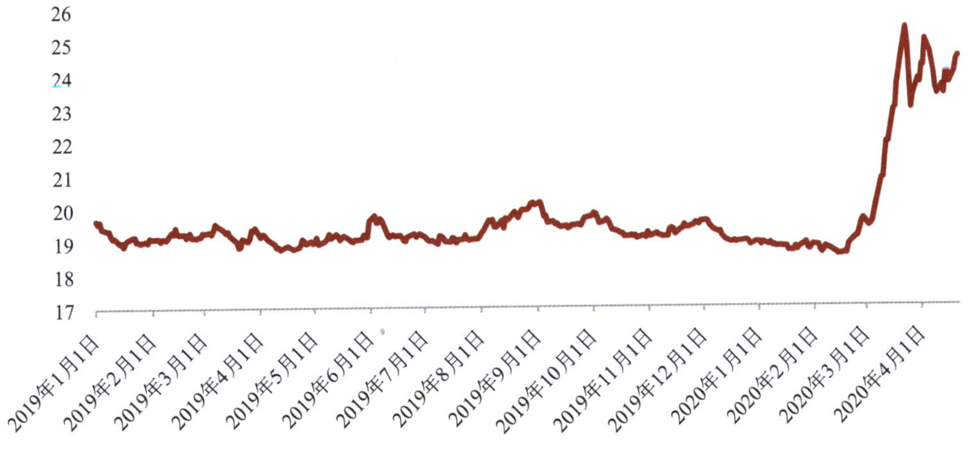

图13.4.1 墨西哥比索与美元汇率走势

墨西哥BASE银行经济金融分析师加芙列拉·西列尔表示，墨西哥比索兑美元 2019 年内已贬值超过 30%。尽管各国加紧防疫措施，墨西哥市场紧张情绪仍旧蔓延，主要担忧为疫情对经济冲击、全球经济普遍下行趋势、墨西哥对经济中期发展乏力应对不足等因素。短期内，在全球疫情没有显著缓解的情况下，墨西哥比索兑美元汇率不会出现大幅回升。

13.4.3 政治

左翼政党国家复兴运动党候选人安德烈斯·曼努埃尔·洛佩斯·奥夫拉多尔于 2018 年 12 月 1 日正式就任总统，为墨西哥混乱的国内局势带来变革希望。洛佩斯的当选为墨西哥带来诸多改革新政，主要包括：推进经济改革，完善石油政策，推动制造业发展；保障和改善民生，解决贫困、不平等和边缘化问题；治理贪污腐败，杜绝暴力横行；治理毒品犯罪等。目前，墨西哥政治混乱问题较前几年已经明显好转，预计在将来一段时间保持平稳状态。

第 14 章　巴西消费信贷研究报告

综　述

巴西是南美洲最大的国家之一，经济增长和人口数量都位居前列。宏观经济方面，巴西 GDP 自 2000 年以来基本保持上升趋势，近期由于受到经济危机和新冠肺炎疫情的影响，出现下跌趋势，但大部分机构均表示 2021 年会出现回暖迹象。此外，巴西的通货膨胀率在政府的管控下也持续处于 3% 左右的低位，整体经济基本面较为良好。

人口方面，巴西人口结构年轻，男女比例常年保持稳定，总人口持续保持上升趋势，预期未来一段时间巴西仍将保持人口红利优势。

对外贸易方面，2019 年度巴西进出口额以美元计价均出现下降，主要由世界经济增长放缓、邻国阿根廷经济危机加深以及中美贸易摩擦导致。巴西对国外直接投资有较多的优惠政策，包括国民待遇和税收减免等。

巴西移动互联网发展迅速，互联网使用人数逐年增高，且普及率较高，中青年用户对智能手机和电商的接受度显著高于其他年龄段用户。据预测，2023 年巴西互联网渗透率将达到 78%。最受欢迎的手机品牌主要为三星，中国品牌华为和小米也于 2019 年成功进入巴西市场并占据一定的市场份额。巴西的手机渗透率已达 83%，其中智能手机渗透率达 60%，在发展中国家中位于前列。受益于互联网和智能手机的普及，巴西电子支付和电商市场发展迅速，目前最受欢迎的电商网站有 Mercado Libre、B2W Marketplace、亚马逊等，部分中国电商也在当地获得了良好发展，如阿里巴巴旗下的全球速卖通（AliExpress）。电商崛起对巴西的在线支付行业提出了巨大挑战，电子支付应运而生，主要包括电商 Mercado Libre 旗下的 Mercado Pago，以及 PagSeguro Digital 和 StoneCo 等。同时，在巴西金融科技企业高速崛起的刺激下，各类信贷平台大量涌现，并且凭借其相对于传统银行更加简单快捷的服务迅速获取了大量用户的青睐。巴西主流的信贷平台有 Nubank、Banco Original、Creditas 以及大数据征信公司 Wecash（闪银）等。其中，闪银已于 2016 年开始向巴西央行提供大数据征信报告，并提供各类金融场景赋能服务。

投资风险主要关注经济、外汇和政治三个方面。经济方面，目前全球经济发展都出现一定程度放缓，加之新冠肺炎疫情的冲击，巴西经济增长不及预期，但预期疫情结束后将出现一定好转。汇率同样受到疫情冲击，巴西雷亚尔兑美元汇率已经破 5，目前没有出现明显好转，须保持持续关注。政治方面，2018 年巴西新任总统博索纳罗表示将采取一系列旨在改善经济、促进就业、加强基建等措施，但疫情暴发后，政治情况较为动荡，且难以判断未来走势。鉴于政治稳定是经济发展的必要基础，需对其未来动态保持紧密关注。

14.1 宏观经济

巴西联邦共和国，简称“巴西”，国名源于巴西红木，是南美洲最大的国家，享有“足球王国”的美誉。巴西国土总面积 851.49 万平方公里，居世界第五，总人口 2.09 亿（2018 年底）。巴西与乌拉圭、阿根廷、巴拉圭、玻利维亚、秘鲁、哥伦比亚、委内瑞拉、圭亚那、苏里南、法属圭亚那十国接壤，国内共分为 26 个州和 1 个联邦区，州下设市。

巴西原为印第安人居住地，16 世纪初沦为葡萄牙殖民地。1822 年 9 月 7 日，巴西帝国建立，1889 年帝制被推翻，巴西联邦共和国成立。

巴西拥有丰富的自然资源和完整的工业基础，国内生产总值位居南美洲第一，为世界第七大经济体，金砖国家之一，是南美洲国家联盟成员。同时，巴西也是里约集团创始国之一，是南方共同市场、20 国集团成员国和不结盟运动观察员。巴西是重要的发展中国家、航空制造业强国，足球是巴西人文化生活的主流运动。

14.1.1 拉美经济大国

（1）经济增长状况

巴西 GDP 自 2000 年以来基本保持上涨趋势，2009 年出现小幅下跌，但很快回弹（见图 14.1.1）。2012～2014 年基本呈现零增长状态，2015 年出现迅速下跌。2015 年巴西政局动荡，政府深陷财政困境，财政赤字规模占 GDP 比例高达 10.3%，巴西面临金融环境趋紧、高通胀、劳动力市场情况严重恶化等内在困境。自 2015 年经济衰退以来，巴西持续处于经济修复期。据预测，巴西 2020 年 GDP 可能下滑 2.5%，在 2021 年出现增长（3.0%）。受疫情影响，巴西政府为抗击疫情投入大量资金，相当于 GDP 的 7.8%，为后续经济发展带来了较高的不确定性。

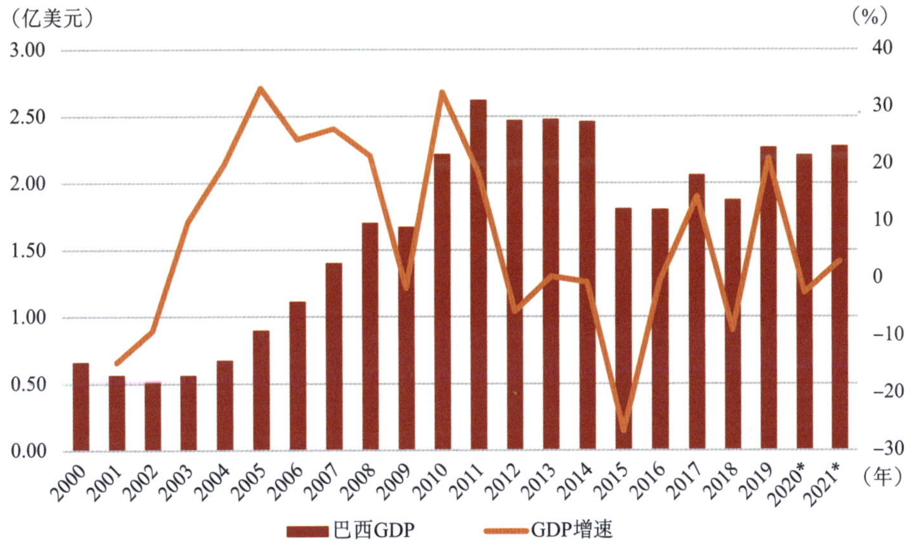

图 14.1.1　巴西 GDP 走势及增速（2000～2019 年）

根据巴西瓦加斯基金会应用经济研究院（Ibre/FGV）的数据显示，受疫情期间社会隔离措施的影响，巴西 2020 年人均 GDP 预计将降至 8 000 美元，降幅达 9%。未来几年在疫情影响结束后，将逐步回升（见图 14.1.2）。

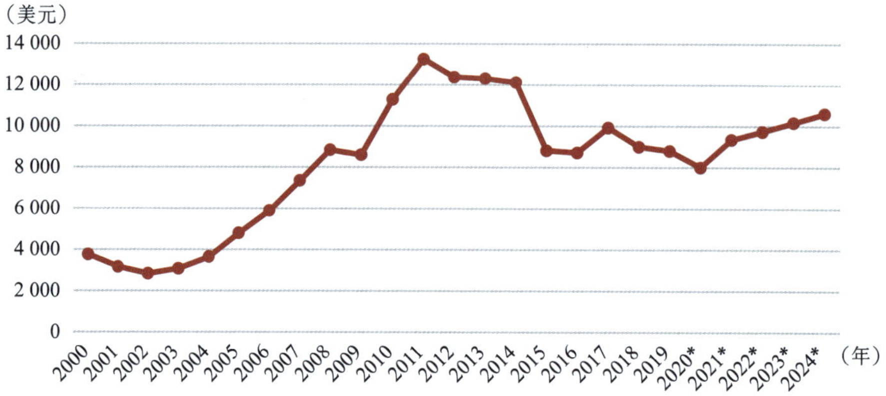

图 14.1.2　巴西人均 GDP 走势（2000～2024 年）

（2）通货膨胀率

巴西通货膨胀率波动较大。2003 年，受到食品和能源价格的大幅提升的影响，巴西通胀率一度达到 14.7%（见图 14.1.3）。后几年，通过政府干预以及经济刺激等措施，通胀率逐渐回到较低水平。2015 年受到经济危机影响，巴西通胀率再次上涨至 9.0%。近年来，得益于政府的持续管控，实际通胀率已持续低于市场预期，巴西金融机构已将 2020 年通胀预期下调至 2.52%，2021 年预期保持 3.5% 不变（见图 14.1.3）。

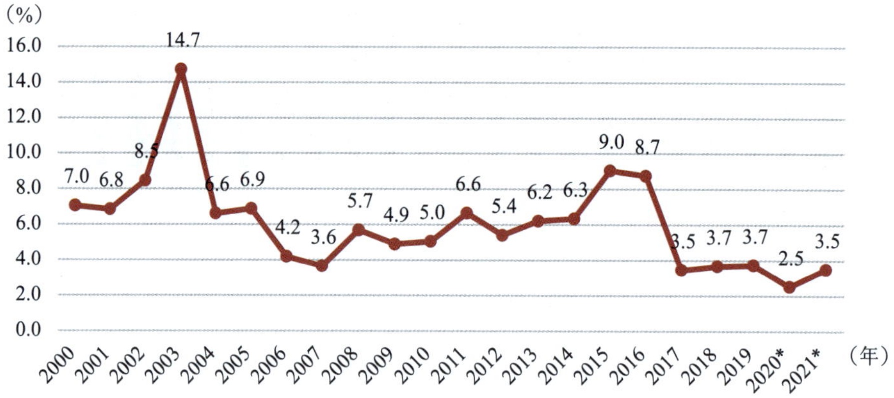

14.1.3　巴西通货膨胀率走势（2000～2021 年）

14.1.2　人口情况

巴西人口一直保持较为稳定的上升趋势。2018 年巴西人口总数为 2.09

亿人，较上年同比增长0.48%。其中，城镇人口数量为1.81亿人，占总人口的比重为86.57%；农村人口数量为0.28亿人，占总人口的比重为13.43%（见图14.1.4）。

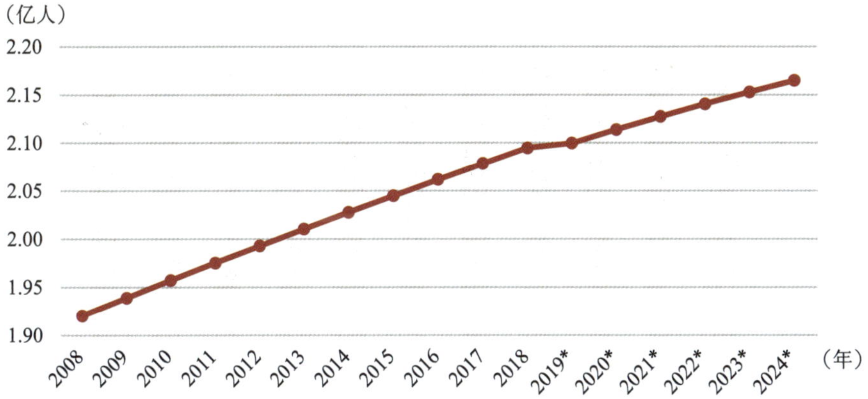

图14.1.4 巴西人口数量（2008～2024年）

从性别结构看，2018年巴西女性人口占总人口的比重为50.87%，男性人口占总人口的比重为49.13%（见图14.1.5）。男女比例在近几年基本保持稳定，没有出现大幅波动。女性人口比例出现非常轻微的上升趋势，整体影响不大。①

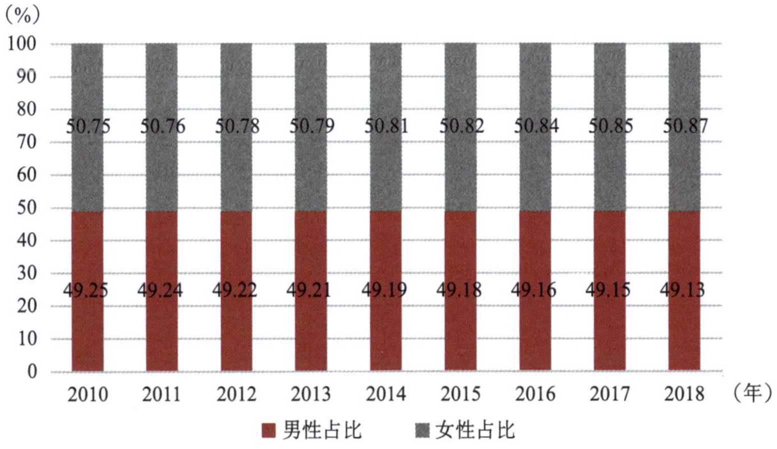

图14.1.5 巴西人口男女比例（2010～2018年）

① 数据来源：世界银行、华经情报网。

从年龄构成看，2018 年巴西 0 ~ 14 岁的人口占总人口的比重为 21.33%，15 ~ 64 岁占 69.74%，65 岁及 65 岁以上占 8.93%（见图 14.1.6）。整体年龄结构相对年轻，没有出现严重的老龄化问题。

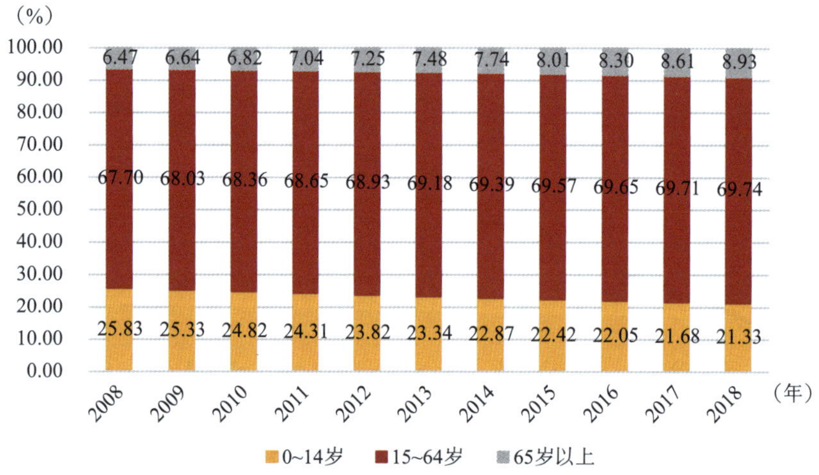

图 14.1.6 巴西人口年龄结构（2008 ~ 2018 年）

14.1.3 外资投资状况

（1）2019 年巴西对外贸易情况

据巴西经济部统计，2019 年巴西出口总额 2 058.6 亿美元，同比下降 14%；进口总额 1 647.89 亿美元，同比下降 9%。

巴西前五大出口目的国分别为：中国、美国、荷兰、阿根廷和日本。2019 年，巴西对上述几国出口额占出口总额的比重分别为 28%、13%、5%、4% 和 2%，主要出口产品包括大豆、铁矿砂、石油、玉米、纸浆、鸡肉、豆粕等。

进口方面，巴西前五大进口来源国分别为中国、美国、阿根廷、德国和韩国，在进口总额中所占比重分别为 21%、18%、6%、6% 和 3%。其他主要进口来源国包括印度、墨西哥、日本和意大利等。巴西主要进口产品包括成品油、原油、汽车配件、通讯设备、非航行用船舶、集成电路、药品、农药、各类管件、化肥等。

（2）巴西外国直接投资情况

在巴西进行国外直接投资的国家主要包括美国、法国、中国、意大利和日本。2019 年第 3 季度，上述五国对巴西有 60 个直接投资项目。其中，44 个是已确认投资，金额约为 30 亿美元，如果加上宣称投资额，总投资金额约为 110 亿美元。在确认投资中，日本投资额最高，约为 10 亿美元；其次，美国投资 9.15 亿美元；中国投资 8.74 亿美元；法国和意大利分别为 1.38 亿美元和 4 200 万美元。在确认的项目数量上，美国和日本项目数最多，分别为 22 个和 9 个；中国 5 个项目；法国和意大利各 4 个。① 上述五国自 2003 年至 2019 年第 3 季度，累计投资共计 2 600 亿美元。从每年年度累计投资额来看，2019 年前三个季度累计投资额为 308 亿美元，比上年同期增长近 140%，已明显超过以往年度。

截至 2010 年底，巴西外国直接投资最大来源国是美国。但自 2010 年起，中国对巴西投资日益占据主要地位，投资额迅速增长。2010 ~ 2017 年，中美两国交替成为巴西最大的投资来源国。2018 年起，中美两国对巴西投资额大幅下降，而法国和意大利投资随之增长。2017 年，法国和意大利对巴西的投资比重在五国分别占比 5% 和 3%，而 2018 年占比分别达到 18% 和 31%。

中国在巴西的投资方向前期集中于农业、矿业和石油，而近几年转向运输、通讯、金融服务、工业，以及最主要的电力领域。农业、矿业和石油开采分别在累计投资额中占比 3%、7% 和 25%，电力领域占据总投资额的 45%，为当前投资比例最高的行业。

（3）巴西投资市场优惠政策

为促进本国工业的现代化，开发国土自然资源，解决国内就业问题，增加政府的财政收入，巴西政府积极鼓励外国企业到巴西进行投资。其主要的优惠政策框架包括：给予外国投资者国民待遇；对外资给予税收优惠；外资企业在巴西境内生产的产品，如向第三国出口，可向巴西政府申请出口信贷和保险。

同时，巴西免征部分硬件以及软件产品等的工业产品税，具体的产品涉及农用拖拉机、蒸汽锅炉零件、汽轮机零件、泵类零件、非电热的工业或实验室用炉、皮革制品的制作机器、冶金、炼焦、铸造机械等 14 种资本

① 数据来源：中华人民共和国驻巴西共和国大使馆经济商务处。

产品，信息处理机器用的软件 CD 或 DVD 母片（不包括音像制品和其他软件），用于制作发票的机器等。

14.1.4 政治社会环境

（1）巴西政治社会环境

截至 2019 年，在巴西高等选举法院登记的政党有 32 个。主要党派包括：

- 巴西社会自由党（Partido Social Liberal，PSL）：执政党，1994 年 10 月成立，党员约 24 万人。该党派对内主张进行政治改革，严厉打击腐败，实行自由经济政策，扩大市场开放，恪守传统社会观，强力打击犯罪；对外主张发展有利于提升国家经济科技附加值的双边关系。主席为卢西亚诺·卡尔达斯·比瓦尔（Luciano Caldas Bivar）。
- 巴西共和国党（Partido da República，PR）：执政联盟成员，2006 年 10 月成立，党员约 80 万人。该党派主张贸易保护主义和对市场进行适当干预。主席为安东尼奥·卡洛斯·罗德里格斯（Antônio Carlos Rodrigues）。
- 巴西劳工党（Partido dos Trabalhadores，PT）：主要反对党，1980 年 2 月成立，主要由城乡劳动者、工会领导人和知识分子组成，现有党员约 158 万人。该党政治上主张建设真正代表社会群体利益的政党，实行改革，保障劳动者的权益；经济上主张公平分配财富；对外主张各国相互尊重，加强国际合作，维护世界和平。主席为格莱西·霍夫曼。
- 其他政党：巴西民主运动、基督教社会党、巴西工党、民族动员党、巴西共和党、巴西共产党、绿党等。

2018 年 10 月 28 日，巴西高等选举法院对 92.08% 选票的统计结果显示，在巴西大选第二轮投票中，社会自由党的博尔索纳罗获得 55.63% 的选票，当选巴西第 44 届总统，2019 年 1 月 1 日就职，任期 4 年。博尔索纳罗提出“巴西优先”口号，政治上主张打击腐败，经济上主张推行私有化，社会治安上主张强化警察权力。他表示，将带领巴西尽快走出经济衰退影响，调和社会矛盾，解决社会问题，维护国家稳定。

（2）中巴关系

截至 2019 年，中国与巴西已建交 45 周年。45 年来，中巴关系在政治和经济领域取得了积极进展。自 2012 年两国建立全面战略合作伙伴关系以来，中国一直是巴西主要的出口目的国。近年来，巴西也成为中国主要的投资目的国。此外，金砖机制为两国领导人的定期会晤提供了机会，双方可就特定或全球问题直接交换看法。两国在实施具体行动的基础上增强了政治互信，从而实现了互惠互利。

14.2 移动互联网

14.2.1 互联网使用情况

在互联网用户数量上面，2019 年巴西以 1.45 亿互联网用户数量排名全球第四，仅次于拥有 8.29 亿互联网用户的中国、5.60 亿互联网用户的印度以及 2.93 亿互联网用户的美国（见图 14.2.1）。在拉丁美洲范围内，巴西的互联网用户排名第一。[①] 巴西用户平均每月花费 25.7 小时上网，高于 7.1 小时的拉丁美洲国家平均水平。Statista 调查机构的互联网研究发展专家指出，到 2023 年，巴西的互联网用户人数将较 2019 年增长 17%，达到 1.69 亿人（见图 14.2.1）。

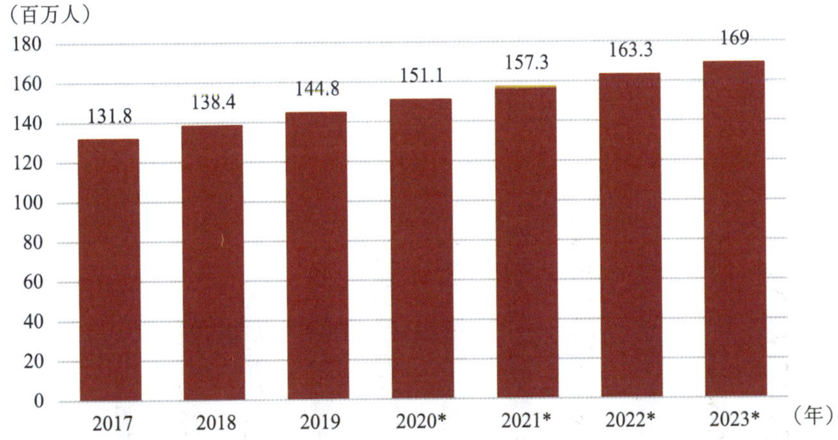

图 14.2.1 巴西互联网使用人数（2017～2023 年）

① 资料来源：【可视化】TOP10 各国互联网用户总数排名（1990～2019 年）。

巴西互联网普及率较高，且呈现逐年上升趋势。截至 2019 年，巴西互联网普及率已达 68%，预计 2023 年将上升至 78%（见图 14.2.2）。

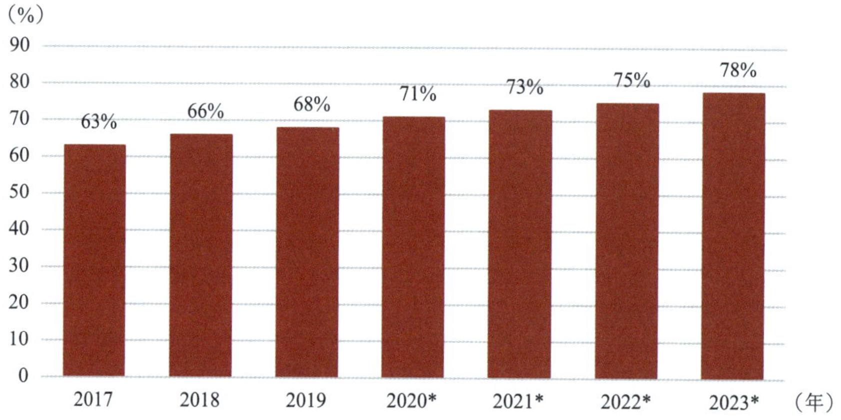

图 14.2.2　巴西互联网用户渗透率（2017～2023 年）

对于不同年龄段的用户，互联网渗透率也不尽相同。统计数据显示，互联网渗透率在 14～39 岁的人群较高，基本位于 80% 以上，最高达到 88.4%（20～24 岁）（见图 14.2.3）。此年龄段的用户均为青年或中年人群，对新鲜事物接受能力较强，对电子产品和互联网的热衷程度和使用需求也较高。64 岁以上的人群互联网渗透率仅为 31.1%，主要由于这部分人群年龄较大，对互联网和相关电子产品的接受度和使用频率都较低。

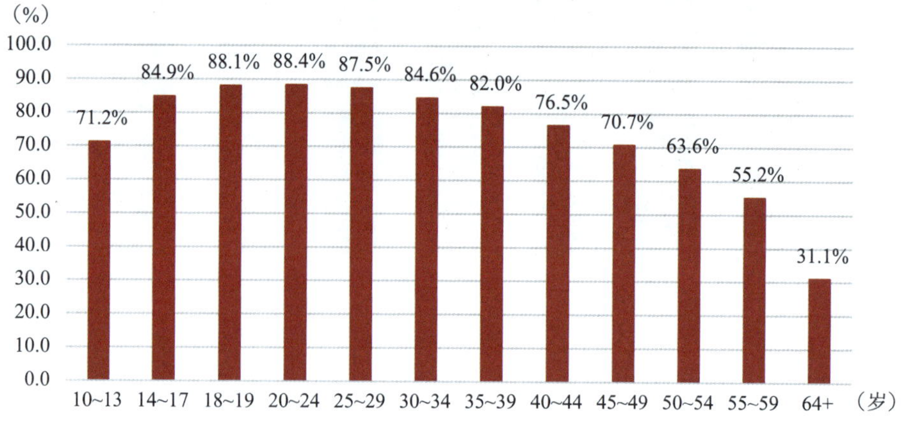

图 14.2.3　不同年龄段互联网渗透率（2017 年）

14.2.2 手机使用情况

（1）手机品牌分析

2019 年以前，由于巴西智能手机市场准入门槛很高，市场整体份额分布非常稳固。韩国手机品牌三星销量稳居前列，长期占据 40% 以上的市场份额，其他品牌如摩托罗拉和 LG 也相对较受欢迎，分别占据 20% 和 15% 的市场份额（见表 14.2.1）。2019 年，华为重回巴西手机市场，推出了华为 P30 Pro 和华为 P30 Lite 手机，并表示将与巴西主要零售商建立合作伙伴关系，在巴西本地进行华为手机的生产。小米也表示将与巴西当地经销商 DLEletr nicos 展开合作，凭借线上与线下两种方式销售其旗下五款智能移动设备。

华为和小米均于在 2015 年进行过巴西市场的开拓，但由于当时巴西对本国电子产品采取贸易保护措施，对进口电子产品采用高税率征税，两家公司的海外业务拓展计划遭遇滑铁卢。本次以与当地厂商合作生产的方式，两个品牌对巴西业务扩展都充满信心。截至 2019 年，三星手机的市场份额已被挤兑至 20%，华为和小米则分别占据 17% 和 11% 的市场份额，跻身前五（见表 14.2.1）。

表 14.2.1　　巴西智能手机市场份额（2017～2019 年）

品牌	2017 年（%）	品牌	2018 年（%）	品牌	2019 年（%）
三星	44	三星	46	三星	20
摩托罗拉	17	摩托罗拉	20	华为	17
LG	13	LG	11	苹果	11
苹果	6	苹果	6	小米	8
Postivo	1	Postivo	2	OPPO	8
其他	19	其他	16	其他	36

（2）手机使用人数及渗透率

巴西手机使用人数近年来一直保持持续上升态势，2018 年已达 9 140 万人，预计 2023 年将上涨至 1.10 亿人，在拉丁美洲位居前列（见图 14.2.4）。目前，巴西手机使用渗透率达 44%，处于中等水平，主要由于互联网在城镇居民中普及度较高，其他地区居民普及率较低。随着互联网渗透率的上升以及智能手机中端机市场的扩大，预计巴西手机使用渗透率将逐步上升。

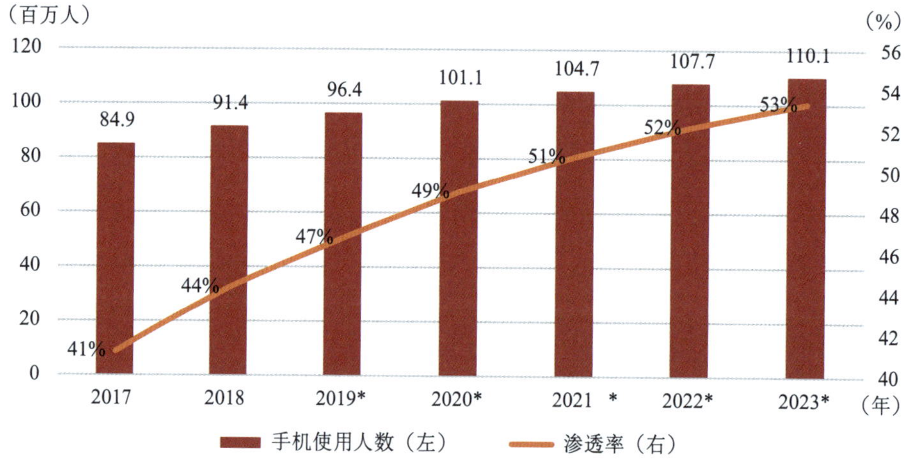

图 14.2.4　巴西手机使用人数及渗透率（2017～2023 年）

据 Statista 数据统计，2018 年巴西智能手机在各类手机用户中的渗透率达到了 60%，略微落后于部分发达国家（见图 14.2.5）。

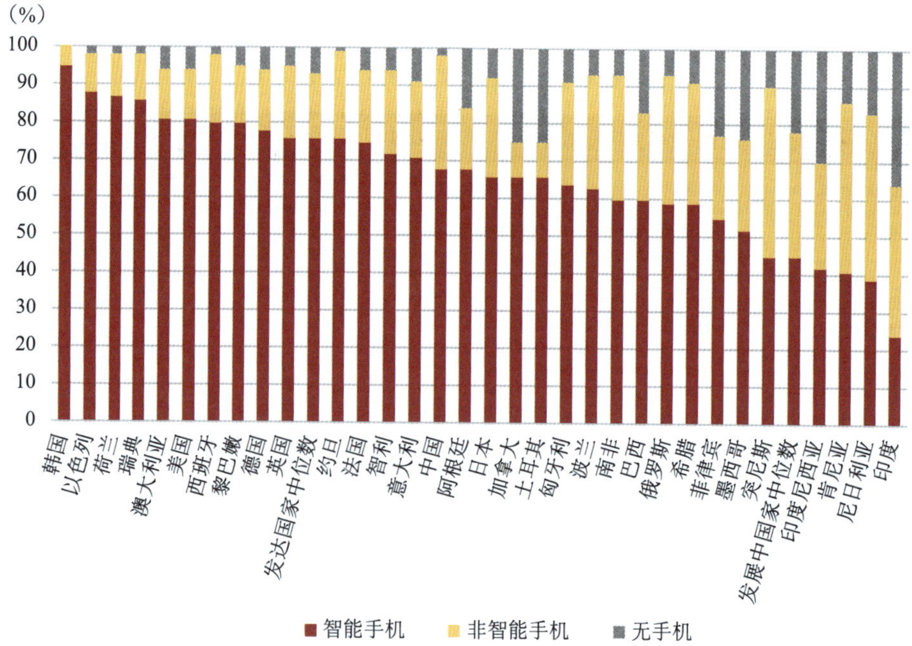

图 14.2.5　部分国家智能手机渗透率（2018 年）

14.2.3 电商市场

（1）巴西电商市场规模

根据 E－bit 的报告，2018 年巴西电子商务销售额 532 亿雷亚尔（约 133 亿美元），同比增长 12%。线上消费者人数 5 800 万人，占巴西总人口的 28%，消费者数量比上年增长 6%。在线订单数量 1.23 亿，每单平均购买金额为 434 雷亚尔（约 108.5 美元），订单通过移动终端完成的占 42.8%。预计 2019 年巴西电子商务销售额可达 612 亿雷亚尔（约 153 亿美元）。

巴西电商市场自 2011 年以来实现了迅速发展。2016 年和 2017 年受到经济危机冲击影响，销售额增幅有所回落，但自此后一直保持稳定上涨趋势（见图 14.2.6）。

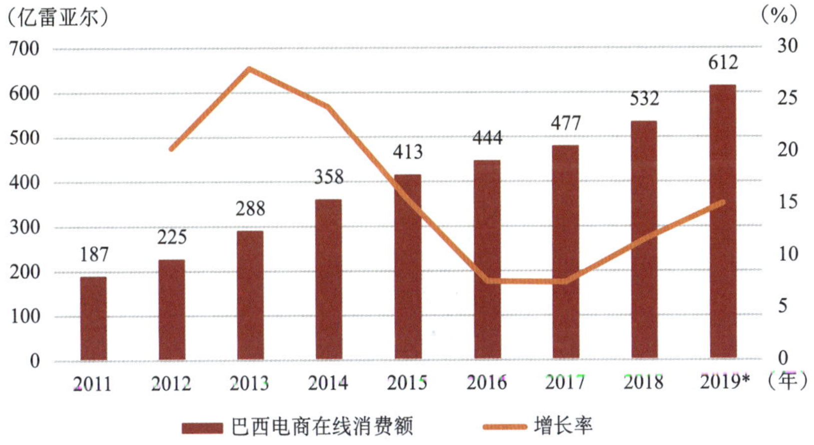

图 14.2.6 巴西电商在线消费额（2011～2019 年）

从年龄分布来看，26～50 岁的青年和中年消费群体为巴西电商的主要用户，分别占比 31.8% 和 33.6%；25 岁以下和 51 岁以上的人群占比相对较低，均为 19.5%。

（2）巴西电商市场用户消费习惯

2018 年巴西电商销售商品订单中，数量最大的是化妆品和清洁健康用品，占总量的 16.4%，较上年增长 4.4%；其次为服装和配件，占 13.6%。订单数量居前列的商品占比如图 14.2.7 所示。

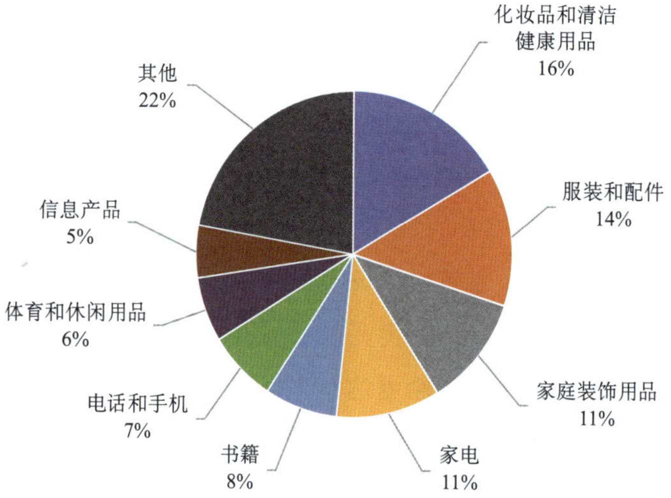

图 14.2.7　2018 年巴西电商不同类别订单数量占比

按销售金额占总销售额的比重，主要商品分别为家电、电话和手机等（见图 14.2.8）。

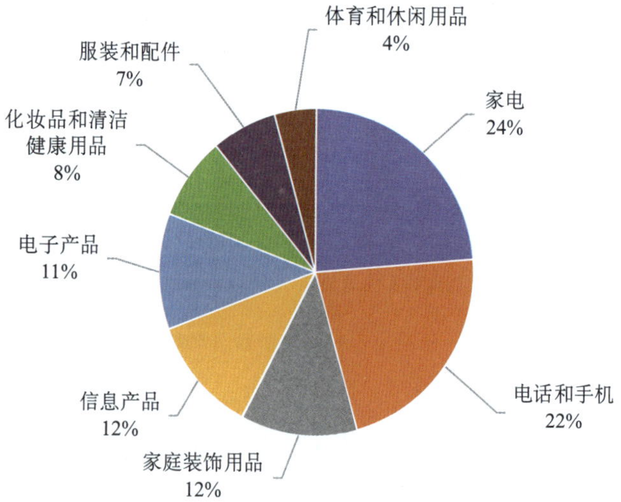

图 14.2.8　2018 年巴西电商不同类别订单金额占比

2011 年以来，巴西电商销售每单销售额稳步增长。2011～2015 年，平均每单从 349 雷亚尔（约 87.25 美元）增长到 388 雷亚尔（约 97 美元）。2016 年以来，平均每单金额从 418 雷亚尔（约 104.5 美元）增加到 434 雷亚尔（约 108.5 美元）。主要销售商品中，化妆品和清洁健康用品平均每单 181 雷亚尔（约 45.25 美元），服装和配件平均 177 雷亚尔（约 44.25 美元），家庭装饰用品 391 雷亚尔（约 97.75 美元），家电 804 雷亚尔（约 126 美元），电子产品 1 158 雷亚尔（约 289.5 美元），体育和休闲用品 246 雷亚尔（约 61.5 美元），信息产品 802 雷亚尔（约 200.5 美元）。

2013 年以来巴西网购消费者数量持续增加，2018 年达到 5 851 万人。消费者中男女性别比例大致相同，2018 年男性消费者占比 47.70%，女性消费者占比 52.30%。移动终端使用方面，2011 年通过移动终端下单数量仅占 0.1%，至 2019 年 1 月，该比例已超过 40%，呈现急速上涨态势。[①]

（3）巴西电商市场竞争

在巴西，Mercado Libre、亚马逊（Amazon）、Magazine Luiza 和全球速卖通（Aliexpress）是非常受欢迎的跨境电子商务网站，本土电商 B2W Marketplace 也较为有名。

- Mercado Libre。Mercado Libre 是拉美地区的知名电商平台，主要针对拉美市场，相当于中国的淘宝。其业务涉及共计 13 个国家和地区，该平台上的卖家可以出售的产品类目非常广泛，包括电子产品、家用电器、汽车和配件、时尚、玩具、家具，甚至一些个人资产。除了其核心电商业务之外，该平台还有 Mercado Pago 支付业务、Mercado Crédito 信贷业务、Mercado Envíos 物流配送业务和广告业务等多项业务。[②]

- B2W Marketplace。B2W Marketplace 成立于 1999 年，是巴西的老牌电商企业，也是巴西本土的大型电商公司，是拉丁美洲电商行业的佼佼者。B2W Marketplace 发展速度突飞猛进，至今已合并了近十家巴西本土电商网站，旗下的 Americanas. com、Submarino 和 Shoptime 这三大平台成立得非常早，已经成为巴西电商行业的标杆。这三大平台分别针对不同定位的消费者提供服务，几乎覆盖所有巴西消费群体，

① 数据来源：中国驻巴西共和国大使馆经济商务处。

② Mercado Libre 官网：https：//www. mercadolivre. com. br/。

占据巴西线上零售业 50% 以上的市场份额。①

- Amazon。亚马逊于 1995 年在美国成立，它已经由最初的一家在线书店演变为产品多元化的电商平台，提供的产品包括媒体、电子产品、服装、家具、食品、玩具和珠宝等，其业务范围已覆盖包括巴西在内的许多国家，成为美国网络电子商务公司之中的佼佼者。此外，该公司还通过收购全食超市进一步深入实体零售领域，并且在出版业、电子产品、云计算、流媒体视频服务及制作等行业均有投资。

- Magazine Luiza。Magazine Luiza 成立于 1957 年，目前在全国经营着 800 多家百货商店，是巴西主要的零售公司之一。该公司在线上推出了简称为“Magalu”的平台，主要销售电子产品、家具、家用电器、电视、媒体设备、电脑等一系列产品。②

- AliExpress。全球速卖通于 2010 年 4 月正式上线，是阿里巴巴旗下面向全球市场的在线交易平台，被广大卖家称为“国际版淘宝”。全球速卖通面向海外买家，通过支付宝国际账户进行担保交易，并使用国际快递发货。全球速卖通致力于帮助中小企业接触终端批发零售商，实现小批量多批次快速销售，拓展利润空间，是阿里巴巴全力打造的融合订单、支付、物流于一体的外贸在线交易平台。③

14.2.4 市场需求

（1）巴西主流支付方式

巴西民众喜欢分期付款。据统计，巴西约有 75% 的本地在线交易是通过分期付款完成的。还有数据表明，如果购物网站能提供分期付款功能，用户转化率会提高 50% 以上。巴西的电商支付方式有很多，比较常见的是

---

① B2W Marketplace 官网：https：//www. b2wmarketplace. com. br/。
② Magazine Luiza 官网：https：//m. magazineluiza. com. br/。
③ Air Express 官网：https：//www. aliexpress. com/。

信用卡支付，其次是 Boleto 和银行卡支付。

全球四大信用卡 Visa、MasterCard、American Express 和 Diners Club 在巴西都能使用，巴西本地的信用卡 Hipercard、Elo 和 Aura 也非常流行。

Boleto 是由多家巴西银行共同支持的一种使用 Bar Code 识别码的现金付款方式。此支付方式在巴西占据主导地位，是巴西当地人交水电费等生活用费的主要方式，客户可以到任何一家银行或使用网上银行授权进行银行转账。Boleto 每年大约成交笔数约 20 亿笔，其中 30% 来自在线交易。Boleto 支持超过 50 000 个销售点，包括加油站和零售店等。该支付方式快速简单，要求用户使用结账时收到的凭证付款，保证商家的交易安全，并且在大部分地区都适用，这也使得 Boleto 成为大多数巴西人在选择主要支付方式时的首选。

此外，巴西还拥有南美洲的类似于支付宝的支付平台 Mercado Pago，业务范围覆盖南美洲 13 个国家和地区。

（2）巴西电子支付发展

电子支付工具近年有如雨后春笋，成为金融科技创新公司趋之若鹜的市场，在巴西市场亦高速膨胀，不论当地或者外国投资者都有不少动作。

巴西中央银行之前改变规定，表示希望可以增加银行业界的竞争，同时向更多的巴西公民开放银行服务。巴西接近 1/3 的公民没有任何银行户口，新型网上金融服务具有极大的潜力。自规定实施后，大量金融科技创新公司涌现，例如 Banco Inter SA 和 Nubank 等。目前除了金融科技创企之外，一般零售企业也积极开拓金融业务，推出支付工具。其主营业务主要用于实现持续盈利，自主开发的支付工具则可以提供廉价的服务来吸引客户，这也为其他支付工具带来一定程度的经营压力。

（3）电子支付平台

据 Finnovista 数据，从企业存量上看，巴西支付行业金融科技企业数量远超其他细分领域。但从发展增速上看，随着该行业发展逐渐成熟，发展速度显著减弱，增速不及其他高速发展的数字银行、交易市场、保险科技、借贷等领域。在互联网支付领域，市场份额排名前三的企业分别为 PagSeguro、Mercado Pago、StoneCo，且均已上市。其中，Mercado Pago 是上市企业

Mercado Libre 旗下公司。

• PagSeguro Digital。PagSeguro Digital 于 2006 年由母公司 UOL 创立，定位是在线支付平台，为 UOL 电子商务提供必要的数字支付基础设施。作为一家金融技术解决方案供应商，PagSeguro Digital 主要为微型商户、小型企业以及中型企业提供服务。

目前，PagSeguro Digital 业务模式主要为以下几类：数字支付解决方案、二维码支付以及手机支付、免费数字账户、向客户发行预付卡用于支出或提取账户余额、支付相关设备生产等。

2018 年 1 月，PagSeguro Digital 上市并募集资金约 26 亿美元。据近期公布的 2019 年年报，PagSeguro Digital 营业收入为 57.07 亿巴西雷亚尔（约 14.27 亿美元），同比上涨 31.66%；归属于母公司普通股股东净利润为 13.67 亿巴西雷亚尔（约 3.42 亿美元），同比增长 50.19%。[①]

• Mercado Pago。Mercado Pago 为 Mercado Libre 旗下一家在线支付解决方案商。Mercado Libre 成立于 1999 年，为拉美地区网上交易与支付平台，提供电子商务交易、支付等业务。2015 年以来，Mercado Libre 将平台开放给国际卖家，正式开展跨境电商业务。

据 Mercado Libre 年报，2019 年其营业收入达到 22.96 亿美元，同比上涨 59.5%；归属母公司股东净利润为 -1.72 亿美元，依旧处于亏损状态。2019 年公司推出免费送货计划，进一步刺激了用户在该平台上的购买欲望，订单数和销售额都出现大幅上升。同时，公司为该项运输服务补贴了近 5 680 万美元，这也是导致成本增加和亏损加大的主要原因。[②]

• Stone Co。Stone Co. 为一家金融技术解决方案商。目前主要提供三大类服务：一是基于自主开发的端到端的技术云平台提供线下收单服务；二是订阅和租赁智能收单 POS 机以及相关的业务管理解决方案，如对

---

① PagSeguro 官网：https：//pagseguro. uol. com. br/。

② Mercado Pago 官网：https：//www. mercadopago. com. br/。

账解决方案和业务自动化解决方案；三是为企业提供基于应收和预付账款的营运资金解决方案。

Stone Co. 总部位于巴西圣保罗，于 2018 年 10 月登陆美国纳斯达克，蚂蚁金服、伯克希尔·哈撒韦公司均为其股东。2016 年，Stone Co. 收购了互联网支付市场排名第四的 Elavon 公司。2019 年年报显示，Stone Co. 营业收入为 15.79 亿巴西雷亚尔（约 3.95 亿美元），同比增长 105.99%；归属母公司净利润为 3.01 亿巴西雷亚尔（约 0.75 亿美元），同比增长 377.04%。[①]

14.3 消费信贷市场

14.3.1 发展背景

巴西是金砖四国之一，也是拉丁美洲面积和人口最大的国家。巴西金融市场相对发达，是全球新兴金融市场之一，金融体系较为完善，在新兴金融市场中形成了最为完善的衍生品市场。巴西现有的证券期货交易所由圣保罗交易所、圣保罗商品交易所、圣保罗证券交易所先后合并而成。

与其他国家相比，巴西金融市场呈现以下特殊性：

- 市场集中度高，服务水平低。2018 年巴西银行集中度和竞争度报告显示，巴西前五家银行集中了 80% 以上的市场份额，这使得巴西成为全球银行集中程度最高的国家之一。高银行集中度带来的垄断造成巴西银行高利率、低效率、客户体验差等问题。

- 企业贷款成本昂贵，小微企业融资困难。巴西货币成本高昂。据国际货币基金组织统计数据，截至 2019 年，巴西储蓄利率 3.72%，通货膨胀率 3.70%，货币贬值严重。据普华永道统计，超过一半的巴西小微企业达到了盈亏平衡点，但苦于没有资金支持，生存非常困难。高昂的贷款利率让小微企业望而却步，也催生了普惠金融发展诉求。

---

① StoneCo 官网：https：//www.stone.co/。

此外，巴西拥有良好的互联网客户群体，基础网络用户超1亿，网络普及率为65%（2019年），在移动互联网服务质量上具有一定优势，这也为巴西金融科技企业的发展提供了沃土。

值得注意的是，巴西政局动荡，经济不稳定，使外资在巴西投资出现降温，也加重了巴西小微企业融资的困难度，巴西经济几乎陷入停滞。2016年5月，国际评级机构惠誉将巴西主权信用债评级由BB+下调至BB。2019年1月，新总统博索纳罗就职，在经济方面，该届政府提倡自由市场，推行相关改革以建立良性经济循环、增加信心，提高生产力。

在金融科技领域，巴西拥有着拉丁美洲最多的金融科技初创企业，是全球金融科技增长最快的市场之一（见图14.3.1）。据Finnovista统计数据，从2017年1月至2018年6月1日，巴西诞生了188家新的金融科技初创公司，成为拉丁美洲最大的金融科技中心。2018年高盛报告显示，在未来十年内，巴西金融科技领域将获750亿雷亚尔（约合187.5亿美元）的营业收入。

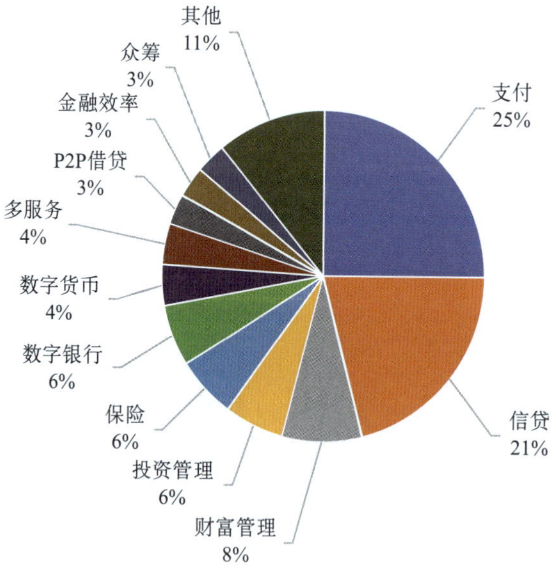

图14.3.1　2018年巴西Fintech公司分布领域

在巴西金融科技细分行业中，支付和信贷领域规模最大，数字银行、交易、保险与借贷领域增长强劲。据普华永道公布信息，2018年，支付企业总融资额占比25%，信贷企业总融资额占比21%。据Finnovista统计数据，2018年，数字银行、财富管理、保险与借贷领域增长速度分别为

147%、95%、77%和73%，而支付领域增长速度仅为28%。

14.3.2 消费信贷支出情况

以巴西雷亚尔为单位来看，巴西近年来消费信贷支出金额呈现逐年上涨趋势，在一定程度上表明了巴西信贷市场潜力仍旧巨大（见图14.3.2）。

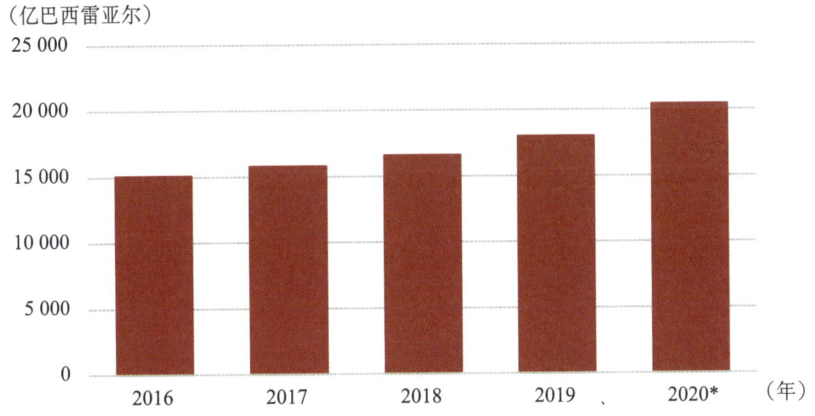

图14.3.2 以巴西雷亚尔计算的巴西消费信贷支出情况（2016～2020年）

由于巴西货币汇率的不稳定性，按照每年年末汇率折合成美元来看，整体还是表现出了一定的下降趋势（见图14.3.3）。新冠肺炎疫情的爆发是导致巴西货币雷亚尔下跌的主要原因，由于当前巴西疫情情况仍不甚乐观，目前来看汇率不会出现迅速转好，有必要对其发展保持关注。

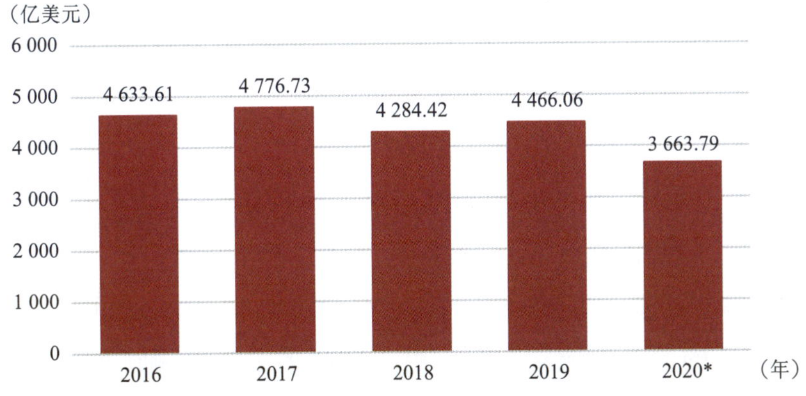

图14.3.3 以美元计算的巴西消费信贷支出情况（2016～2020年）

14.3.3 政策及牌照

2017 年 9 月，巴西央行宣布，金融科技企业可以直接开展借贷业务，而无须像商业银行一样必须先开展存款业务。此举也被认为是拉丁美洲为促进金融科技快速发展的又一重大举措。按照新规规定，金融科技企业可以将企业资金、相关投资人和贷款人的资金通过 P2P 平台外借。巴西央行表示，此新规是根据与监管机构和业界代表的多年慎重讨论出台的，希望巴西金融科技可以因此在快速发展的同时有效控制行业风险。过去几十年里，巴西金融科技企业数量翻了 6 倍，而低廉的借款利率（大约为一般商业银行的 1/4 ~ 1/2 水平）也是这些企业得到市场青睐的一大原因。

巴西经济部特别金融秘书处、巴西中央银行、证券交易委员会和国家私营保险监管局于 2019 年 6 月 13 日发布联合声明表示，巴西将实施“监管沙盒”机制。“监管沙盒”机制简化了对规模较小企业的监管，等这些企业发展壮大、与国家金融体系相关性更强后，监管才会变得相对严格。联合声明表示，这种情况给监管机构带来了挑战，要求监管机构在法律允许的范围内提供必要的灵活性，使其法规适应技术变革和不断创新。

14.3.4 信贷平台

（1）数字银行

近年来，巴西数字银行业务增长强劲，远超其他细分领域。据 Finnovista 统计，目前，巴西有 16 家提供数字银行服务的金融科技初创公司。在此领域，NuBank 以及 Banco Original 表现可圈可点。

- Nubank。Nubank，2013 年成立于巴西，主营业务是虚拟信用卡。2018 年初，Nubank 获得由 DST Gobal 领投的 1.5 亿美元 E 轮融资，晋级为独角兽；同年 10 月，腾讯以 40 亿美元的估值，向公司注资约 2 亿美元，获得了 5% 的股份。成立初期，由于巴西大多数金融机构的信用卡不但申请极为繁杂，年利率达到了 400%，而 Nubank 直接通过手机就能申请，年利率仅为 145%，不收年费，所以很快就发展壮大。

Nubank 采用 Datomic 技术，构建了十几个数据库，将数据审查维度从传统银行的数十个维度提升到上千个维度。依托于信息技术的不断提高，Nubank 对申请人的资料审核工作变得更加高效，这也是其开展业务的基础。在手机客户端上，Nubank 为用户提供了三大服务：一是消费实时提醒并建立消费分类列表；二是信用卡远程控制；三是金融交易税、汇率及分期付款。Nubank 已和万事达推出联名信用卡，用户的消费积分可以在万事达官网上进行积分兑换，同时享有万事达卡的相关活动优惠。Nubank 取消了信用卡纸质账单，客户的信用卡账单也只通过电子邮件来发送。客户持卡可在国际购物中心消费、提取现金，期间需要缴纳一部分的保证金和交易费。

截至 2018 年 9 月，Nubank 已经拥有 500 万虚拟信用卡客户，成为巴西五大信用卡发行商之一。此外，约有 250 万人注册了 Nubank 于 2017 年推出的数字银行账户。[①]

- Banco Original。Banco Original 成立于 2016 年，总部位于巴西圣保罗，为巴西首家提供数字支票账户的银行。

Banco Original 支持用户通过手机管理自己的账户，可在手机、平板电脑和 PC 客户端上享受所有线上服务，并通过手机 APP 管理自己的账户和密码。此外，数字账户还可以将用户支出按照消费类别自动分类，并支持将信用卡消费积分折算成可抵扣的购物优惠券。此外，Banco Original 还提供理财服务，由专业人员对用户投资资金进行管理，为不同的人群提供金融解决方案。截至 2020 年 4 月，Banco Original 的管理规模已达 119 亿雷亚尔（约 23.8 亿美元），运行十分稳健。

贷款方面，用户在信用卡透支后可申请额外额度，Banco Original 将针对客户的流水信息和消费行为进行评估并释放不同的可用额度，针对信用卡透支的部分将仅收取透支金额和天数所对应的费用，不会收取其他费用。[②]

2019 年 1 月，Banco Original 推出面部识别交易认证，结合算法与图像

① Nubank 官网：https：//nubank. com. br/。

② Banco Original 官网：https：//www. original. com. br/。

扫描技术进行交易授权，代替传统银行需亲自前往分行签署文件或转账授权的业务流程。目前，Banco Original 是巴西唯一一家拥有此类技术授权运营的公司。

（2）借贷平台

拉美人有良好的消费理念及对品质的追求，消费后分期在拉美地区是十分普遍的做法。2018 年 4 月，巴西国家货币委员会（CMN）开放互联网贷款牌照，正式允许金融科技企业获得该牌照，而不需要将银行作为中介。在该政策的指引下，金融科技企业有两种形式可进行选择：成为直接信用平台（SCD），或成为个人借贷平台（SEP）。

- Creditas。Creditas 成立于 2012 年，为一家互联网贷款服务提供商，专注于担保贷款，旨在通过数据和数据支持解决巴西本土高借贷成本的问题。该公司主要通过大数据、人工智能等方式为客户提供担保贷款，贷款申请人可以选择用私有住宅或者机动车辆作为贷款抵押物。该金融科技公司于 2018 年 5 月向中央银行申请成为金融机构。

Creditas 面向客户提供购房贷款、车辆抵押贷款、个人工资贷款以及其他线上贷款等服务。公司提供的担保贷款额度主要取决于抵押物的价值，抵押物的存在降低了借贷双方的风险，减少了违约的可能性，并且有效降低了借款利率。通过抵押物担保贷款，借款人可获得更多的借款金额，并且能申请到较长的还款时间。①

2019 年 7 月，Creditas 完成 2.5 亿美元融资，由日本软银集团领投，Vostok Emerging Finance（VEF）跟投。同年 8 月，Creditas 全资收购了 Creditoo，一家通过技术将贷款抵押与工资绑定的创业公司，以拓宽业务。

① Creditas 官网：https：//www.creditas.com/。

- QI Tech。QI Tech 是自从2018 年巴西央行颁布新的金融机构牌照后，第一家央行批准运营的在线贷款平台（Sociedade de Credito Direto，SCD）。2019 年，金融科技 QI Tech 通过央行的授权，宣布完成了巴西第一笔全程在线贷款。往年，金融科技公司在提供信贷服务过程中还需通过银行的一系列手续，往往需要耗费数周的时间。而如今，通过 QI Tech 的智能信贷平台只需数小时就可完成贷款。

QI Tech 是一个集债务发行、免费移动账户管理、代理账户管理和账单支付为一体的服务平台，用户通在该平台注册后即可办理业务，省去了传统银行冗长的办理流程，有效节省了时间。公司本身并不进行贷款业务，仅为注册用户（个人及公司）提供贷款发行和托管账户服务，类似撮合业务平台。平台实施严格监管，所有注册将由公司法律团队进行分析和审核。[①]

作为一个线上平台，QI Tech 的目标是成为“金融服务界的亚马逊”，为人们提供一个更加便捷的贷款途径。

- Wecash。Wecash（简称“闪银”）成立于2013 年 10 月，基于 B2B 和 B2C 模式，在连接用户的同时服务金融机构，通过机器学习和人工智能等技术，帮助银行和非银行金融机构实现智能营销，降低获客成本，提高决策效率。截至目前，闪银已帮助超 80 多家金融机构、58 000 多家线下商户、超过 4 000 万用户成功匹配交易。

业务方面，闪银主要提供智能匹配、技术输出以及为场景赋能等服务。2015 年起，闪银将科技运用到各种新消费场景，通过人工智能技术赋能 3C 以及各类女性消费场景，在大幅提升传统消费领域交易效率的同时，为消费者提供了高品质的消费体验。除了现金贷以外和消费信贷外，闪银 APP 还上线了信用商城、信用卡（享低息贷款）超市等。2015 年开始，闪银逐渐拓展租房、3C、医美等线下消费场景。

① QI Tech 官网：https：//qitech. com. br。

除了国内的多元化业务，闪银在海外的布局也很丰富多彩。2015 年，闪银在美国硅谷设立了研发中心，开展人工智能芯片等前沿技术研发，为包括金融行业在内的各行业服务。2016 年 11 月，闪银受邀为巴西央行提供大数据征信报告。2017 年 1 月，闪银宣布和两家印尼本土企业建立合作伙伴关系。其中一家为 PT Kresna Usaha Kreatif，专注于电子商务、数字化和创意类业务。闪银与该公司成立了一家合资公司，名为 PT. Digital Tunai Kita。另一家为 PT JAS Kapital，为 Mandiri 电子现金和 LINE Pay 提供支付技术基础设施服务。

14.4 风险提示

14.4.1 经济

近年来，巴西经济增速放缓且波动较大，疫情冲击下巴西经济或再次陷入衰退。2015 ~2019 年，巴西经济增长低迷，平均增长率为 -0.6%。巴西的经济结构与欧美等发达国家接近，但工业基础薄弱且经济结构僵化。2017 ~2019 年巴西经济在结束衰退后连续三年实现正增长，消费及投资均有所改善，且高通胀状况得到缓解。但 2019 年以来，受投资疲软、失业率增加以及全球经济放缓等因素影响，巴西经济增长不及预期。疫情冲击下大宗商品价格下跌且金融市场剧烈波动，或导致巴西经济再次陷入衰退，预计 2020 年巴西经济将萎缩 3% 以上。出于对经济放缓的担忧，巴西央行将基准利率下调至 3.75%，创历史新低。利率下行使巴西雷亚尔与其他货币利差收窄，加剧货币贬值风险。

巴西财政赤字率居高不下，财政刺激政策将进一步加重债务负担，并加大其改革推进的难度。由于经济增速放缓且养老相关福利支出持续增加，巴西财政赤字率持续位于高位，自 2015 年以来一直位于 7% 以上。巴西政府债务负担自 2013 年起持续抬升，2018 年巴西一般政府债务占 GDP 比重达 76.5%。新总统博尔索纳罗于 2019 年 1 月就任后积极推行养老金改革以逐步实现财政平衡。疫情冲击下，巴西政府已通过总额约为 1 850 亿巴西雷亚尔（约370亿美元）的经济刺激计划，约占GDP的8%。在经济活动萎缩、政府支出增加的背景下，预计2020年财政赤字率将升至10%，一般政府债务水平将升至GDP的85%左右。由于政府和国会优先考虑危机应对，2019年推进的财政改革议程将被推迟。

14.4.2 汇率

截至2020年2月，巴西雷亚尔兑美元汇率走势相对平稳，期间小有波动，但基本位于3.6～4.2BRL/USD。2月以后，受新冠肺炎疫情暴发及持续蔓延等因素的影响，巴西股汇两市双双下挫，股市于2020年3月16日再度熔断，巴西雷亚尔兑美元汇率也首次跌破“5”关口，迅速下跌至5.0467BRL/USD。截至2020年4月底，巴西雷亚尔兑美元汇率已持续下跌至5.65左右，2020年累计跌幅达27.78%（见图14.4.1）。

图14.4.1 巴西雷亚尔兑美元汇率

针对恶化的经济情况，巴西经济部长保罗·盖德斯于2020年3月16日宣布，巴西政府将启动一揽子紧急措施，在3个月内注入1 473亿雷亚尔（约合292亿美元）资金，以应对新冠病毒疫情对巴西经济造成的影响。其中，834亿雷亚尔（约合165亿美元）将被释放给社会上最脆弱的人群，594亿雷亚尔（约合118亿美元）将帮助公司保持就业，45亿雷亚尔（约合9亿美元）将直接用于对抗新冠肺炎病毒。[①]

14.4.3 政治

自2015年以来，巴西爆发政治、经济、社会多重危机，政治腐败问题涉及很多传统政党，而曾经作为反腐运动“旗帜”的劳工党，更是以罗塞夫被弹劾、卢拉入狱服刑等不光彩的方式走下“神坛”。2018年10月28日，巴西大选结束第二轮投票，极右翼社会自由党总统候选人贾伊尔·博尔索纳罗以55.13%的支持率最终胜选。博索纳罗表示，新政府将团结广大人民，建立一个没有歧视和分裂的社会，同时还将发展教育，增加就业，加强基础设施建设，提高医疗卫生水平。

然而，全球新冠肺炎疫情爆发后，博索纳罗因消极对待而广受批评，他曾形容肺炎是“小感冒”、因质疑隔离措施被推特删帖，并解任积极防疫的卫生部长。面对联邦政府的不作为，巴西各州政府被迫先行一步采取必要的管控措施，地方政府与联邦政府这种错综复杂的关系或将影响巴西政治的稳定性。2020年4月24日，巴西司法部长塞尔吉奥·莫罗宣布辞职，引发政坛震动，他指控总统博索纳罗涉嫌政治干预，欲安排亲信担任警察署长。4月27日，巴西最高法院批准了一项对于总统博索纳罗试图以政治动机干预巴西联邦警察局工作指控的调查。同时，巴西联邦警察局正在进行一系列包括金融犯罪和社交媒体攻击在内的调查，而该调查可能会涉及博索纳罗的家庭成员。博索纳罗当前正面对上任以来最严重的政治危机。

巴西政府效率较低，疫情冲击使其政府治理模式及效率面临前所未有的考验。作为一个多党制的国家，巴西执政党在众议院和在参议院中均不占多数，使其政策执行面临难度。巴西政府效率相对较低，对腐败的控制能力较弱。

---

① 使用2020年3月17日巴西雷亚尔兑美元汇率数据5.0493BRL/USD。